实用语文

PRACTICAL CHINESE

(2)

主　编　聂小雪

副主编　苗维萍　赵　肖　裴　军

李联桥　王　森　董红梅

河南大学出版社

·郑州·

图书在版编目(CIP)数据

实用语文(2)/聂小雪主编.—郑州:河南大学出版社,2014.3(2016.8重印)
ISBN 978-7-5649-0892-8

Ⅰ.①实… Ⅱ.①聂… Ⅲ.①大学语文课—高等职业教育—教材 Ⅳ.①H19

中国版本图书馆CIP数据核字(2014)第052494号

策划编辑 王四朋
责任编辑 范 昕
责任校对 陈清林
封面设计 王四朋

出版发行 河南大学出版社
地址:郑州市郑东新区商务外环中华大厦2401号 邮编:450046
电话:0371-86059712(高等教育出版分社)
0371-86059701(营销部) 网址:www.hupress.com

排 版 郑州市今日文教印制有限公司
印 刷 郑州市运通印刷有限公司
版 次 2014年8月第1版 **印 次** 2016年8月第3次印刷
开 本 890mm×1240mm 1/16 **印 张** 16.25
字 数 356千字 **定 价** 29.00元

前　言

教育部高等教育司[2000]19号文《关于加强高职高专教育教材建设的若干意见》中要求各类高职高专要加强教材建设工作。目前由于五年制高职语文教育的教材极其匮乏，不少高职院校借用高中、中专或三年制高职的教材，教材建设远远落后于五年制高职高专教育发展的需要。

为了满足高职院校五年制人才培养需求，适应课程改革发展，河南大学出版社对全省五年制基础课教学情况进行了调查，组织开发了五年制高职公共基础课系列教材，《实用语文》正是其中之一。本教材在编写过程中遵循教材“内容必需”、“实用够用”的原则，充分体现了以人为本的编写理念。

本教材在编写过程中突出了以下特点。

首先，着眼于五年制高职学生的实际情况，针对性强。本教材解决了五年制前两年基础教育阶段学生到底学什么内容，学多少够用的问题。本教材参照全国通用的人教版、粤教版、苏教版、鲁人版、语文版5种版本中高中阶段的必修内容，从各个版本里选取最基础的篇目，删去了必修部分难度大的文章以及选修的内容。教材内容难易适中，在课文内容的选择上既达到了高中阶段语文课程的基本标准，又有利于五年制学生衔接初中教育和后三年的高职教育。

其次，按照五年制学生的年龄特点进行编写，打破了传统教材的编排方式。本教材根据五年制学生的年龄特点，打破了以朝代、文体为编排线索的学科知识体系结构，把古文、现代文围绕不同主题穿插排列，格式新颖，既方便教师教学，又便于学生自学。部分选文内容新颖，具有时代气息。每单元必讲内容与选讲内容结合，适应五年制高职的弹性课时制。课后训练分为“品味探究”、“课后练习”、“知识延展”三部分，注意将语文基础知识的教学、语文基本技能的训练落到实处。

最后，注重作文教学，编写了扎实、系统的写作训练内容。写作平台模块既注重对五年制学生写作知识的传授，又注重对他们写作能力、观察思维能力的训练。在教材中还编写了一部分应用写作内容，增加了演讲稿、活动方案等实用写作内容，体现了职教特色。在引导学生在打好写作基础、提高自己文字表达能力的过程中提升个人职业与人文素养。

《实用语文》分两册。本册为第二册，包括阅读欣赏、写作平台、表达与交流、应用文写作、名著导读五部分。其中，阅读欣赏涵盖了“提升自我”、“珠星碧月”、“世道沧桑”、“精神家园”、“情感体验”、“异域奇葩”、“直面困境”、“科学之光”八个单元。写作训练、表达与交流穿插在阅读欣赏的八个单元之中，应用文写作单列为一个模块。名著导读模块介绍了《三国演义》与《巴黎圣母院》两部名著。本册书供五年制高职二年级使用。

本教材由聂小雪担任主编，本册编写分工如下：李联桥（第一、二单元）、聂小雪（第三单元）、苗维萍（第四单元、写作平台）、裴军（第五单元、名著导读）、赵肖（第六、七单元）、王森（第八单元、应用文写作）、董红梅（表达与交流），全书由聂小雪负责策划、统稿工作。

由于编者水平及时间有限，书中难免有疏漏和不足之处，恳请广大师生批评指正，以便我们再版时予以完善。

编　者

2014 年 3 月

目　　录

第一单元　提升自我

第二单元　珠星碧月

表达与交流

第三单元　世道沧桑

必讲课文

选讲课文

写作平台

第四单元　精神家园

必讲课文

选讲课文

写作平台

第五单元　情感体验

必讲课文

选讲课文

写作平台

第六单元　异域奇葩

必讲课文

选讲课文

写作平台

第七单元　直面困境

必讲课文

选讲课文

第八单元　科学之光

应用文写作

名著导读

第一单元　提升自我

朝抵抗力最大的路径走

为你自己高兴

青年在选择职业时的考虑

我的四季

获得教养的途径

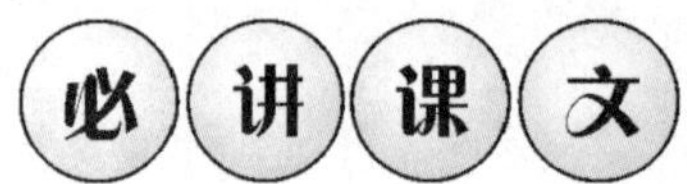

朝抵抗力最大的路径走

朱光潜①

我提出这个题目来谈，是根据一点亲身的体验。有一段时间，我学过作诗填词。往往一时兴到，我信笔直书，心里想到什么，就写什么，写成了自己读读看，觉得很高兴，自以为写得还不坏，后来我把这些习作拿给一位精于诗词的朋友看，请他批评，他仔细看了一遍后，很坦白地告诉我说："你的诗词未尝不能作，只是你现在所作的还要不得。"我就问他："毛病在哪里呢?"他说："你的诗词来得太容易，你没有下过力，你喜欢取巧，显小聪明。"听了这话，我捏了一把冷汗，起初还有些不服，后来对于前人作品多费了一点心思，才恍然大悟，那位朋友批评我的话真是一语破的②。我的毛病确实是在没有下过力。我过于相信自然流露，不知道第一次浮上心头的意思往往不是最好的意思，第一次浮上心头的词句往往不是最好的词句。意境要经过洗练，表现意境的词句也要经过推敲，才能脱去渣滓③，达到精妙境界。洗练推敲要吃苦费力，要朝抵抗力最大的路径走。福楼拜自述写作的辛苦时说："写作要有超人的意志，而我却是一个人!"我也有同样的感觉，我缺乏超人的意志，不能拼死力往里钻，只朝抵抗力最低的路径走。

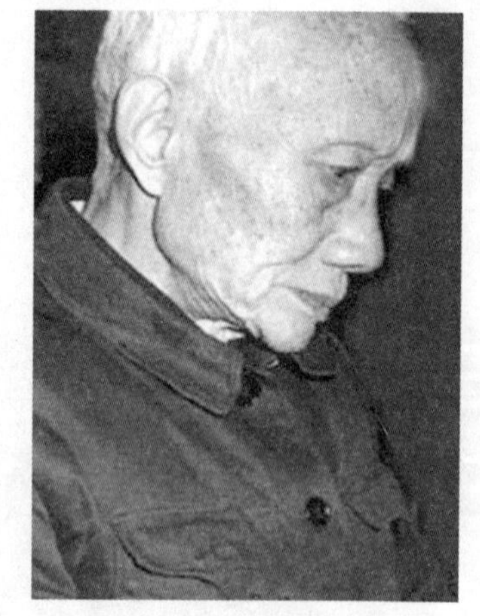

朱光潜像

这一点切身的体会使我感触很深。它是一种失败，然而从这种失败中我得到一个很好的教训。我觉得不单在文艺方面，就是在立身处世的任何方面，贪懒取巧都不会有大的成就，要有大成就，必定朝抵抗力最大的路径走。

"抵抗力"是物理学上的一个术语。凡物在静止时都本其固有"惰性"而静止，要使它动，必须在它身上加"动力"，动力愈大，动愈速愈远。动的路径上不能无抵抗力，凡物的动都朝抵抗力最低的方向。如果抵抗力大于动力，动就会停止，抵抗力尽管低，聚集起来也可以使动力逐渐减小以至于消灭，所以物不能永动。静止后要使它续动，必须加以新动力。这是物理学上一个很简单的原理，也可以应用到人生上面。人像物质一样有惰

---

① 选自《谈修养》(漓江出版社，2011 年版)。朱光潜(1897～1986 年)，笔名孟实、盟石，安徽桐城人。中国美学家、文艺理论家、教育家、翻译家。 ② [一语破的]一句话就说中要害。的，箭靶的中心。 ③ [渣滓]名词，剩下的边角料，物品提取出精华后残余的东西；品质恶劣无益于社会的人。

性，要想他动，也必须有动力。人的动力就是他自己的意志力。意志力愈强，动愈易成功；意志力愈弱，动愈易失败。不过人和一般物质有一个重要的区别：一般物质的动都是被动，使它动的动力是外来的；人的动有时可以是主动，使他动的意志力是自生自发自给自足的。在物的方面，动不能自动地随抵抗力增加而增加；在人的方面，意志力可以自动地随抵抗力之增加而增加，所以物质永远是朝抵抗力最低的路径走，而人可以朝抵抗力最大的路径走。物的动必终为抵抗力所阻止，而人的动可以不为抵抗力所阻止。

照这样看，人之所以为人，就在能不为抵抗力所屈服。我们如果要测量一个人有多少人性，最好的标准就是他对于抵抗力所拿出的抵抗力。我说“可以”不说“必定”，因为世间大多数人仍是惰性大于意志力，欢喜朝抵抗力最低的路径走，抵抗力稍大，他就要缴械投降。这种人在事实上失去最高生命的特征，堕落到无生命的物质的水平线上，和死尸一样东推东倒，西推西倒。他们在道德学问事功各方面都决不会有成就，万一以庸庸得福，也是叨天之幸①。人生来是精神所附丽的物质，免不掉物质所常有的惰性。抵抗力最低的路径常是一种引诱。我们可以说，凡是引诱所以能成为引诱，都因为他是抵抗力最低的路径，最能迎合人的惰性。惰性是我们的仇敌，要克服惰性，我们必须动员坚强的意志力，不怕朝抵抗力最大的路径走。走通了，抵抗力就算被征服，要做的事也就算成功。举一个极简单的例子。在冬天早晨，你睡在热被窝里很舒适，心里虽知道这应该是起床的时候而你总舍不得起来。你不起来，是顺着惰性，朝抵抗力最低的路径走。被窝的暖和舒适，外面的空气寒冷，多躺一会儿的种种借口，对于起床的动作都是很大的抵抗力，使你觉得起床是一件天大的难事。但是你如果下一个决心，说非起来不可，一耸身你也就起来了。这一起来事情虽小，却表示你对于最大抵抗力的征服，你的企图的成功。

这是一个琐屑的事例，其实世间一切事情都可以如此看。历史上许多伟大人物之所以能有伟大成就，大半都靠极坚强的意志力，肯向抵抗力最大的路径走。例如孔子，他是当时一个大学者，门徒很多，如果他贪图个人舒适，大可以坐在曲阜过他安静的学者生活。但是他东奔西走，席不暇暖②，在陈绝过粮，在匡遇过生命的危险，他那副奔波劳碌栖栖遑遑的样子颇受当时隐者的嗤笑。他为什么要这样呢？就因为他有改革世界的抱负，非达到理想，他不肯甘休。《论语》长沮、桀溺章足以见出他的心事。长沮、桀溺二人隐在乡下耕田，孔子叫子路去向他们问路，他们听说是孔子，就告诉子路说：“滔滔者天下皆是，而谁以易之！”意思是说，于今世道到处都是一般糟，谁去理会它，改革它呢？孔子听到这话叹气说：“鸟兽不可与同群，吾非斯人之徒与而谁与？天下有道，丘不与易也。”意思是说，我们既是人就应做人所应该做的事；如果世道不糟，我自然就用不着费力气去改革它。孔子平生所说的话，我觉得这几句最沉痛、最伟大。长沮、桀溺看天下无道，就退隐躬耕，是朝抵抗力最低的路径走；孔子看天下无道，就牺牲一切要拼命去改革它，是朝抵抗力最大的路径走。他说得很干脆：“天下有道，丘不与易也。”

这是比较显著的例子。其实我们涉身处世，随时随地都横着两条路径，一是抵抗力最低的，一是抵抗力最大的。比如当学生，不死心踏地去做学问，只敷衍③功课，混分数

---

① [叨天之幸]受到上天的特别宠幸。 ② [席不暇暖]连席子还没有来得及坐热就起来了。形容很忙，多坐一会儿的时间都没有。 ③ [敷衍]马虎，不认真，表面上应付。

文凭；毕业后不拿出本领去替社会服务，只奔走巴结，夤缘[①]幸进，以不才而在高位；做事时又不把事当事，只一味因循苟且[②]，敷衍公事，甚至于贪污淫佚，遇钱即抓，不管它来路正当不正当——这都是放弃抵抗力最大的路径而走抵抗力最低的路径。这种心理如充类至尽，就可以逐渐使一个人堕落。我曾穷究目前中国社会腐败的根源，以为一切都由于懒。懒，所以因循苟且，做事不认真；懒，所以贪小便宜，以不正当的方法解决个人的生计；懒，所以随俗浮沉，一味圆滑，不敢为正义公道奋斗；懒，所以遇引诱即堕落，个人生活无纪律，社会生活无秩序。知识阶级懒，所以文化学术无进展；官吏懒，所以政治不上轨道；一般人都懒，所以整个社会都"吊儿郎当"暮气沉沉。懒是百恶之源，也就是朝抵抗力最低的路径走。如果要改造中国社会，第一件心理的破坏工作是除懒，第一件心理的建设工作是提倡奋斗精神。

生命就是一种奋斗，不能奋斗，就失去生命的意义与价值；能奋斗，则世间很少有不能征服的困难。能朝抵抗力最大的路径走，是人的特点。一个人的生命之强弱，以能否朝抵抗力最大的路径走为准。一个国家或是一个民族也是如此。

我们中华民族在历史上经过许多波折，从先秦到现在，没有哪一个时代我们不遇到很严重的内忧，也没有哪一个时代我们没有和邻近的民族挣扎，我们爬起来蹶倒，蹶倒了又爬起，如此者已不知若干次。从这简单的史实看，我们民族的生命力确是很强旺，它经过不断的奋斗才维持住它的生存权。这一点祖传的力量是值得我们尊重的。

孟子说："天将降大任于斯人也，必先苦其心志，劳其筋骨，饿其体肤，空乏其身，行拂乱其所为，所以动心忍性，增益其所不能。"于今我们的时代是"天将降大任于斯人"的时代了，孟子所说的种种磨折，我们正在亲领身受。我希望每个中国人，尤其是青年们，要明白我们的责任，本着大无畏的精神，不顾一切困难，向前迈进。

品味探究

1. 作者从自己学作诗填词的失败中得到什么感悟？"朝抵抗力最低的路径走"在文中的寓意是什么？为什么人应该"朝抵抗力最大的路径走"？

2. 作者认为，人如果"朝抵抗力最低的路径走"，就会"失去最高生命的特征"。你同意这种说法吗？试联系实际，谈谈你的看法。

课后练习

1. 下列加点字的注音，全都正确的一项是（　　）

A. 渣滓(zǐ)　　堕落(duò)　　缴械(jiǎo)　　叨天(dāo)

B. 夤缘(yín)　　蹶倒(jué)　　敷衍(fū)　　琐屑(xuè)

---

① ［夤缘］本指攀附上升，后比喻攀附权贵，向上巴结。 ② ［因循苟且］沿袭旧的，敷衍应付。

C. 曲阜(fǔ)　　淫佚(yì)　　嗤笑(chī)　　巴结(bā)

D. 简练(liàn)　　惰性(duò)　　附丽(fù)　　耸身(sǒng)

2. 依次填入下列横线处的词语,恰当的一项是(　　)

① 我过于相信自然________,不知道第一次浮上心头的意思往往不是最好的意思,第一次浮上心头的词句也往往不是最好的词句。

② 其实我们涉身处世,随时随地都横着两条________,一是抵抗力最低的,一是抵抗力最大的。

③ 意境要经过________,表现意境的词句也要经过推敲,才能脱去渣滓,达到精妙境界。

④ 懒,所以遇________即堕落,个人生活无纪律,社会生活无秩序。

A. 显露　路径　洗濯　诱拐　　　B. 流露　路径　洗练　引诱

C. 流露　道路　洗练　诱拐　　　D. 显露　道路　洗濯　引诱

3. 下列各句中熟语运用不恰当的一项是(　　)

A. 他们在道德学问事功各方面都决不会有成就,万一以庸庸得福,也是叨天之幸。

B. 听了这话,我捏了一把汗,起初还有些不服,后来对于前人作品多费了一点心思,才恍然大悟。

C. 这种人在事实上失去最高生命的特征,堕落到无生命的物质的水平线上,和死尸一样东推东倒,西推西倒。

D. 比如当学生席不暇暖地去做学问,只敷衍功课,混分数文凭……是走抵抗力最低的路径。

朱光潜先生是我国现代著名美学家,建树颇丰。他一生曾三立座右铭,很是耐人寻味。

第一次,是在香港大学教育系求学时,朱光潜以"恒、恬、诚、勇"四个字作为自己的座右铭。恒,是指恒心,即无论做人做事,都要持之以恒、百折不挠;恬,是指恬淡、简朴、克己持重,不追求物质上的享受;诚,是指诚实、诚恳,襟怀坦白,心如明镜,不自欺,不欺人;勇,是指勇气、志气,勇往直前的进取精神。这四个字不仅集中反映了朱光潜先生求学时的精神状态,而且贯穿了他的一生。朱光潜先生曾说:"这四个字我终生恪守不渝。"

第二次,是他在英国爱丁堡大学学习时。朱光潜先生兴趣广泛,学过文学、心理学和哲学。经过比较和思考,他发现美学是他最感兴趣的,美学是文学、心理学和哲学的共同联络线索,于是他把研究美学作为自己终生奋斗的事业。当时,他的指导老师、著名的康德研究专家史密斯教授竭力反对。他告诫朱光潜说,美学是一个泥潭,玄得很。朱光潜先生认真思考后,决定迎难而上。这时,他给自己立下这样一条座右铭:"走抵抗力最大的路!"从此,他全身心地投入到美学研究中,终于写出了《悲剧心理学》、《文艺心理学》、《变态心理学》等具有开创意义的论著。

第三次,是在20世纪30年代,朱光潜的座右铭共6个字:"此身、此时、此地。"此身,是指凡此身应该做而且能够做的事,决不推诿给别人;此时,是指凡此时应该做而且能够做的事,决不推延到将来;此地,是指凡此地(地位、环境)应该做而且能够做的事,决不等待想象中更好的境地。在这条座右铭的激励下,朱光潜先生不断地给自己树立新的奋斗目标,在他80多岁时,依然信心十足地承担起艰深的维柯《新科学》的翻译任务。

朱光潜先生三次所立的座右铭,由于环境不同,侧重点自然有异。第一次,主要是确立做人求学之志;第二次,侧重点是理想、事业的抉择;第三次,是在学有所成后对自己提出的明确而具体的要求。

为你自己高兴

刘心武[1]

朋友小凌自幼双腿萎瘫，在一家印制包装纸的福利工厂工作。他业余爱看文学书，常到我家来借。我有一天就对他说："你怎么不立个大志向，发愤写作，也成个作家？"我自然举出了中外古今一些例子，又借给他《三月风》，激励他登上"维纳斯星座"。

当时他没说什么，过些天来还书，他告诉我："我没有写作的天分，我就这样当个读者挺好。"临告别时更笑着说："我活得挺自在，我为自己高兴。"

上个星期天我在大街上看见了他，他骑着电动三轮车，后座上是也有残疾的妻子，搂着他们完全健康的小女儿，三个人脸颊都红扑扑的，说是刚从北京游乐园玩完回来。真的，他们全家都为自己高兴，那是人生中最扎实最醇厚[2]的快乐！

为自己高兴吧！我为什么不完美？别钻那牛角尖。要是别人问：你为什么不如何如何，那么，让我们都像小凌那样，坦然无愧地看待自己，珍爱、享受平凡而实在的人生！

一个作家朋友得了个奖，却很不高兴。为什么？因为有人问：为什么只是个地区奖，而不是全国奖？如果他得了全国奖，那么又可以问：为什么不是最高奖？如果是最高奖，那么又可以问：为什么国际上没得奖？如果国际上得了奖，那么还可以问：为什么不是诺贝尔文学奖呢？倘真的得了诺贝尔文学奖，也仍然可以极为好心地、激励他向上地、不问白不问地问他：怎么你得奖后反倒写得不那么多，而且，怎么写出的作品倒不如以前的好，怎么也没有新的突破了呢？

这样一路问下去，会有什么样的结果呢？也许会有正面的例子，但我举不出来。我只知道美国海明威和日本川端康成都是在获得诺贝尔文学奖不久后自杀身亡的。也许自己的心理因素非常复杂，但一些评论家讥讽海明威的"江郎才尽"，社会舆论对川端康成达到至美至丰境界的高于富士山的期盼压力，很可能是那诸种因素中相当重要的一种。不要为自己树立高不可及的标杆，更不要被别人往往确实是出于好心好意的刺激而陷入自怨自艾[3]、自责自苦的泥潭！

开电梯的小倪有一天刚从发廊理完发来上班，楼里乘电梯的人们都说她这下更像电视里出现过的某位歌星了。说一次也罢，后来有的人确实出于好心，出于善意，往往也是出于无聊，出于没话找话，更有出于起哄的，便不断地用这类话来激小倪。比如你为什么就不去试试，也当个歌星，也上上电视呀；你为什么就甘心窝在这小笼子里呀；你这么好

---

① 选自《刘心武散文随笔》(现代教育出版社，2009年版)。刘心武，中国当代著名作家、红学家。其长篇小说《钟鼓楼》曾获茅盾文学奖。② ［醇厚］浓厚，纯正。③ ［自怨自艾(yì)］怨，怨恨、悔恨的意思。艾，原意为割草，引申为改正错误。词语原意为悔恨自己的错误并改正，现在只指悔恨自己的错误。

的相貌、这么活泼的性格，为什么不起码去当个广告模特儿呀……有一天，众人正在电梯里哄着，小倪就高声宣布说：“你们说的那位，顶多算个三流歌星，我可是个一流的电梯工！不是我像她，是她长得像我！”说完哈哈大笑起来。小倪在为自己高兴。她高兴自己的工作，自己的平凡，自己的不必上电视，自己的适得其所，自己的不为他人左右……

是的，要为你自己高兴。你的个子最适合于你，你的相貌为你所独有，你的身体状况即使不佳，即使有残疾，那也无碍你内心的自尊与自爱，因为你在诚实地生活，在认真地工作，在挣得你应得的一份，在享受社会应为你提供的那份快乐，在每天晚上问心无愧地安睡，你每天清晨兴致勃勃地迎接又一个平凡而充实的日子……是的，你不一定要成为维纳斯，不一定要升为星座，但你可以尽情欣赏“维纳斯星座”；你不一定要出现在电视上，但你在生活中完全可以拥有比那更多的乐趣。

为你自己高兴，因为你的努力奋进已取得了一些成果；为你自己高兴，因为你能够如现在这样也真是挺不错；为你自己高兴，因为你不为自己设置徒添烦恼的标杆，更不受他人那出于好意而设置的缥缈标杆而蛊惑①。为你自己高兴，为你那平凡而充实的、问心无愧的存在而高兴！

1. 文中残疾的小凌不追求当作家，甘愿做一名读者，快乐地生活；漂亮的小倪不追求当明星，甘愿做一个电梯工。作者引用这两个事例证明了什么道理？你怎样看待他们的生活态度？

2. 文章第五段和第六段举了一些反面例子，说明了什么道理？你认为这些例子对文章的论证有什么作用？

课后练习

1. 给下列加点的字注音。

萎痱　　　舆论　　　缥缈　　　蛊惑

2. 解释下列句子中加点的词语。

(1) 真的，他们全家都为自己高兴，那是人生中最扎实最醇厚的快乐！

(2) 为你自己高兴，因为你不为自己设置徒添烦恼的标杆，更不受他人那出于好意而设置的缥缈标杆而蛊惑。

---

① ［蛊(gǔ)惑］毒害，迷惑。

川端康成像

川端康成(1899 年 6 月 14 日～1972 年 4 月 16 日),日本新感觉派作家。他在 1968 年获得诺贝尔文学奖,是获得该奖项的首位日本作家。主要作品有《伊豆的舞女》,描写一个高中生“我”和流浪人的感伤及不幸生活。名作《雪国》描写了雪国底层女性形体和精神上的纯洁和美,以及作家深沉的虚无感。1970 年 11 月 25 日,三岛由纪夫切腹自杀,川端康成很受刺激,对学生表示:“被砍下脑袋的应该是我。”三岛由纪夫自杀之后 17 个月,1972 年 4 月 16 日,川端康成也选择含煤气管自杀,未留下只字遗书。两人相继自杀,留给后人无数的疑问。

青年在选择职业时的考虑

[德]马克思①

自然本身给动物规定了它应该遵守的活动范围，动物也就安分地在这个范围内活动，而不试图越出这个范围，甚至不考虑有其它范围存在。神也给人指定了共同的目标——使人类和他自己趋于高尚，但是，神要人自己去寻找可以达到这个目标的手段；神让人在社会上选择一个最适合于他、最能使他和社会变得高尚的地位。

这种选择是人比其它创造物远为优越的地方，但同时也是可能毁灭人的一生、破坏他的一切计划并使他陷于不幸的行为。因此，认真地权衡这种选择，无疑是开始走上生活道路而又不愿在最重要的事情上听天由命的青年的首要责任。

马克思像

每个人眼前都有一个目标，这个目标至少在他本人看来是伟大的，而且如果最深刻的信念，即内心深处的声音，认为这个目标是伟大的，那它实际上也是伟大的，因为神决不会使世人完全没有引导者；神轻声地但坚定地作启示。

但是，这声音很容易被淹没；我们认为是热情的东西可能倏忽而生，同样可能倏忽而逝。也许，我们的幻想蓦然迸发，我们的感情激动起来，我们的眼前浮想联翩，我们狂热地追求我们以为是神本身给我们指出的目标；但是，我们梦寐以求②的东西很快就使我们厌恶，于是，我们便感到自己的整个存在遭到了毁灭。

因此，我们应当认真考虑：我们对所选择的职业是不是真的怀有热情？发自我们内心的声音是不是同意选择这种职业？我们的热情是不是一种迷误？我们认为是神的召唤的东西是不是一种自我欺骗？不过，如果不对热情的来源本身加以探究，我们又怎么能认清这一切呢？

伟大的东西是闪光的，闪光会激发虚荣心，虚荣心容易使人产生热情或者一种我们觉得是热情的东西；但是，被名利迷住了心窍的人，理性是无法加以约束的，于是他一头栽进那不可抗拒的欲念召唤他去的地方；他的职业已经不再是由他自己选择，而是由偶然机会和假象去决定了。

我们的使命决不是求得一个最足以炫耀的职业，因为它不是那种可能由我们长期从事但始终不会使我们感到厌倦、始终不会使我们劲头低落、始终不会使我们的热情冷却

---

① 选自《马克思恩格斯全集》（人民出版社，2008年版）。马克思，全世界无产阶级的伟大导师、科学社会主义的创始人。② ［梦寐以求］做梦的时候都在追求。形容迫切地期望着。

的职业，相反，我们很快就会觉得，我们的愿望没有得到满足，我们的理想没有实现，我们就将怨天尤人。

但是，不仅虚荣心能够引起对某种职业的突然的热情，而且我们也许会用自己的幻想把这种职业美化，把它美化成生活所能提供的至高无上的东西。我们没有仔细分析它，没有衡量它的全部分量，即它加在我们肩上的重大责任；我们只是从远处观察它，而从远处观察是靠不住的。

在这里，我们自己的理性不能给我们充当顾问，因为当它被感情欺骗，受幻想蒙蔽[①]时，它既不依靠经验，也不依靠更深入的观察。然而，我们的目光应该投向谁呢？当我们丧失理性的时候，谁来支持我们呢？

是我们的父母，他们走过了漫长的生活道路，饱尝了人世辛酸。——我们的心这样提醒我们。

如果我们经过冷静的考察，认清了所选择的职业的全部分量，了解它的困难以后，仍然对它充满热情，仍然爱它，觉得自己适合于它，那时我们就可以选择它，那时我们既不会受热情的欺骗，也不会仓促从事。

但是，我们并不总是能够选择我们自认为适合的职业；我们在社会上的关系，还在我们有能力决定它们以前就已经在某种程度上开始确立了。

我们的体质常常威胁我们，可是任何人也不敢藐视它的权利。

诚然，我们能够超越体质的限制，但这么一来，我们也就垮得更快；在这种情况下，我们就是冒险把大厦建筑在残破的废墟上，我们的一生也就变成一场精神原则和肉体原则之间的不幸的斗争。但是，一个不能克服自身相互斗争的因素的人，又怎能抗御生活的猛烈冲击，怎能安静地从事活动呢？然而只有从安静中才能产生出伟大壮丽的事业，安静是唯一能生长出成熟果实的土壤。

尽管我们由于体质不适合我们的职业，不能持久地工作，而且很少能够愉快地工作，但是，为了恪尽职守而牺牲自己幸福的思想激励着我们不顾体弱去努力工作。如果我们选择了力不胜任的职业，那么我们决不能把它做好，我们很快就会自愧无能，就会感到自己是无用的人，是不能完成自己使命的社会成员。由此产生的最自然的结果就是自卑。还有比这更痛苦的感情吗？还有比这更难于靠外界的各种赐予来补偿的感情吗？自卑是一条毒蛇，它无尽无休地搅扰、啃啮我们的胸膛，吮吸我们心中滋润生命的血液，注入厌世和绝望的毒液。

如果我们错误地估计了自己的能力，以为能够胜任经过较为仔细的考虑而选定的职业，那么这种错误将使我们受到惩罚。即使不受到外界的指责，我们也会感到比外界指责更为可怕的痛苦。

如果我们把这一切都考虑过了，如果我们的生活条件容许我们选择任何一种职业，那么我们就可以选择一种使我们获得最高尊严的职业，一种建立在我们深信其正确的思想上的职业，一种能给我们提供最广阔的场所来为人类工作，并使我们自己不断接近共同目标即臻于完美境界的职业，而对于这个共同目标来说，任何职业都只不过是一种

---

① ［蒙蔽］掩盖事实真相，使人上当。

手段。

尊严是最能使人高尚、使他的活动和他的一切努力具有更加崇高品质的东西，是使他无可非议、受到众人钦佩并高出于众人之上的东西。

但是，能给人以尊严的只有这样的职业，在从事这种职业时我们不是作为奴隶般的工具，而是在自己的领域内独立地进行创造；这种职业不需要有不体面的行动（哪怕只是表面上不体面的行动），甚至最优秀的人物也会怀着崇高的自豪感去从事它。最合乎这些要求的职业，并不总是最高的职业，但往往是最可取的职业。

但是，正如有失尊严的职业会贬低我们一样，那种建立在我们后来认为是错误的思想上的职业也一定会成为我们的沉重负担。

这里，我们除了自我欺骗，别无解救办法，而让人自我欺骗的解救办法是多么令人失望啊！

那些主要不是干预生活本身，而是从事抽象真理的研究的职业，对于还没有确立坚定的原则和牢固的、不可动摇的信念的青年是最危险的，当然，如果这些职业在我们心里深深地扎下了根，如果我们能够为它们的主导思想而牺牲生命、竭尽全力，这些职业看来还是最高尚的。

这些职业能够使具有合适才干的人幸福，但是也会使那些不经考虑、凭一时冲动而贸然从事的人毁灭。

相反，重视作为我们职业的基础的思想，会使我们在社会上占有较高的地位，提高我们自己的尊严，使我们的行为不可动摇。

一个选择了自己所珍视的职业的人，一想到他可能不称职时就会战战兢兢——这种人单是因为他在社会上所处的地位是高尚的，他也就会使自己的行为保持高尚。

在选择职业时，我们应该遵守的主要指针是人类的幸福和我们自身的完美。不应认为，这两种利益会彼此敌对、互相冲突，一种利益必定消灭另一种利益；相反，人的本性是这样的：人只有为同时代人的完美、为他们的幸福而工作，自己才能达到完美。

如果一个人只为自己劳动，他也许能够成为著名的学者、伟大的哲人、卓越的诗人，然而他永远不能成为完美的、真正伟大的人物。

历史把那些为共同目标工作因而自己变得高尚的人称为最伟大的人物；经验赞美那些为大多数人带来幸福的人是最幸福的人；宗教本身也教诲我们，人人敬仰的典范，就曾为人类而牺牲自己——有谁敢否定这类教诲呢？

如果我们选择了最能为人类而工作的职业，那么，重担就不能把我们压倒，因为这是为大家作出的牺牲。那时我们所享受的就不是可怜的、有限的、自私的乐趣，我们的幸福将属于千百万人，我们的事业将悄然无声①地存在下去，但是它会永远发挥作用，而面对我们的骨灰，高尚的人们将洒下热泪。

---

① ［悄然无声］形容寂静无声，听不见一点声音。

1. 马克思提出了哪些选择职业时应遵循的原则？马克思在中学毕业时，对自己在未来从事什么职业有明确的选择吗？你能否根据文章有关内容，说出他所向往的职业？

2. 为什么要选择能给人以尊严的职业？为什么要选择我们深信其正确的职业？为什么要选择能给我们提供广阔场所来为人类劳动的职业？选择职业，怎样做到追求人类幸福和实现自身完美的统一？结合马克思的论述，说说你对这些问题的思考。

1. 下列加点字的注音，全都正确的一项是（　　）

A. 恪守(gè)　　赐予(cì)　　钦佩(qīn)　　战战兢兢(jīng)

B. 刹那(chà)　　犄角(jǐ)　　纤巧(qiān)　　瞠目结舌(chēng)

C. 打擂(lèi)　　教诲(huì)　　累赘(zhuì)　　面面相觑(qù)

D. 商榷(què)　　妥帖(tiē)　　巷道(xàng)　　相濡以沫(rǔ)

2. 下列各组词语中没有错别字的一项是（　　）

A. 雏形　　碑贴　　一笔勾销　　己所不欲，勿施于人

B. 寂寞　　惭愧　　嬉笑怒骂　　有志者事竟成

C. 惶然　　斑澜　　融会贯通　　燕雀安知鸿鹄之志

D. 斟酌　　噬啮　　言论精辟　　桃李不言，下自成蹊

3. 选择恰当的词语填在下列句子中的横线上。

① 尊严就是使他________受到众人钦佩并高出于众人之上的东西。（无可非议　无可厚非）

② 刹那间，无数声音________耳鼓，申述着自己的不可替代性，想在最后一分钟，挤进我的小筐。（充斥　充满）

③ 同学们的选择万千气象，绝不雷同，有些简直让人瞠目结舌，比如某男士的“足球”，某女士的“巧克力”，在我就大________。（不以为重　不以为然）

4. 下列各句中加点成语运用不恰当的一项是（　　）

A. 人们不应妄自菲薄自己的成绩，也不应轻易满足自己的成绩。

B. 在人生众多选择中，难免遇到失败。但我们要从失败中总结教训，不要怨天尤人。

C. 林林总总的喜事接踵而至，着实让我们高兴了一阵子。

D. 进入高一以来，一向成绩平平的陈立真特别刻苦，进步很大，真叫人刮目相看。

5. 下列各句中标点符号使用正确的一项是（　　）

A. 我面对自己的纸，犯了难。阳光、水和空气、笔……删掉哪一样是好？

B. 我在哪里，在干什么，我扬起头来问天。

C. 偌大一张纸，在反复勾勒的斑驳墨迹中，只残存下来一个字——“笔”。

D. 继《红处方》后，毕淑敏又发表了《拯救乳房》、《预约死亡》……等小说。

6. 下列各句中没有语病的一项是（　　）

A. 近些年，毕淑敏的小说创作一直在医学边缘上行走，《红处方》、《预约死亡》与《血玲珑》，在各种医学角度传达着对生命的关切与死亡的审视。

B. 每一位求职者是否都希望找到一份适合自己兴趣、性格、能力的职业，使自己的才智得以充分的发挥呢？心理学家们为我们提供了满意的答案。

C. 不同的职业需要不同的兴趣特征。一个擅长技能操作的人，靠他聪明灵巧的双手，在技能领域得心应手。

D. 许多工作对性格品质有着特定的要求。教师除了具备丰富的知识外，还应具备热爱学生、正直、有责任感等。

1835 年秋天，马克思中学毕业前夕，写了一篇名为《青年在选择职业时的考虑》的作文，发表了一些重要见解，表达了为人类服务的崇高理想。

当时，马克思和他的同学就要毕业，面临着升学和就业的问题，大家都在考虑自己的前途。有的人希望成为诗人、科学家或哲学家，献身文艺和学术事业；有的人打算充当教士或牧师，幻想天堂的幸福；有的人则羡慕资产者的豪华生活，把舒适享乐作为自己的理想。总之，他们从利己主义出发，以个人幸福作为选择职业的标准。马克思与其他同学的想法不同，他没有考虑选择哪种具体职业，而是把这个问题提高到对社会的认识和对生活的态度上加以考虑和回答。

为人类服务，这是少年马克思的崇高理想，也是马克思在中学毕业作文中所阐述的主要思想。在漫长的斗争岁月中，他始终忠实于少年时代的誓言。他的一生，就是为人类服务的一生。

我的四季[①]

张 洁

生命如四季。

春天，我在这片土地上，用我细瘦的胳膊，紧扶着我锈钝的犁。深埋在泥土里的树根、石块，磕绊着我的犁头，消耗着我成倍的体力。我汗流浃背，四肢颤抖，恨不得立刻躺倒在那片刚刚开垦的泥土之上。可我懂得，我没有权利逃避在给予我生命的同时所给予我的责任。我无须问为什么，也无须想有没有结果。我不应白白地耗费时间，去无尽地感慨生命的艰辛，也不应该自怨自怜命运怎么这样不济，偏偏给了我这样一块不毛之地。我要做的是咬紧牙关，闷着脑袋，拼却全身的力气，压到我的犁头上去。我绝不企望有谁来代替，因为在这世界上，每人都有一块必得由他自己来耕种的土地。

我怀着希望播种，那希望绝不比任何一个智者的希望更谦卑。

每天，我望着掩盖着我的种子的那片土地，想象着它将发芽、生长、开花、结果，如一个孕育着生命的母亲，期待着自己将要出生的婴儿。我知道，人要是能够期待，就能够奋力以赴。

夏日，我曾因干旱，站在地头上，焦灼地盼过南来的风，吹来载着雨滴的云朵。那是怎样的望眼欲穿、望眼欲穿哪！盼着，盼着，有风吹过来了，但那阵风强了一点，把那片载着雨滴的云吹了过去，吹到另一片土地上。我恨过，恨我不能一下子跳到天上，死死地揪住那片云，求它给我一滴雨。那是什么样的痴心妄想！我终于明白，这妄想如同想要拔着自己的头发离开大地。于是，我不再妄想，我只能在我赖以生存的这块土地上，寻找泉水。

没有充分的准备，便急促地上路了。经历过的艰辛自不必说它。要说的是找到了水源，才发现没有带上盛它的容器。仅仅是因为过于简单和过于发热的头脑，发生过多少次完全可以避免的惨痛的过失——真的，那并非不能，让人真正痛心的正是并非不能。我顿足，我懊悔，我哭泣，恨不得把自己撕成碎片。有什么用呢？再重新开始吧，这样浅显的经验却需要比别人付出加倍的代价来记取。不应该怨天尤人，会有一个时辰，留给我检点自己！

---

① 选自《人民文学》，1981年第2期。张洁，生于1937年，辽宁抚顺人，中国现代作家。作品有《沉重的翅膀》等。

我眼睁睁地看过，在无情的冰雹下，我那刚刚灌浆、远远没有长成的谷穗，在细弱的稻秆上摇摇摆摆地挣扎，却无力挣脱生养它却又牢牢地锁住它的大地，永远没有尝过成熟是怎么一种滋味，便夭折了。

我曾张开我的双臂，愿将我全身的皮肉，碾成一张大幕，为我的青苗遮挡狂风、暴雨、冰雹……善良过分，就会变成糊涂和愚昧。厄运只能将弱者淘汰，即使为它挡过这次灾难，它也会在另一次灾难里沉没。而强者却会留下，继续走完自己的路。

秋天，我和别人一样收获。望着我那干瘪的谷粒，心里有一种又酸又苦的欢乐。但我并不因我的谷粒比别人的干瘪便灰心或丧气。我把它们捧在手里，紧紧地贴近心窝，仿佛那是新诞生的一个自我。

富有而善良的邻人，感叹我收获的微少，我却疯人一样地大笑。在这笑声里，我知道我已成熟。我已有了一种特别的量具，它不量谷物只量感受。我的邻人不知和谷物同时收获的还有人生。我已经爱过，恨过，欢笑过，哭泣过，体味过，彻悟过……细细想来，便知晴日多于阴雨，收获多于劳作。只要我认真地活过，无愧地付出过，人们将无权耻笑我是入不敷出①的傻瓜，也不必用他的尺度来衡量我值得或是不值得。

到了冬日，那生命的黄昏，难道就没有什么事情好做？只是隔着窗子，看飘落的雪花、落漠的田野，或是数点那光秃的树枝上的寒鸦？不，我还可以在炉子里加上几块木柴，使屋子更加温暖；我将冷静地检点自己：我为什么失败，我做错过什么，我欠过别人什么……但愿只是别人欠我，那最后的日子，便会心安得多！

再没有可能纠正已经成为往事的过错。一个生命不可能再有一次四季。未来的四季将属于另一个新的生命。

但我还是有事情好做，我将把这一切记录下来。人们无聊的时候，不妨读来解闷。怀恨我的人，也可以幸灾乐祸地骂声：活该！聪明的人也许会说这是多余；刻薄的人也许会敷演②出一把利剑，将我一条条地切割。但我相信，多数人将会理解，他们将会公正地判断我曾做过的一切。

在生命的黄昏里，哀叹和寂寞的，将不会是我！

品味探究

1. “生命如四季”中的四季指的是人生的哪些阶段？作者生命的四季有什么特点？

2. 文中有不少语句富有生活哲理，可以引发我们对人生的思考，结合下列句子，谈谈自己的感想。

(1) 因为在这世界上，每人都有一块必得由他自己来耕种的土地。

(2) 厄运只能将弱者淘汰，即使为它挡过这次灾难，它也会在另一次灾难里沉没。而强者却会留下，继续走完自己的路。

(3) 只要我认真地活过，无愧地付出过，人们将无权耻笑我是入不敷出的傻瓜，也不必用他的尺度

---

① ［入不敷出］敷，够，足。意思是收入不够支出。 ② ［敷演］以一定的材料或事实作为依据，充分发挥作者叙事想象力和语言表达能力的文学创造，简单地说，就是把简单的梗概编成精彩的篇幅较长的故事。

来衡量我值得或是不值得。

1. 下列加点字的注音，全都正确的一项是(　　)

自艾自怜	干瘪	入不敷出	焦灼
A. yì	biě	fū	zhuó
B. ài	biē	fú	zhuó
C. ài	biě	fù	zhuó
D. yi	biē	fǔ	zhuō

2. 按照下面一句话的句式，以“人生”开头，仿写两个句子，组成一个排比句。

人生如一本书，应该多一些精彩的细节，少一些乏味的字眼；

____

____。

过去属于死神，未来属于你自己。

——(英)雪莱

在命运的颠沛中，最可以看出人们的气节。

——(英)莎士比亚

人间没有永恒的夜晚，世界没有永恒的冬天。

——艾青

自己活着，就是为了使别人活得更美好。

——雷锋

宿命论是那些缺乏意志力的弱者的借口。

——(法)罗曼·罗兰

希望是附丽于存在的，有存在，便有希望，有希望，便是光明。

——鲁迅

假如生活欺骗了你，不要忧郁，也不要愤慨！不顺心的时候暂且容忍，相信吧，快乐的日子就会到来。

——(俄)普希金

人生是由各种不同的变故、循环不已的痛苦和欢乐组成的。那种永远不变的蓝天只存在于心灵中间，向现实的人生去要求未免是奢望。

——(法)巴尔扎克

获得教养的途径

[德]赫尔曼·黑塞 ①

一

真正的教养不追求任何具体的目的，一如所有为了自我完善而作出的努力，本身便有意义。对于“教养”(即精神和心灵完善)的追求，并非朝向某些狭隘目标的艰难跋涉，而是自我意识的增强和扩展，它使我们的生活更加丰富多彩，享受更多更大的幸福。因此，真正的教养一如真正的体育，既是完成又是激励，随处都可到达终点却从不停歇，永远都在半道上，都在与宇宙共振，生存于永恒之中。它的目的不在于提高这种或那种能力和本领，而在于帮助我们找到生活的意义，正确认识过去，以大无畏的精神迎接未来。

赫尔曼·黑塞像

为获得真正的教养可以走不同的道路。最重要的途径之一，就是研读世界文学，就是逐渐熟悉和掌握各国的作家与思想家的作品，以及他们在作品中留给我们的思想、经验、象征、幻象和理想的巨大财富。这条路永无止境，任何人也不可能在什么时候将它走到头；任何人也不可能在什么时候将哪怕仅仅只是一个文化发达的民族的全部文学通通读完并有所了解，更不用说整个人类的文学了。然而，对思想家或作家的每一部杰作的深入理解，都会使你感到满足和幸福——不是因为获得了僵死的知识，而是有了鲜活的意识和理解。对于我们来说，问题不在于尽可能地多读和多知道，而在于自由地选择我们个人闲暇时能完全沉溺其中的杰作，领略人类所思、所求的广阔和丰盈，从而在自己与整个人类之间，建立起息息相通的生动联系，使自己的心脏随着人类心脏的跳动而跳动。这，归根到底是一切生活的意义，如果活着不仅仅为着满足那些赤裸裸的需要的话。读书绝不是要使我们“散心消遣”，倒是要使我们集中心智；不是要用虚假的慰藉来麻痹我们，使我们对无意义的人生视而不见，而是正好相反，要帮助我们将自己的人生变得越来越充实、高尚，越来越有意义。

---

① 选自《黑塞说书》，《读书》1990 年第 4 期、1991 年第 3 期，有改动。赫尔曼·黑塞(1877～1962)，生于德国，后入瑞士籍，1946 年获得诺贝尔文学奖。作品有《荒原狼》等。

世界文学的辉煌殿堂对每一位有志者都敞开着，谁也不必对它收藏之丰富望洋兴叹，因为问题不在于数量。有的人一生中只读过十来本书，却仍然不失为真正的读书人。还有人见书便生吞下去，对什么都能说上几句，然而一切努力全都白费。因为教养得有一个可教养的客体作前提，那就是个性或人格。没有这个前提，教养在一定意义上便落了空，纵然能积累某些知识，却不会产生爱和生命。没有爱的阅读，没有敬重的知识，没有心的教养，是戕害性灵的最严重的罪过之一。

当今之世，对书籍已经有些轻视了。为数甚多的年轻人，似乎觉得舍弃愉快的生活而埋头读书，既可笑又不值得；他们认为人生太短促、太宝贵，却又挤得出时间一星期去泡六次咖啡馆，在舞池中消磨许多时光。是啊，“现实世界”的大学、工场、交易所和游乐地尽管那么生气蓬勃，可整天待在这些地方，难道就比我们一天留一两个小时去读古代哲人和诗人的作品，更能接近真正的生活吗？

……

但单靠报纸和偶然得到的流行文学，是学不会真正意义上的阅读的，而必须读杰作。杰作常常不像时髦读物那么适口，那么富于刺激性。杰作需要我们认真对待，需要我们在读的时候花力气、下工夫。

我们先得向杰作表明自己的价值，才会发现杰作的真正价值。

二

每一年，我们都看见成千上万的儿童走进学校，开始学写字母，拼读音节。我们总发现多数儿童很快就把会阅读当成自然而无足轻重的事，只有少数儿童才年复一年，十年又十年地对学校给予自己的这把金钥匙感到惊讶和痴迷，并不断加以使用。他们为新学会的字母而骄傲，继而又克服困难，读懂一句诗或一句格言，又读懂第一则故事，第一篇童话。当多数缺少天赋的人将自己的阅读能力很快就只用来读报上的新闻或商业版时，少数人仍然迷恋于字母和文字的特殊魅力（因为它们古时候都曾经是富有魔力的符箓①和咒语）。这少数人就将成为读书家。他们儿时便在课本里发现了诗和故事，但在学会阅读技巧之后并不背弃它们，而是继续深入书的世界，一步一步地发现这个世界是何等广大恢宏，何等气象万千和令人幸福神往！最初，他们把这个世界当成一所小小的美丽幼儿园，园内有种着郁金香的花坛和金鱼池；后来，幼儿园变成了城里的大公园，变成了城市和国家，变成了一个洲乃至全世界，变成了天上的乐园和地上的象牙海岸，永远以新的魅力吸引着他们，永远放射着异彩。昨天的花园、公园或原始密林，今天或明天将变为一座庙堂，一座有着无数殿宇和院落的庙堂；一切民族和时代的精神都聚集其中，都等待着新的召唤和复苏。对于每一位真正的阅读者来说，这无尽的书籍世界都会是不同的样子，每一个人还将在其中寻觅并且体验到他自己。这个从童话和印第安人故事出发，继

---

① ［符箓（lù）］道士所画的一种似字非字、似图非图的符号、图形，声称能驱使鬼神，给人带来祸福。迷信的人认为它有很大的魔力。

续摸索着走向莎士比亚和但丁①；那个从课本里第一篇描写星空的短文开始，走向开普勒或者爱因斯坦……通过原始密林的路有成千上万条，要达到的目的也有成千上万个，可没有一个是最后的终点，在眼前的终点后面，又将展现出一片片新的广阔的原野……

这儿还根本未考虑世界上的书籍在不断地增多！不，每一个真正的读书家都能将现有的宝藏再研究苦读几十年和几百年，并为之欣悦不已，即使世界上不再增加任何一本书。我们每学会一种新的语言，都会增长新的体验——而世界上的语言何其多啊！……可就算一个读者不再学任何新的语言，甚至不再去接触他以前不知道的作品，他仍然可以将他的阅读无休止地进行下去，使之更精、更深。每一位思想家的每一部著作，每一位诗人的每一个诗篇，过一些年都会对读者呈现出新的、变化了的面貌，都将得到新的理解，在他心中唤起新的共鸣。我年轻时初次读歌德的《亲和力》，只是似懂非懂，现在我大约第五次重读它了，它完全成了另一本书！这类经验的神秘和伟大之处在于：我们越是懂得精细、深入和举一反三地阅读，就越能看出每一部作品和每一个思想的独特性、个性和局限性，看出它全部的美和魅力正是基于这种独特性和个性，——与此同时，我们却相信自己越来越清楚地看到，世界各民族的成千上万种声音都追求同一个目标，都以不同的名称呼唤着同一些神灵，怀着同一些梦想，忍受着同样的痛苦。在数千年来不计其数的语言和书籍交织成的斑斓锦缎中，在一些突然彻悟的瞬间，真正的读者会看见一个极其崇高的超现实的幻象，看见那由千百种矛盾的表情神奇地统一起来的人类的容颜。

1. 作者认为阅读不在于数量，说“有的人一生中只读过十来本书，却仍然不失为真正的读书人”，作者倡导的是一种什么样的读书观？

2. 文章提到“通过原始密林的路有成千上万条，要达到的目的也有成千上万个，可没有一个是最后的终点，在眼前的终点后面，又将展现出一片片新的广阔的原野”，这句话应该如何理解？

1. 下列各句中加点的成语运用不恰当的一项是（　　）

A. 世界文学的辉煌殿堂对每一位有志者都敞开着，谁也不必对它收藏之丰富望洋兴叹，因为问题不在于数量。

B. 我们总发现多数儿童很快就把会阅读当成自然而无足轻重的事，只有少数儿童才年复一年，十年又十年地对学校给予自己的这把金钥匙感到惊讶和痴迷，并不断加以使用。

C. “经典”应该是与普通民众的素朴之心息息相通的，所谓“润物细无声”也只有以此为基础才得

---

① ［但丁(1265～1321)］意大利诗人，欧洲文艺复兴时代的开拓人物之一，以长诗《神曲》留名后世。

以实现。

D. 这篇题为《难得糊涂》的杂文，不仅牢骚太盛，而且把早已成了笑料的“格言”奉为经典，实为不刊之论。

2. 依次填入下列横线处的词语，恰当的一项是（　　）

A. 他们为新学会的字母而骄傲，________又克服困难，读懂一句诗或一句格言，又读懂第一则故事、第一篇童话。

B. 最重要的途径之一，就是研读世界文学，就是逐渐地________和掌握各国的作家和思想家的作品，以及他们在作品中留给我们的思想、经验、象征、幻象和理想的巨大财富。

C. 对于每一位真正的阅读者来说，这无尽的书籍世界都会是不同的样子，每一个人还将在其中寻觅并且________到他自己。

D. 后来，幼儿园变成了城里的大公园，变成了城市和国家，变成了一个洲________全世界，变成了天上的乐园和地上的象牙海岸。

A. 进而　熟习　体会　以至　　　B. 继而　熟悉　体验　乃至

C. 进而　熟习　体验　乃至　　　D. 继而　熟悉　体会　以至

3. 下列各组词语中没有错别字的一项是（　　）

A. 狭隘　共震　丰富多彩　　　B. 书籍　沉溺　按部就般

C. 闲暇　慰籍　锲而不舍　　　D. 恢弘　跋涉　气象万千

读书可供消遣，可供装饰，也可以增长才干。为消遣而读书，常见于独处退居之时；为装饰而读书，多用于高谈阔论之中；为增长才干而读书，主要在于对事物的判断和处理。

——（英）培根

阅读所有的优秀名著就像与过去时代那些最高尚的人物进行交谈，而且是一种经过精心准备的谈话。这些伟人在谈话中向我们展示的不是别的，都是他们思想中的精华。

——（法）笛卡尔

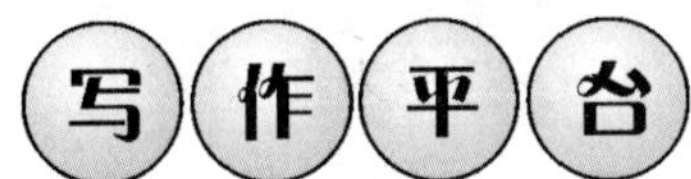

巧思妙想　学习选取立论的角度

话题探讨

何谓立论？立论即提出论点。苏轼诗云："横看成岭侧成峰，远近高低各不同。"客观事物是复杂的、多层次的、多侧面的，所以我们对同一事物、同一问题就会产生不同的看法和认识。例如对于项羽这个历史人物，历来就有不同的看法和评价。司马迁认为项羽"分裂天下，而封王侯，政由羽出，号为'霸王'，位虽不终，近古以来未尝有也"，充分肯定了项羽的成就；李清照也对项羽进行了充分肯定："生当作人杰，死亦为鬼雄。"而毛泽东同志则批评项羽沽名钓誉，他在七律诗《人民解放军占领南京》中说我们"宜将剩勇追穷寇，不可沽名学霸王"。这就说明，对同一事物，如果从不同的角度去思考，就可能获得不同的认识。

古希腊有这样一则神话故事：安泰是众所公认的无敌英雄，地神盖娅是他的母亲。安泰在格斗时，只要身不离地，便可源源不断地从大地母亲身上汲取力量，因而能够击败任何强大的对手。不幸的是，安泰克敌制胜的奥秘被一个叫赫拉克勒斯的对手发现了，于是安泰被弄到空中扼死了。这个故事如果从正面思考，可以认为是批评安泰没有早些独立。如果从侧面思考，可以认为是批评母亲娇子如杀子，也可以认为是称赞赫拉克勒斯知己知彼，百战不殆，出奇制胜。如果从反面思考，可以认为安泰善于扬长避短。从不同的角度去思考这则神话故事，就能挖掘出不同的内涵。

在多向思维中，逆向思维很值得重视。逆向思维就是求异思维，指与人们惯常的思维方式相反的一种思维方式。其实，事物都有两面性，客观事物的两面性为逆向思维提供了广阔的空间。比如下面这首诗。

反七步诗

郭沫若

煮豆燃豆萁，
豆熟萁已灰。
熟者席上珍，

灰作土中肥。

本为同根生，

缘何甘自毁。

还有不少名言警句，大多是从一个角度切入，所论的也大都是事物属性的一个方面，我们完全可以从另一个角度、从反面去想一想。比如从“良药苦口利于病，忠言逆耳利于行”反思到良药裹糖衣人们更爱吃，同样利于病，进而想到做思想工作关键在于以理服人、以情动人，不一定要逆耳，推心置腹，促膝相谈，犹如春风化雨，更能使人茅塞顿开、心悦诚服。又比如“酒香也怕巷子深”、“班门也需弄斧”、“开卷未必有益”、“言者未必无罪”和“有志者事未必成”。同学们想一想，这种对格言警句的认识是不是也有一定的道理呢？

写法借鉴

那么，对一个事物或材料进行多角度思考，主要有哪些角度呢？根据我们上面所分析的例子，大致可以得出这样的启示：

1. 一个事物或材料，至少可以从“正面”（肯定）和“反面”（否定）两个角度去审视；
2. 多人或多物的材料，有几个主要“人”或“物”，就有几个审视角度；
3. 一事多“因”的材料，有几个“因”，就有几个审视角度。

比如《邹忌讽齐王纳谏》这篇文章，从邹忌的角度来审视，可以得到“忠言不必逆耳”、“学习说话的艺术”、“在其位，谋其政，恪尽职守”、“以小见大，由此及彼，善于思考”、“见微知著，防患于未然”等结论；从齐威王的角度来审视，可以得到“领导干部要善于纳谏”、“知错能改，善莫大焉”等结论。

一个题目或材料常常可以从多个角度立意，那么我们选择立论角度的要领有哪些呢？写作应选取的角度是：

1. 题目或训练要求限定的角度；
2. 能触及题目或材料主旨的角度；
3. 有时代感、针对性的角度；
4. 具有新颖性的角度。

19 世纪法国著名科幻小说家儒勒·凡尔纳，一生写了 104 部科幻小说。但他的第一部科幻小说《气球上的星期五》曾接连被 15 家出版商退回。他当时既痛苦又气愤，打算将稿子付之一炬。他妻子夺过书稿，给他以鼓励。于是他尝试着走进第 16 家出版商。经理赫哲尔阅读后，当即表示同意出版，还与儒勒·凡尔纳签订了为期 20 年的写作出版合同。

这则材料叙述时没有一定的中心，属于开放性材料，分析材料中人物、人物关系、故事的不同侧面，可以从不同的角度得出不同的结论：

角度	立论
凡尔纳	成功在于不懈努力
妻子	鼓励给人信心、促人成功
赫哲尔	从事一项事业需要胆识
凡尔纳与赫哲尔	世有伯乐，然后有千里马

根据上面选择立论的原则，你觉得选择哪个更好呢？

写作练习

一、写出下列各项的两面性。

a. 虎　　b. 蚕　　c. 笑　　d. 哭

二、阅读寓言《鲁人徙越》，选择你喜欢的立论角度，简要说明理由。

鲁人身善织屦，妻善织缟，而欲徙于越。或谓之曰："子必穷矣。"鲁人曰："何也？"曰："屦为履之也，而越人跣行；缟为冠之也，而越人被发。以子之所长，游于不用之国，欲使无穷，其可得乎？"

① 凡事应先进行调查研究，不能盲目行动；

② 做任何事都必须从实际出发，有的放矢；

③ 扬长避短，方能百战百胜；

④ 正因为那里不穿鞋、不戴帽子，才有潜在的市场空间，可以大有作为。

第二单元　珠星碧月

柳永词二首
苏轼词二首
辛弃疾词二首
李清照词二首
宋词三首

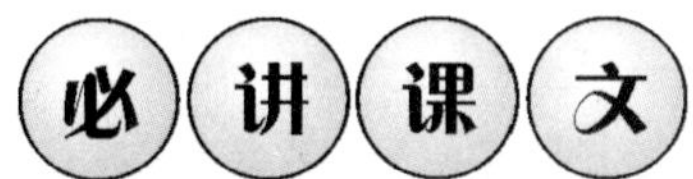

柳永词二首[①]

柳　永

雨霖铃[②]

寒蝉凄切，对长亭[③]晚，骤雨初歇。都门[④]帐饮[⑤]无绪，留恋处，兰舟[⑥]催发。执手相看泪眼，竟无语凝噎。念去去[⑦]，千里烟波，暮霭沉沉楚天阔[⑧]。　　多情自古伤离别，更那堪，冷落清秋节！今宵酒醒何处？杨柳岸，晓风残月。此去经年[⑨]，应是良辰好景虚设。便纵有千种风情[⑩]，更与何人说？

（南唐）董源　夏景山口待渡图

---

① 选自《乐章集》（上海古籍出版社，1988年版）。柳永（约987～1053），原名三变，字耆卿，北宋崇安人。

② ［雨霖铃］词牌名。 ③ ［长亭］古代在交通要道边上每隔十里修建一座长亭供行人休息，又称“十里长亭”。靠近城市的长亭往往是古人送别的地方。 ④ ［都门］国都之门，这里指北宋都城汴京（今河南开封）城门附近。 ⑤ ［帐饮］设帐饮酒饯行。 ⑥ ［兰舟］古代传说鲁班曾刻兰木树为舟，因此古诗文中常用兰舟做船的美称。 ⑦ ［去去］重复去字，表示行程遥远。 ⑧ ［暮霭沉沉楚天阔］傍晚的云雾笼罩着南方的天空，深厚广阔，不知尽头。暮霭，傍晚的云雾。沉沉，深厚低垂的样子。楚天，南方的天空。 ⑨ ［经年］年复一年。 ⑩ ［风情］指男女恋情。

望海潮[①]

东南形胜[②]，三吴[③]都会，钱塘[④]自古繁华。烟柳画桥[⑤]，风帘翠幕[⑥]，参差[⑦]十万人家。云树[⑧]绕堤沙，怒涛卷霜雪[⑨]，天堑[⑩]无涯。市列珠玑[⑪]，户盈罗绮，竞豪奢。　重湖叠巘[⑫]清嘉，有三秋[⑬]桂子，十里荷花。羌管弄晴[⑭]，菱歌泛夜[⑮]，嬉嬉[⑯]钓叟莲娃[⑰]。千骑拥高牙[⑱]，乘醉听箫鼓，吟赏烟霞[⑲]。异日图将好景[⑳]，归去凤池[㉑]夸。

（南宋）刘松年　四景山水图

品味探究

1.“寒蝉凄切，对长亭晚，骤雨初歇”渲染了什么样的气氛？

2.“都门帐饮无绪，留恋处，兰舟催发”表现了人物怎样的心态？

3.《望海潮》一词描绘了都市繁华景象，试说说作者是从哪些方面描写杭州的繁华与美丽的，抒发了他怎样的感情？

---

① [望海潮]词牌名。这首词是作者在杭州时所作。　② [东南形胜]杭州地处东南方，地理形势优越。　③ [三吴]旧指吴兴、吴郡、会稽。此处称“三吴都会”，是说其为东南一带、三吴地区的重要都市。　④ [钱塘]即现在的杭州，当时属吴郡。　⑤ [画桥]雕饰着华丽图案的桥梁。　⑥ [风帘翠幕]挡风的帘子和翠绿色的帷幕，描写附近居民住宅的雅致。　⑦ [参差]形容楼阁、房屋高低错落。　⑧ [云树]茂密的树林远望如云。　⑨ [怒涛卷霜雪]形容江涛汹涌，卷起来的浪花如白色的霜雪。　⑩ [天堑]天然形成的壕沟，其险可阻断交通。这里指钱塘江。　⑪ [珠玑]珠宝。玑，不圆的珠子。　⑫ [重湖叠巘(yǎn)]重湖，西湖分里湖和外湖。叠巘，层层叠叠的山峰。　⑬ [三秋]指秋季的第三个月，即农历九月。　⑭ [羌管弄晴]羌管，即羌笛。弄晴，悠扬的羌笛声在晴空飘扬。　⑮ [菱歌泛夜]采菱女婉转的歌声在夜间唱起。　⑯ [嬉嬉]欢快、自得其乐的样子。　⑰ [钓叟莲娃]钓鱼的老翁和采莲的少女。　⑱ [千骑(jì)拥高牙]描写官员外出的仪仗很威风，随从人员很多。宋真宗咸平末年，柳永从家乡前往京城开封应试，途经钱塘。柳永与孙何是布衣之交。孙何当时任两浙转运使，柳永想拜访他，但官府之家门禁极严，柳永一个平民是很难得到孙何接见的，柳永就写下了这首词，并使其在青楼广泛传唱以使孙何知道。不久孙何就亲自前去拜访柳永。此处写孙何外出的仪仗以及下文写乘醉听箫鼓皆有赞颂之意。　⑲ [吟赏烟霞]一边欣赏一边赋诗赞美美丽的自然风景。　⑳ [图将好景]把钱塘的美景画出来。　㉑ [凤池]即凤凰池，对中书省的美称。这里指朝廷。

1. 著名学者王国维说:“有造境,有写境,此理想与写实二派之所由分。然二者颇难区别。因大词人所造之境,必合乎自然,所写之境,必邻于理想故也。”试说明下列句子是“造境”还是“写境”。

(1) 烟柳画桥,风帘翠幕,参差十万人家。

(2) 执手相看泪眼,竟无语凝噎。

(3) 念去去,千里烟波,暮霭沉沉楚天阔。

(4) 今宵酒醒何处? 杨柳岸,晓风残月。

2. 阅读下面一首词,并将其和柳永的《雨霖铃》比较,完成后面的问题。

候馆梅残,溪桥柳细,草薰风暖摇征辔。离愁渐远渐无穷,迢迢不断如春水。　　寸寸柔肠,盈盈粉泪,楼高莫近危栏倚。平芜尽处是春山,行人更在春山外。

——欧阳修《踏莎行》

(1) 两首宋词长短不同,《雨霖铃》是________,《踏莎行》是________。

(2) 两首词都是写离情的,可是离别的氛围不同,请简述其不同之处。

(3) 下面对两首词的分析有误的一项是(　　)

A. 两首词的开头都有景物描写,这些景物还起了衬托的作用,《雨霖铃》是正面衬托,《踏莎行》是反衬。

B.《雨霖铃》的下片是设想的情景,足见作者的想象是何等丰富;《踏莎行》的下片是对恋人的叮嘱,可见“行人”的细腻与真挚。

C.《雨霖铃》中的抒情主人公感情丰富,他的“女友”只是配角,而《踏莎行》中的“行人”则处于从属位置。

D. 两首词均为婉约词,《雨霖铃》用铺叙衍情法,即事言情,情由事生,抒情中有叙事铺陈;《踏莎行》用意象烘托传情法,借景言情,情由景生。

昔人论诗,有情语、景语之别,殊不知一切景语皆情语。

词以境界为最上,有境界则自成高格,自有名句。

有有我之境,有无我之境。有我之境,以我观物,故物皆着我之色彩;无我之境,以物观物,故不知何者为我,何者为物。

——选自王国维《人间词话》

苏轼词二首[①]

苏　轼

念奴娇　赤壁怀古[②]

大江东去，浪淘尽，千古风流人物。故垒[③]西边，人道是，三国周郎赤壁[④]。乱石穿空[⑤]，惊涛拍岸，卷起千堆雪。江山如画，一时多少豪杰。　　遥想公瑾当年，小乔[⑥]初嫁了，雄姿英发[⑦]。羽扇纶巾[⑧]，谈笑间，樯橹灰飞烟灭[⑨]。故国神游[⑩]，多情应笑我[⑪]，早生华发。人生如梦，一尊还酹江月[⑫]。

（金）武元直　赤壁图

---

①　选自《全宋词》（中华书局，1965 年版）。　②　这首词是宋神宗元丰五年（公元 1082 年）作者被贬黄州时所作。这里的赤壁，其实是赤壁矶，在今湖北黄冈西，宋代讹传此处为三国时赤壁大战的所在地。念奴娇，词牌名。　③　［故垒］过去遗留下来的营垒。　④　［三国周郎赤壁］三国时周瑜大破曹军的赤壁。周郎，即周瑜，字公瑾，为吴建威中郎将，时年 24 岁，吴中皆呼为周郎。　⑤　［乱石穿空］陡峭不平的石壁插入天空。“乱石穿空，惊涛拍岸”又作“乱石崩云，惊涛裂岸”。　⑥　［小乔］周瑜的妻子。　⑦　［雄姿英发］这里指周瑜体貌非凡，言谈卓越。英发，英姿勃发。　⑧　［羽扇纶（guān）巾］手摇羽扇，头戴纶巾。这是当时儒将的装束。纶巾，青丝做成的头巾。　⑨　［樯橹（qiánglǔ）灰飞烟灭］指周瑜在赤壁之战中火烧了曹军的战船。樯，桅杆。橹，摇船前进的工具。樯橹在这里代指船。　⑩　［故国神游］在古战场浮想联翩。故国，指赤壁古战场。神游，指心神漫游，浮想联翩。　⑪　［多情应笑我］即“应笑我多情”，一定会笑我多愁善感。这里是作者自嘲的话。　⑫　［一尊还酹江月］洒一杯酒在江中，祭奠江中的月亮。酹，洒酒以示祭奠。

定风波①

三月七日，沙湖②道中遇雨。雨具先去，同行皆狼狈，余独不觉。已而③遂晴，故作此。

莫听穿林打叶声，何妨吟啸④且徐行。竹杖芒鞋⑤轻胜马⑥，谁怕？一蓑烟雨任平生。　　料峭⑦春风吹酒醒，微冷，山头斜照却相迎。回首向来萧瑟⑧处，归去，也无风雨也无晴⑨。

（元）王蒙　溪山风雨图

品味探究

1. 苏轼的思想复杂且充满矛盾。他一方面仰慕历史上那些建立了丰功伟业的英雄人物，感慨早生华发，功业未建；一方面又酷爱陶潜，追慕老庄，交游佛徒，追求超然物外的旷达人生。请你结合苏轼的生平及其作品，谈谈你对这位文学家的理解。

1. 给下列加点的字注音。

羽扇纶巾	满腹经纶	樯橹	酹	料峭
何妨	吟啸	蓑衣	萧瑟	芒鞋

---

① ［定风波］词牌名。这首词与上首词同为作者被贬黄州时所作。 ② ［沙湖］地名，在黄州城东南30里。苏轼贬居黄州时曾准备在沙湖买田终老。 ③ ［已而］不久，一会儿。 ④ ［吟啸］吟唱长啸，表现作者泰然自若的神态。 ⑤ ［芒鞋］草鞋。 ⑥ ［轻胜马］比骑马还轻快。这里也暗写作者在谪居期间“无官一身轻”的政治感受。
⑦ ［料峭］略带寒意。 ⑧ ［萧瑟］林中风雨吹打树叶的声音。 ⑨ ［也无风雨也无晴］自然界的雨晴毫无差别，都属平常。这里也表现了作者旷达、超脱的胸襟，在他看来，个人的荣辱得失不足挂齿。

2. 朗读并背诵这两首词，品味下列句子中加点词语或句子的韵味。

(1) 乱石穿空，惊涛拍岸，卷起千堆雪。

(2) 羽扇纶巾，谈笑间，樯橹灰飞烟灭。

(3) 回首向来萧瑟处，归去，也无风雨也无晴。

3. 指出下列句子所用的修辞手法。

(1) 乱石穿空，惊涛拍岸，卷起千堆雪。

(2) 谈笑间，樯橹灰飞烟灭。

东坡在玉堂日，有幕士善歌，因问："我词何如柳七?"对曰："柳郎中词，只合十七八女郎，执红牙板，歌'杨柳岸，晓风残月'；学士词，须关西大汉，铜琵琶，铁绰板，唱'大江东去'。"东坡为之绝倒。

——选自俞文豹《吹剑录》

苏轼生十年，父洵游学四方，母程氏亲授以书，闻古今成败，辄能语其要。程氏读东汉《范滂传》，慨然太息，轼请曰："轼若为滂，母许之否乎?"程氏曰："汝能为滂，吾顾不能为滂母邪?"

——选自脱脱《宋史·苏轼列传》

辛弃疾词二首[①]

辛弃疾

永遇乐　京口北固亭怀古[②]

千古江山，英雄无觅孙仲谋处[③]。舞榭歌台[④]，风流[⑤]总[⑥]被雨打风吹去。斜阳草树，寻常巷陌[⑦]，人道寄奴[⑧]曾住。想当年，金戈铁马[⑨]，气吞万里如虎。　　元嘉草草[⑩]，封

（明）王谔　江阁远眺图

① 选自《稼轩词编年笺注》（古典文学出版社，1957 年版）。辛弃疾（1140～1207），字幼安，号稼轩，历城（今山东济南）人。南宋著名的豪放派词人。一生坚决抗金，长期不被重用。其词多抒写恢复国家统一的爱国热情，倾诉壮志难酬的悲愤，对当时执政者的屈辱求和颇多谴责；也有不少吟咏大好河山的作品。作品风格多样，而以豪放为主，热情洋溢，慷慨悲壮，笔力雄健。与苏轼并称"苏辛"。有《稼轩长短句》。 ② ［永遇乐］词牌名。京口，今江苏镇江。三国时，东吴孙权曾建都于此。北固亭，在镇江东北的北固山上。 ③ ［英雄无觅孙仲谋处］即"无觅英雄孙仲谋处"。孙仲谋，三国时期吴主孙权，字仲谋。 ④ ［舞榭歌台］歌舞的楼台。榭，建在高台上的亭子。 ⑤ ［风流］指英雄的业绩。 ⑥ ［总］全，都。 ⑦ ［寻常巷陌］普通的街巷。陌，小路。 ⑧ ［寄奴］南朝宋武帝刘裕的小名。刘裕生长在京口，后曾率东晋军队北伐，一度收复洛阳、长安等地。 ⑨ ［金戈铁马］形容兵强马壮。 ⑩ ［元嘉］南朝宋文帝刘义隆（刘裕的儿子）的年号。刘义隆曾在元嘉年间仓促北伐，结果大败。草草，匆忙，草率。

狼居胥，赢得仓皇北顾①。四十三年②，望中犹记，烽火扬州路③。可堪④回首，佛狸祠⑤下，一片神鸦社鼓⑥。凭谁问：廉颇老矣，尚能饭否⑦？

水龙吟　登建康赏心亭⑧

楚天千里清秋，水随天去秋无际。遥岑远目⑨，献愁供恨，玉簪螺髻⑩。落日楼头，断鸿⑪声里，江南游子。把吴钩⑫看了，栏杆拍遍，无人会，登临意。　　休说鲈鱼堪脍⑬，尽西风，季鹰⑭归未？求田问舍⑮，怕应羞见，刘郎⑯才气。可惜流年，忧愁风雨，树犹如此⑰！倩何人唤取，红巾翠袖⑱，揾⑲英雄泪？

品味探究

1. 辛弃疾的词用典较多，有人贬其“掉书袋子”⑳，结合这两首词中的用典，谈谈这些典故对感慨作者的身世遭遇、抒发胸中郁闷之情有什么作用，再谈谈你同意辛弃疾的词“掉书袋子”的说法吗？

---

① ［封狼居胥，赢得仓皇北顾］宋文帝大将王玄谟曾鼓动文帝北伐，文帝听了王玄谟的计策，兴奋地说：“使人有封狼居胥意。”封狼居胥，即登狼居胥山举行祭祀仪式，向上天报告军功。西汉霍去病曾奉命北伐匈奴，并大破敌军，乘胜追杀至狼居胥山，在狼居胥山举行了祭天封山大礼。 ② ［四十三年］此时辛弃疾已经南归四十三年了。南归以前他一直在北方抗金。 ③ ［烽火扬州路］指当年扬州一带的抗金烽火。 ④ ［可堪］意思是哪堪，不堪，不能忍受。 ⑤ ［佛(bì)狸祠］在今江苏六合瓜步山上。佛狸是北魏太武帝拓跋焘的小名。元嘉二十七年(公元450年)，他追击王玄谟至长江北岸的瓜步山，在山上修建了一座行宫，后称佛狸祠。 ⑥ ［神鸦社鼓］指神鸦的叫声和社日的鼓声。神鸦，吃祭食的乌鸦。社，古时春秋两季举行的祭祀土地神的活动。“可堪”以下三句是说，江北沦陷很久了，人们已经忘了过去，若无其事地在佛狸祠下迎神赛社，此情此景，真令人不堪回首！ ⑦ ［廉颇老矣］廉颇，战国时赵国名将，晚年遭谗言离开赵国，去了魏国。秦国攻打赵国，赵王想起用廉颇，于是派使者去察看。廉颇报国心切，以示尚能重用，在使者面前吃了很多饭，并披甲上马。可是使者接受了廉颇仇人的贿赂，向赵王汇报说：廉颇虽然老了，还很能吃饭，但一顿饭的工夫就拉了三回屎。赵王信以为真，就打消了起用廉颇的念头。辛弃疾写这首词时已年过六旬，此处以廉颇自比，表示自己还可有所作为，却得不到朝廷重用。 ⑧ ［水龙吟］词牌名。建康，今江苏南京。赏心亭，在建康下水门城上，下临秦淮河。 ⑨ ［遥岑(cén)远目］眺望远处的山岭。岑，小而高的山。 ⑩ ［玉簪螺髻］玉做的簪子和海螺形状的发髻，这里用以比喻高矮和形状各不相同的山岭。 ⑪ ［断鸿］失群的孤雁。 ⑫ ［吴钩］古代吴地制造的一种宝刀。 ⑬ ［脍(kuài)］切细的肉。 ⑭ ［季鹰］晋朝吴地人张翰，字季鹰。《世说新语》记载，他在洛阳做官，在秋季西风起时，想到家乡莼菜羹和鲈鱼脍的美味，便立即辞官回乡。后来的文人将思念家乡、弃官归隐称为莼鲈之思。 ⑮ ［求田问舍］购买田地和房舍。据《三国志·陈登传》记载：许汜向刘备诉说自己去拜访陈登时，陈登不理睬他，自己上大床躺下，而让他睡下床。刘备说：“当今天下大乱，你没有救世之意，只知道求田问舍，言无可采。如果是我，就睡在百尺楼上，而让你睡在地上。”这里是指那些只知谋求私利而不关心国家安危的人。 ⑯ ［刘郎］指有雄才大略的刘备。 ⑰ ［树犹如此］语出《世说新语》。晋朝的桓温北伐，途中见到自己早年栽种的柳树已粗过十围，便叹息说：“木犹如此，人何以堪！”此处借以反指自己不能为抗击敌人、收复失地而效力，徒增虚度时光的感慨。 ⑱ ［红巾翠袖］代指女子。 ⑲ ［揾(wèn)］揩拭。 ⑳ ［掉书袋子］指人说话写文章爱引经据典、卖弄学问

1. 给下列加点的字注音。

舞榭歌台　　巷陌　　遥岑远目　　玉簪螺髻

无语凝噎　　鲈鱼堪脍　　孙仲谋　　狼居胥

珠玑　　佛狸祠　　揾英雄泪　　罗绮

2. 翻译下列语句。

(1) 英雄无觅孙仲谋处。

(2) 赢得仓皇北顾。

(3) 想当年,金戈铁马,气吞万里如虎。

(4) 四十三年,望中犹记,烽火扬州路。

3. 下列句子中不属于倒装语序的一项是(　　)

A. 故国神游,多情应笑我,早生华发。

B. 千古江山,英雄无觅孙仲谋处。

C. 故垒西边,人道是,三国周郎赤壁。

D. 四十三年,望中犹记,烽火扬州路。

绍兴三十二年,京令弃疾奉表归宋,高宗劳师建康,召见,嘉纳之,授承务郎、天平节度掌书记,并以节使印告召京。会张安国、邵进已杀京降金,弃疾还至海州,与众谋曰:"我缘主帅来归朝,不期事变,何以复命?"乃约统制王世隆及忠义人马全福等径趋金营,安国方与金将酣饮,即众中缚之以归,金将追之不及。献俘行在,斩安国于市。仍授前官,改差江阴佥判。弃疾时年二十三。

——选自脱脱《宋史·辛弃疾传》

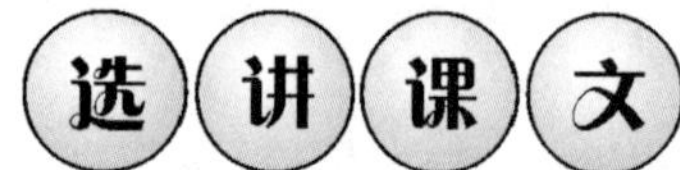

李清照词二首①

李清照

醉花阴②

薄雾浓云愁永昼③，瑞脑销金兽④。佳节又重阳，玉枕纱厨⑤，半夜凉初透。　东篱把酒黄昏后，有暗香盈袖⑥。莫道不消魂，帘卷西风，人比黄花瘦。

（明）郭诩　竹石秋菊图

①　选自《李清照集校注》（人民文学出版社，1979年版）。李清照（1084～1155），号易安居士，济南人，宋代（南北宋之交）著名女词人。她擅长书画，通晓金石，尤精于诗词。北宋末年她南渡避乱，不久北宋灭亡，丈夫病死，她只身避难，境遇悲惨。　②　［醉花阴］词牌名。这首词是作者早年的作品。　③　［永昼］漫长的白天。　④　［瑞脑销金兽］瑞脑香在金兽炉中慢慢地焚烧。瑞脑，一种香料，又名龙脑。金兽，兽形的香炉。　⑤　［纱厨］纱帐，用木架撑起轻纱做成的帐子，夏季用以避蚊蝇。　⑥　［暗香盈袖］清淡的香气充满衣袖。

声声慢[1]

寻寻觅觅，冷冷清清，凄凄惨惨戚戚[2]。乍暖还寒[3]时候，最难将息[4]。三杯两盏淡酒，怎敌他、晚来风急！雁过也，正伤心，却是旧时相识。　　满地黄花堆积。憔悴损[5]，如今有谁堪摘？守着窗儿，独自怎生得黑[6]！梧桐更兼细雨，到黄昏、点点滴滴。这次第[7]，怎一个愁字了得[8]！

品味探究

1.《醉花阴》末句“莫道不消魂，帘卷西风，人比黄花瘦”，历来为词家所推崇，试分析本句状花喻人，何以传神？

2.《声声慢》开头连用十四个叠字，声情并茂，为全词定下了一个悲凉愁苦的基调，试分析词中哪些描写印证或强化了这种感情基调。

1. 背诵本课的两首词。

2. 对下列各句中加点词的解释不正确的一项是（　　）

A. 三杯两盏淡酒，怎敌他、晚来风急！　　敌：抵御。

B. 满地黄花堆积。憔悴损，如今有谁堪摘？　　憔悴：描写菊花枯萎、凋谢。

C. 守着窗儿，独自怎生得黑！　　怎生：怎么，怎样。

D. 这次第，怎一个愁字了得！　　次第：依次，一个挨着一个。

3. 下面对《醉花阴》一词赏析有误的一项是（　　）

A. 上片以含蓄委婉的手法，写秋凉秋景，表达了闺中的寂寞和苦苦思念之情。

B.“瑞脑销金兽”一句中的“销”字流露出了词人的百无聊赖，“凉初透”暗示了气候的严寒。

C. 下片写重九感怀，写赏菊饮酒的悠悠情思，虽不说思念，而思念之苦更深，有烘云托月、藏而不露的韵味。

D. 全词愁绪满怀，凄惨哀怨，为词人晚年的代表之作。

---

① ［声声慢］词牌名。这首词写于作者南渡后，是其晚年的作品。 ② ［戚戚］愁苦、哀伤的样子。 ③ ［乍暖还（huán）寒］忽暖忽冷，气候变化无常。 ④ ［将息］调养，休养，调理。 ⑤ ［憔悴损］枯萎、凋零殆尽。损，这里相当于“煞”，“憔悴损”就是“憔悴煞”的意思。 ⑥ ［怎生得黑］怎么捱到天黑。怎生，怎么，怎样。 ⑦ ［次第］光景，状况，情形。 ⑧ ［怎一个愁字了得］一个“愁”字怎么能概括得尽呢？

中国古代著名才女

卓文君：西汉著名才女，貌美，擅琴，能诗。她是卓王孙之女，丧夫后寡居。许多名流向她求婚，她却看中了穷书生司马相如，并与之私奔。二人开了个小酒铺，文君当垆卖酒。代表作有《白头吟》。

班婕妤：汉成帝妃，西汉女文学家。名不详。汉成帝时被选入宫，立为婕妤。班婕妤擅长音律，既写词又谱曲，她虽然承宠时间很长，但赵飞燕姐妹得宠后，恐日久见危，求侍奉太后于长信宫。代表作有《怨歌行》（亦称《团扇歌》，也有人怀疑为伪作）。

班昭：东汉女辞赋家。班彪女，班固妹。嫁曹世叔，早年守寡。兄班固著《汉书》，八《表》及《天文志》未成而去世。班昭博学高才，和帝下诏令其续成。她经常出入宫廷，担任皇后和妃嫔的老师，号为“曹大家”。

谢道韫：东晋女诗人，南朝著名才女，以一句“未若柳絮因风起”名扬千古。她出身于晋代王、谢两大家族中的谢家，是东晋后期一代名将谢安的侄女，成人后做了大书法家王羲之的儿媳。谢道韫聪慧有才辩，被后人称为绝代才女、奇女。

李清照：宋代女词人，号易安居士。父亲李格非为当时著名学者，夫赵明诚为金石考据家。早期生活优裕，与赵明诚共同致力于书画金石的搜集整理。金兵入据中原，流寓南方，赵明诚病死，境遇孤苦。所作词，前期多写其悠闲生活，或闲愁孤闷；后期多悲叹身世，情调感伤，有的也流露出对中原的怀念。

朱淑真：宋代女作家，号幽栖居士，南宋初年时在世。生于仕宦家庭，相传因对婚嫁不满，抑郁而终。能画，通音律。词多幽怨，有诗集《断肠集》、词集《断肠词》。

管道升：元代著名书画家赵孟頫之妻，字仲姬，号栖贤山人，工于书画，长于诗词。著有《画梅》、《渔父词》、《我侬词》。

（明）唐寅　秋风纨扇图

宋词三首[①]

鹊桥仙[②]

秦　观

纤云弄巧[③]，飞星传恨[④]，银汉迢迢暗度[⑤]。金风玉露[⑥]一相逢，便胜却人间无数。

柔情似水，佳期如梦，忍顾鹊桥归路[⑦]。两情若是久长时，又岂在朝朝暮暮[⑧]。

秦观

扬州慢[⑨]

姜　夔

淳熙丙申至日[⑩]，予过维扬[⑪]。夜雪初霁[⑫]，荠麦弥望[⑬]。入其城则四壁萧条，寒水自碧，暮色渐起，戍角悲吟。予怀怆然，感慨今昔，因自度此曲。千岩老人[⑭]以为有《黍离》之悲[⑮]也。

淮左名都[⑯]，竹西佳处[⑰]，解鞍少驻初程[⑱]。过春风十里，尽荠麦青青[⑲]。自胡马窥

---

① 选自《全宋词》(中华书局，1965年版)。 ② [鹊桥仙]词牌名。秦观(1049～1100)，字少游，一字太虚，号淮海居士，北宋著名词人，以文学受知于苏轼，为苏门四学士之一 ③ [纤云弄巧]一缕缕的云彩在空中变化出许多巧妙的花样，比喻织女织造云锦手艺的精巧，同时也暗示这是乞巧节，为织女牛郎渡河相会之夕。 ④ [飞星传恨]飞星，流星，这里指牛郎星和织女星。此句意指牛郎、织女流露出终年不得相见的离恨。 ⑤ [银汉迢迢暗度]夜里渡过辽阔的天河。银汉，天河。 ⑥ [金风玉露]秋风白露。 ⑦ [忍顾鹊桥归路]不忍回顾归路。表示不忍分别之意。 ⑧ [朝朝暮暮]谓朝夕相聚。 ⑨ [扬州慢]词牌名。姜夔(约1155～1209)，字尧章，号白石道人，南宋著名词人。宋高宗建炎三年(公元1129年)和绍兴三十一年(公元1161年)，扬州曾两度遭金兵洗劫。这首词是第二次浩劫后15年，作者追怀丧乱、感慨今昔之作。 ⑩ [淳熙丙申至日]即宋孝宗淳熙三年(公元1176年)冬至日，至日即冬至日。

⑪ [维扬]即扬州(今属江苏)。 ⑫ [霁(jì)]雨后、雪后初晴。 ⑬ [荠麦弥望]荠麦，荠菜和野生的麦。弥望，满眼。

⑭ [千岩老人]宋代词人萧德藻，自号千岩老人，作者曾跟他学诗。 ⑮ [《黍离》之悲]《黍离》，《诗经·王风》中的名篇。首句为"彼黍离离"，故以之命名。据说周平王东迁之后，周大夫经过西周故都，看见宗庙毁坏，尽为禾黍，彷徨不忍离去，故作此诗。后以"黍离之悲"指亡国之痛或兴亡之伤感。 ⑯ [淮左名都]指扬州。宋代的行政区设有淮南东路和淮南西路，扬州是淮南东路的首府，故称淮左名都。 ⑰ [竹西佳处]扬州城东禅智寺旁有竹西亭，唐代诗人杜牧《题扬州禅智寺》有"谁知竹西路，歌吹是扬州"的诗句，足见此处为有名的景区。 ⑱ [解鞍少驻初程]初次到扬州作短暂的停留。解鞍，下马。初程，作者第一次到扬州，故言初程。 ⑲ [过春风十里，尽荠麦青青]指十里扬州路上过去繁华林立的歌舞楼台已荡然无存，只变为荠麦青青。杜牧《赠别》有"春风十里扬州路，卷上珠帘总不如"之句。

江①去后，废池乔木，犹厌言兵②。渐黄昏、清角吹寒，都在空城③。　杜郎俊赏④，算而今重到须惊⑤。纵豆蔻词工，青楼梦好，难赋深情。二十四桥仍在，波心荡，冷月无声⑥。念桥边红药⑦，年年知为谁生。

卜算子　咏梅⑧

陆　游

驿⑨外断桥边，寂寞开无主。已是黄昏独自愁，更著风和雨。　无意苦争春，一任群芳妒。零落成泥碾作尘，只有香如故⑩。

（清）高凤翰　梅花图

品味探究

1. 试比较秦观《鹊桥仙》与古诗《迢迢牵牛星》，分析二者立意有何不同，你更欣赏哪首？说明理由。

2. 试比较陆游与毛泽东的同题词《卜算子·咏梅》，分析二者立意有何不同。

---

① ［胡马窥江］指金兵劫掠长江流域地区。 ② ［废池乔木，犹厌言兵］人们看见劫难之后荒废的池苑、高大的古树，一派荒凉之景，至今还厌恶谈论那场战争。 ③ ［空城］劫后的扬州空荡萧条，故言空城。 ④ ［杜郎俊赏］杜牧曾在扬州任职，并写了许多赞美扬州的诗。这里指杜牧卓绝的鉴赏力。 ⑤ ［算而今重到须惊］料想杜牧如果今日重到扬州，一定会对眼前荒凉的景象感到吃惊。 ⑥ ［二十四桥仍在，波心荡，冷月无声］古时的二十四桥还在，但只见一片冷月摇荡波心，已无昔日悠扬的箫声，一片死寂。杜牧《寄扬州韩绰判官》诗："青山隐隐水迢迢，秋尽江南草未凋。二十四桥明月夜，玉人何处教吹箫"。 ⑦ ［红药］即芍药花，是扬州繁华时期的名花。 ⑧ ［卜算子］词牌名。陆游（1125～1210），字务观，号放翁，南宋著名爱国诗人。 ⑨ ［驿］旧时供传递公文的人中途休息、换马的地方，如"驿站"、"驿馆"。亦指供传递公文用的马。 ⑩ ［零落成泥碾作尘，只有香如故］化用白居易《惜牡丹花》"清明落地犹惆怅，何况飘零泥土中"与王安石《北陂杏花》"纵被东风吹作雪，绝胜南陌碾成尘"的句意。此句意为即使凋零，被碾作尘土，梅花依然和往常一样散发出缕缕清香。表露出词人孤高自赏、不谐流俗的品格。

1. 给下列加点的字注音。

荠麦　　　　戍角　　　　黍离　　　　豆蔻　　　　迢迢

2. 解释下列加点的词语。

(1) 夜雪初霁

(2) 荠麦弥望

(3) 予怀怆然

(4) 自度此曲

(5) 解鞍少驻初程

3. “废池乔木，犹厌言兵”一句用了什么艺术手法，有什么表达效果?

迢迢牵牛星

《古诗十九首》

迢迢牵牛星，皎皎河汉女。
纤纤擢素手，札札弄机杼。
终日不成章，泣涕零如雨。
河汉清且浅，相去复几许?
盈盈一水间，脉脉不得语。

卜算子　咏梅

毛泽东

读陆游咏梅词，反其意而用之。

风雨送春归，飞雪迎春到。已是悬崖百丈冰，犹有花枝俏。　俏也不争春，只把春来报。待到山花烂漫时，她在丛中笑。

一起诵读古诗词

中国古典诗词源远流长，从上古时代的民歌民谣到五四以前的七言辞令等无不显示出中国诗歌的强大生命力和独特魅力。这些诗词或描述民众生活的艰辛困苦，或抒发英雄的悲壮豪情，或赞叹祖国的大好江山。

为继承和弘扬中华民族优秀文化传统，进而在诵读诗词的过程中欣赏传统古典诗词特有的韵律美，体会中国古典诗词表达情感时的丰富表现力，进而亲近传统文化，热爱中华文明。让我们一起来参与古诗词诵读活动。

1. 把全班同学分成若干个小组，每节课选一组同学集体背诵一篇诗词。

2. 举行班级古诗词诵读比赛，每组推选两名同学参加。诵读篇目可自选，要求紧扣主题，形式多样，参赛时间控制在3～5分钟，如需配乐可自备。

3. 可在班级比赛的基础上每班选送诵读优秀的学生参加学院或系部举行的大型诵读活动。

4. 建议在班级的黑板上方开辟“每周诗角”，每周由书法比较好的同学书写一首古诗词，作为必读篇目，由老师进行字音、韵律等诵读指导。

第三单元　世道沧桑

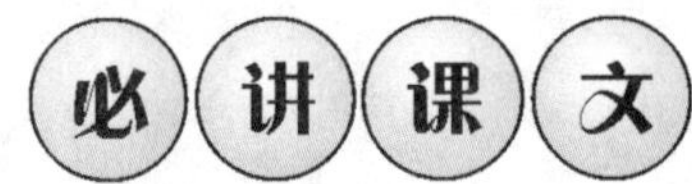

林黛玉进贾府[①]

曹雪芹

且说黛玉自那日弃舟登岸时，便有荣国府打发了轿子并拉行李的车辆久候了。这林黛玉常听得母亲说过，他外祖母家与别家不同。他近日所见的这几个三等仆妇，吃穿用度，已是不凡了，何况今至其家。因此步步留心，时时在意，不肯轻易多说一句话，多行一步路，惟恐被人耻笑了他去。自上了轿，进入城中，从纱窗向外瞧了一瞧，其街市之繁华，人烟之阜盛[②]，自与别处不同。又行了半日，忽见街北蹲着两个大石狮子，三间兽头大门，门前列坐着十来个华冠丽服之人。正门却不开，只有东西两角门有人出入。正门之上有一匾，匾上大书“敕造[③]宁国府”五个大字。黛玉想道：这必是外祖之长房了。想着，又往西行，不多远，照样也是三间大门，方是荣国府了。却不进正门，只进了西边角门。那轿夫抬进去，走了一射之地[④]将转弯时，便歇下退出去了。后面的婆子们已都下了轿，赶上前来。另换了三四个衣帽周全十七八岁的小厮[⑤]上来，复抬起轿子。众婆子步下围随至一垂花门[⑥]前落下。众小厮退出，众婆子上来打起轿帘，扶黛玉下轿。林黛玉扶着婆子的手，进了垂花门，两边是抄手游廊[⑦]，当中是穿堂[⑧]，当地放着一个紫檀架子大理石的大插屏[⑨]。转过插屏，小小的三间厅，厅后就是后面的正房大院。正面五间上房，皆雕梁画栋，两边穿山游廊[⑩]厢房，挂着各色鹦鹉、画眉等鸟雀。台矶之上，坐着几个穿红着绿的丫头，一见他们来了，便忙都笑迎上来，说：“刚才老太太还念呢，可巧就来了。”于是三四人争着打起帘笼，一面听得人回话：“林姑娘到了。”

黛玉方进入房时，只见两个人搀着一位鬓发如银的老母迎上来，黛玉便知是他外祖母。方欲拜见时，早被他外祖母一把搂入怀中，心肝儿肉叫着大哭起来。当下地下侍立之人，无不掩面涕泣，黛玉也哭个不住。一时众人慢慢解劝住了，黛玉方拜见了外祖

---

① 选自《红楼梦》(人民文学出版社，1982年版)第三回。原回目是“贾雨村夤(yín)缘复旧职，林黛玉抛父进京都”。曹雪芹(约1715～1763或1764)，名霑，字梦阮，号雪芹、芹圃、芹溪，清代小说家。 ② [阜(fù)盛]兴旺繁盛。阜，多。 ③ [敕(chì)造]奉皇帝之命建造。敕，本来是自上命下的用语，南北朝以前通用于长官对下属、长辈对晚辈，后来用作皇帝发布诏令的专称。 ④ [一射之地]就是一箭之地，大约一百五十步。 ⑤ [小厮]年轻男仆。

⑥ [垂花门]旧时富家宅院，进入大门之后，内院院门一般有雕刻的垂花倒悬于门额两侧，门上边盖有宫殿式的小屋顶，称垂花门。 ⑦ [抄手游廊]院门内两侧环抱的走廊。抄手，左右环抱。 ⑧ [穿堂]宅院中坐落在前后两个院落之间可以穿行的厅堂。 ⑨ [大插屏]放在穿堂中的大屏风，除作装饰外，还可以遮蔽视线，以免进入穿堂就直见正房。 ⑩ [穿山游廊]从山墙开门接起的游廊。山，指山墙。房子两侧的墙，形状如山，俗称山墙。

母。——此即冷子兴所云之史氏太君，贾赦贾政之母也。当下贾母一一指与黛玉："这是你大舅母；这是你二舅母；这是你先珠大哥①的媳妇珠大嫂子。"黛玉一一拜见过。贾母又说："请姑娘们来。今日远客才来，可以不必上学去了。"众人答应了一声，便去了两个。

不一时，只见三个奶嬷嬷并五六个丫鬟，簇拥着三个姊妹来了。第一个肌肤微丰，合中身材，腮凝新荔，鼻腻鹅脂，温柔沉默，观之可亲。第二个削肩细腰，长挑身材，鸭蛋脸面，俊眼修眉，顾盼神飞，文彩精华，见之忘俗。第三个身量未足，形容②尚小。其钗环裙袄，三人皆是一样的妆饰。黛玉忙起身迎上来见礼，互相厮认③过，大家归了坐。丫鬟们斟上茶来。不过说些黛玉之母如何得病，如何请医服药，如何送死发丧。不免贾母又伤感起来，因说："我这些儿女，所疼者独有你母，今日一旦先舍我而去，连面也不能一见，今见了你，我怎不伤心！"说着，搂了黛玉在怀，又呜咽起来。众人忙都宽慰解释，方略略止住。

众人见黛玉年貌④虽小，其举止言谈不俗，身体面庞虽怯弱⑤不胜，却有一段自然的风流⑥态度⑦，便知他有不足之症⑧。因问："常服何药，如何不急为疗治？"黛玉道："我自来是如此，从会吃饮食时便吃药，到今日未断，请了多少名医修方配药，皆不见效。那一年我三岁时，听得说来了一个癞头和尚，说要化我去出家，我父母固是不从。他又说：'既舍不得他，只怕他的病一生也不能好的了。若要好时，除非从此以后总不许见哭声；除父母之外，凡有外姓亲友之人，一概不见，方可平安了此一世。'疯疯癫癫，说了这些不经⑨之谈，也没人理他。如今还是吃人参养荣丸。"贾母道："正好，我这里正配丸药呢。叫他们多配一料就是了。"

（当代）王叔晖　王熙凤图

一语未了，只听后院中有人笑声，说："我来迟了，不曾迎接远客！"黛玉纳罕道："这些人个个皆敛声屏气，恭肃严整如此，这来者系谁，这样放诞⑩无礼？"心下想时，只见一群媳妇丫鬟围拥着一个人从后房门进来。这个人打扮与众姑娘不同，彩绣辉煌，恍若神妃仙子：头上戴着金丝八宝攒珠髻⑪，绾着朝阳五凤挂珠钗⑫；项上带着赤金盘螭璎珞圈⑬；裙边系着豆绿宫

---

① ［先珠大哥］即贾珠。他已经去世，所以在名字"珠"前面加一个"先"字。 ② ［形容］这里指外貌、模样。 ③ ［厮认］相互认识。 ④ ［年貌］年龄容貌。 ⑤ ［怯弱］这里形容体质虚弱。 ⑥ ［风流］风韵。 ⑦ ［态度］言行举止所表现的神态。 ⑧ ［不足之症］中医病症的名称。由身体虚弱引起，如脾胃虚弱，叫中气不足；气血虚弱，叫正气不足。 ⑨ ［不经］不合常理，近乎荒诞。 ⑩ ［放诞］放纵，不守规范。 ⑪ ［金丝八宝攒珠髻］用金丝穿绕珍珠和镶嵌八宝（玛瑙、碧玉之类）制成的珠花发髻。攒，凑聚。用金丝或银丝把珍珠穿扭成各种花样叫"攒珠花"。 ⑫ ［朝阳五凤挂珠钗］一种长钗。样子是一支钗上分出五股，每股一支凤凰，口衔一串珍珠。 ⑬ ［赤金盘螭（chī）璎珞圈］螭，古代传说中的无角龙。璎珞，连缀起来的珠玉。圈，项圈。

绦[①]，双衡比目玫瑰佩[②]；身上穿着缕金百蝶穿花大红洋缎窄裉袄[③]，外罩五彩刻丝石青银鼠褂[④]；下着翡翠撒花洋绉裙[⑤]。一双丹凤三角眼[⑥]，两弯柳叶吊梢眉[⑦]，身量苗条，体格风骚[⑧]，粉面含春威不露，丹唇未启笑先闻。黛玉连忙起身接见。贾母笑道："你不认得他。他是我们这里有名的一个泼皮破落户儿[⑨]，南省俗谓作'辣子'[⑩]，你只叫他'凤辣子'就是了。"黛玉正不知以何称呼，只见众姊妹都忙告诉他道："这是琏嫂子。"黛玉虽不识，也曾听见母亲说过，大舅贾赦之子贾琏，娶的就是二舅母王氏之内侄女，自幼假充男儿教养的，学名王熙凤。黛玉忙陪笑见礼，以"嫂"呼之。这熙凤携着黛玉的手，上下细细打谅[⑪]了一回，仍送至贾母身边坐下，因笑道："天下真有这样标致的人物，我今儿才算见了！况且这通身的气派，竟不像老祖宗的外孙女儿，竟是个嫡亲的孙女，怨不得老祖宗天天口头心头一时不忘。只可怜我这妹妹这样命苦，怎么姑妈偏就去世了！"说着，便用帕拭泪。贾母笑道："我才好了，你倒来招我。你妹妹远路才来，身子又弱，也才劝住了，快再休提前话。"这熙凤听了，忙转悲为喜道："正是呢！我一见了妹妹，一心都在他身上了，又是喜欢，又是伤心，竟忘记了老祖宗。该打，该打！"又忙携黛玉之手，问："妹妹几岁了？可也上过学？现吃什么药？在这里不要想家，想要什么吃的、什么玩的，只管告诉我；丫头老婆们不好了也只管告诉我。"一面又问婆子们："林姑娘的行李东西可搬进来了？带了几个人来？你们赶早打扫两间下房[⑫]，让他们去歇歇。"

说话时，已摆了茶果上来。熙凤亲为捧茶捧果。又见二舅母问他："月钱[⑬]放过了不曾？"熙凤道："月钱已放完了。才刚带着人到后楼上找缎子，找了这半日，也并没有见昨日太太说的那样的，想是太太记错了？"王夫人道："有没有，什么要紧。"因又说道："该随手拿出两个来给你这妹妹去裁衣裳的，等晚上想着叫人再去拿罢，可别忘了。"熙凤道："这倒是我先料着了，知道妹妹不过这两日到的，我已预备下了，等太太回去过了目好送来。"王夫人一笑，点头不语。

当下茶果已撤，贾母命两个老嬷嬷带了黛玉去见两个母舅。时贾赦之妻邢氏忙亦起身，笑回道："我带了外甥女过去，倒也便宜[⑭]。"贾母笑道："正是呢，你也去罢，不必过来了。"邢夫人答应了一声"是"字，遂带了黛玉与王夫人作辞，大家送至穿堂前。出了垂花门，早有众小厮们拉过一辆翠幄青绸车[⑮]，邢夫人携了黛玉，坐在上面，众婆子们放下车帘，方命小厮们抬起，拉至宽处，方驾上驯骡，亦出了西角门，往东过荣府正门，便入一黑油大门中，至仪门[⑯]前方下来。众小厮退出，方打起车帘，邢夫人搀着黛玉的手，进入院

---

① ［宫绦(tāo)］宫中特制或仿照宫样所制的丝带。 ② ［双衡比目玫瑰佩］衡，佩玉上部的小横杠，用以系饰物。比目玫瑰佩，用玫瑰色的玉片雕琢成的双鱼形的玉佩。比目，鱼名，传说这种鱼成双而行。 ③ ［缕金百蝶穿花大红洋缎窄裉(kèn)袄］指在大红洋缎的衣面上用金线绣成百蝶穿花图案的紧身袄。裉，上衣前后两幅在腋下合缝的部分。

④ ［五彩刻丝石青银鼠褂］一种石青色的衣面上有各种彩色刻丝、衣里是银鼠皮的褂子。刻丝，在丝织品上用丝平织成的图案，与凸出的绣花不同。石青，淡灰青色。银鼠，又名白鼠、石鼠。 ⑤ ［翡翠撒花洋绉裙］翡翠，翠绿色。撒花，在绸缎上用散碎小花点组成的花样或图案。洋绉，极薄而软的平纹春绸，微带自然皱纹。 ⑥ ［丹凤三角眼］眼角向上微翘，俗称丹凤眼。 ⑦ ［柳叶吊梢眉］形容眉梢斜飞入鬓的样子。 ⑧ ［风骚］这里指姿容俏丽。 ⑨ ［泼皮破落户儿］原指没有正当生活来源的无赖，这里形容凤姐泼辣，是戏谑的称谓。 ⑩ ［辣子］方言词，指泼辣、厉害的人。

⑪ ［打谅］打量。 ⑫ ［下房］厢房，偏屋。 ⑬ ［月钱］封建社会的富户大家每月按等级发给家中人等供零用的钱。

⑭ ［便(biàn)宜］方便，适宜。 ⑮ ［翠幄(wò)青绸车］用粗厚的绿色绸类作车帐、用青色绸作车帘的车轿。

⑯ ［仪门］旧时官衙、府第的大门之内的门。一说旁门也可称仪门。

中。黛玉度其房屋院宇，必是荣府中花园隔断过来的。进入三层仪门，果见正房厢庑①游廊，悉皆小巧别致，不似方才那边轩峻壮丽；且院中随处之树木山石皆在。一时进入正室，早有许多盛妆丽服之姬妾丫鬟迎着，邢夫人让黛玉坐了，一面命人到外面书房去请贾赦。一时人来回话说："老爷说了：'连日身上不好，见了姑娘彼此倒伤心，暂且不忍相见。劝姑娘不要伤心想家，跟着老太太和舅母，即同家里一样。姊妹们虽拙，大家一处伴着，亦可以解些烦闷。或有委屈之处，只管说得，不要外道才是。'"黛玉忙站起来，一一听了。再坐一刻，便告辞。邢夫人苦留吃过晚饭去，黛玉笑回道："舅母爱惜赐饭，原不应辞，只是还要过去拜见二舅舅，恐领了赐去不恭，异日再领，未为不可。望舅母容谅。"邢夫人听说，笑道："这倒是了。"遂令两三个嬷嬷用方才的车好生送了姑娘过去。于是黛玉告辞。邢夫人送至仪门前，又嘱咐了众人几句，眼看着车去了方回来。

一时黛玉进了荣府，下了车。众嬷嬷引着，便往东转弯，穿过一个东西的穿堂，向南大厅之后，仪门内大院落，上面五间大正房，两边厢房鹿顶耳房钻山②，四通八达，轩昂壮丽，比贾母处不同。黛玉便知这方是正经正内室，一条大甬路③，直接出大门的。进入堂屋中，抬头迎面先看见一个赤金九龙青地大匾，匾上写着斗大的三个大字，是"荣禧堂"，后有一行小字："某年月日，书赐荣国公贾源"，又有"万几宸翰之宝④"。大紫檀雕螭案上，设着三尺来高青绿古铜鼎，悬着待漏随朝墨龙大画⑤，一边是金蜼彝⑥，一边是玻璃盒⑦。地下两溜十六张楠木交椅，又有一副对联，乃乌木联牌，镶着錾⑧银的字迹，道是：

座上珠玑昭日月，堂前黼黻焕烟霞⑨。

下面一行小字，道是："同乡世教弟勋袭东安郡王穆莳拜手书。"

原来王夫人时常居坐宴息，亦不在这正室，只在这正室东边的三间耳房内。于是老嬷嬷引黛玉进东房门来。临窗大炕上铺着猩红洋罽⑩，正面设着大红金钱蟒靠背，石青金钱蟒引枕⑪，秋香色⑫金钱蟒大条褥。两边设一对梅花式洋漆小几。左边几上文王鼎匙箸香盒⑬；右边几上汝窑美人觚⑭——觚内插着时鲜花卉，并茗碗⑮痰盒等物。地下面西一溜四张椅上，都搭着银红撒花椅搭⑯，底下四副脚踏。椅之两边，也有一对高几，几上茗碗瓶花俱备。其余陈设，自不必细说。老嬷嬷们让黛玉炕上坐，炕沿上却有两个锦褥对设，黛玉度其位次，便不上炕，只向东边椅子上坐了。本房内的丫鬟忙捧上茶来。黛

---

① [庑(wǔ)]正房对面和两侧的小屋子。 ② [两边厢房鹿顶耳房钻山]两边的厢房用钻山的方式与鹿顶的耳房相连接。鹿顶，单独用时指平屋顶。耳房，连接在正房两侧的小房子。钻山，指在山墙上开门或开洞，与相邻的房子或游廊相接。 ③ [甬路]院落中用砖石铺成的路。 ④ [万几宸(chén)翰之宝]这是皇帝印章上的文字。万几，万机，就是万事，形容皇帝政务繁多、日理万机。几，同"机"。宸翰，皇帝的笔迹。宸，北宸，即北极星。皇帝坐北朝南，所以以北宸代指皇帝。翰，墨迹，书法。宝，皇帝的印玺。 ⑤ [待漏随朝墨龙大画]待漏，封建时代大臣要在五更前到朝房里等待上朝的时刻。漏，铜壶滴漏，古代计时器，指代时间。随朝，按照大臣的班列朝见皇帝。墨龙大画，巨龙在云雾海潮中隐现的大幅水墨画。旧时以龙象征帝王，画中之"潮"与朝见之"朝"谐音，隐寓朝见君王的意思。 ⑥ [金蜼彝]原为有蜼形图案的青铜祭器，后作为贵重陈设品。蜼，一种长尾猿。彝，古代青铜器中礼器的通称。 ⑦ [盒]盛酒器。 ⑧ [錾(zàn)银]一种银雕工艺。錾，雕刻。 ⑨ [座上珠玑昭日月，堂前黼黻(fǔfú)焕烟霞]形容座中人和堂上客的衣饰华贵：佩带的珠玉如日月般光彩照人，衣服的图饰如烟霞般绚丽夺目。珠玑，珍珠。黼黻，古代官僚贵族礼服上绣的花纹。 ⑩ [罽(jì)]毛织的毯子。 ⑪ [引枕]坐时搭扶胳膊的一种圆墩形的倚枕。 ⑫ [秋香色]淡黄绿色。 ⑬ [文王鼎匙箸香盒]文王鼎，指周朝的传国国鼎，这里是指小型仿古香炉，内烧粉状檀香之类的香料。匙箸，拨弄香灰的用具。香盒，盛香料的盒子。 ⑭ [汝窑(yáo)美人觚(gū)]宋代河南汝州窑烧制的一种仿古瓷器。觚，古代一种盛酒的器具。 ⑮ [茗(míng)碗]茶碗。 ⑯ [椅搭]搭在椅子上的一种长方形的绣花绸缎饰物。

玉一面吃茶，一面打谅这些丫鬟们，妆饰衣裙，举止行动，果亦与别家不同。

茶未吃了，只见一个穿红绫袄青缎掐牙[①]背心的丫鬟走来笑说道："太太说，请林姑娘到那边坐罢。"老嬷嬷听了，于是又引黛玉出来，到了东廊三间小正房内。正房炕上横设一张炕桌，桌上磊着[②]书籍茶具，靠东壁面西设着半旧的青缎靠背引枕。王夫人却坐在西边下首，亦是半旧的青缎靠背坐褥。见黛玉来了，便往东让。黛玉心中料定这是贾政之位。因见挨炕一溜三张椅子上，也搭着半旧的弹墨椅袱[③]，黛玉便向椅上坐了。王夫人再四携他上炕，他方挨王夫人坐了。王夫人因说："你舅舅今日斋戒去了，再见罢。只是有一句话嘱咐你：你三个姊妹倒都极好，以后一处念书认字学针线，或是偶一顽笑[④]，都有尽让的。但我不放心的最是一件：我有一个孽根祸胎[⑤]，是家里的'混世魔王'，今日因庙里还愿去了，尚未回来，晚间你看见便知了。你只以后不要睬他，你这些姊妹都不敢沾惹他的。"

黛玉亦常听得母亲说过，二舅母生的有个表兄，乃衔玉而诞，顽劣异常，极恶读书，最喜在内帏[⑥]厮混[⑦]；外祖母又极溺爱，无人敢管。今见王夫人如此说，便知说的是这表兄了。因陪笑道："舅母说的，可是衔玉所生的这位哥哥？在家时亦曾听见母亲常说，这位哥哥比我大一岁，小名就唤宝玉，虽极憨顽[⑧]，说在姊妹情中极好的。况我来了，自然只和姊妹同处，兄弟们自是别院另室的，岂得去沾惹之理？"王夫人笑道："你不知道原故：他与别人不同，自幼因老太太疼爱，原系同姊妹们一处娇养惯了的。若姊妹们有日不理他，他倒还安静些，纵然他没趣，不过出了二门，背地里拿着他两个小幺儿[⑨]出气，咕唧一会子就完了。若这一日姊妹们和他多说一句话，他心里一乐，便生出多少事来。所以嘱咐你别睬他。他嘴里一时甜言蜜语，一时有天无日，一时又疯疯傻傻，只休信他。"

黛玉一一的都答应着。只见一个丫鬟来回："老太太那里传晚饭了。"王夫人忙携黛玉从后房门由后廊往西，出了角门，是一条南北宽夹道。南边是倒座[⑩]三间小小的抱厦厅[⑪]，北边立着一个粉油大影壁[⑫]，后有一半大门，小小一所房室。王夫人笑指向黛玉道："这是你凤姐姐的屋子，回来你好往这里找他来，少什么东西，你只管和他说就是了。"这院门上也有四五个才总角的小厮，都垂手侍立。王夫人遂携黛玉穿过一个东西穿堂，便是贾母的后院了。于是，进入后房门，已有多人在此伺候，见王夫人来了，方安设桌椅。贾珠之妻李氏捧饭，熙凤安箸，王夫人进羹。贾母正面榻上独坐，两边四张空椅，熙凤忙拉了黛玉在左边第一张椅上坐了，黛玉十分推让。贾母笑道："你舅母你嫂子们不在这里吃饭。你是客，原应如此坐的。"黛玉方告了座[⑬]，坐了。贾母命王夫人坐了。迎春姊妹三个告了座方上来。迎春便坐右手第一，探春左第二，惜春右第二。旁边丫鬟执着拂

---

① ［掐牙］锦缎双叠成细条，嵌在衣服或背心的夹边上，仅露少许，作为装饰，叫掐牙。 ② ［磊着］层叠地放着。 ③ ［弹墨椅袱］以纸剪镂空图案覆于织品上，用墨色或其他颜色弹或喷成各种图案花样，叫弹墨。椅袱，用锦缎之类做成的椅套。 ④ ［顽笑］玩笑。顽，通"玩"。 ⑤ ［孽根祸胎］孽根和祸胎都是祸根的意思。 ⑥ ［内帏］内室，女子的居处。帏，幕帐。 ⑦ ［厮混］嬉戏相闹。 ⑧ ［憨顽］顽皮。 ⑨ ［小幺(yāo)儿］身边使唤的小仆人。幺，幼小。 ⑩ ［倒座］正房是坐北朝南，倒座是与正房相对的坐南朝北的房子。 ⑪ ［抱厦厅］回绕堂屋后面的侧室。 ⑫ ［影壁］大门内或屏门内用作屏蔽的墙壁。也有木制的，下有底座，可以移动。又称照壁、照墙。 ⑬ ［告了座］谢了座。

尘[①]、漱盂、巾帕。李、凤二人立于案旁布让[②]。外间伺候之媳妇丫鬟虽多，却连一声咳嗽不闻。寂然饭毕，各有丫鬟用小茶盘捧上茶来。当日林如海教女以惜福[③]养身，云饭后务待饭粒咽尽，过一时再吃茶，方不伤脾胃。今黛玉见了这里许多事情不合家中之式，不得不随的，少不得一一改过来，因而接了茶。早见人又捧过漱盂来，黛玉也照样漱了口。盥手毕，又捧上茶来，这方是吃的茶。贾母便说："你们去罢，让我们自在说话儿。"王夫人听了，忙起身，又说了两句闲话，方引凤、李二人去了。贾母因问黛玉念何书。黛玉道：只刚念了《四书》[④]。"黛玉又问姊妹们读何书。贾母道："读的是什么书，不过是认得两个字，不是睁眼的瞎子罢了！"

一语未了，只听外面一阵脚步响，丫鬟进来笑道："宝玉来了！"黛玉心中正疑惑着："这个宝玉，不知是怎生个惫懒[⑤]人物，懵懂[⑥]顽童？——倒不见那蠢物也罢了。"心中想着，忽见丫鬟话未报完，已进来了一位年轻的公子：头上戴着束发嵌宝紫金冠[⑦]，齐眉勒着二龙抢珠金抹额[⑧]；穿一件二色金百蝶穿花大红箭袖[⑨]，束着五彩丝攒花结长穗宫绦[⑩]，外罩石青起花八团倭缎排穗褂[⑪]；登着青缎粉底小朝靴[⑫]。面若中秋之月，色如春晓之花，鬓若刀裁，眉如墨画，面如桃瓣，目若秋波。虽怒时而若笑，即瞋视而有情。项上金螭璎珞，又有一根五色丝绦，系着一块美玉。黛玉一见，便吃一大惊，心下想道："好生奇怪，倒像在那里见过一般，何等眼熟到如此！"只见这宝玉向贾母请了安[⑬]，贾母便命："去见你娘来。"宝玉即转身去了。一时回来，再看，已换了冠带：头上周围一转的短发，都结成小辫，红丝结束[⑭]，共攒至顶中胎发，总编一根大辫，黑亮如漆，从顶至梢，一串四颗大珠，用金八宝坠角[⑮]；身上穿着银红撒花半旧大袄，仍旧带着项圈、宝玉、寄名锁[⑯]、护身符[⑰]等物；下面半露松花撒花绫裤腿，锦边弹墨袜，厚底大红鞋。越显得面如敷粉，唇若施脂；转盼多情，语言常笑。天然一段风骚[⑱]，全在眉梢；平生万种情思，悉堆眼角。看其外貌最是极好，却难知其底细。后人有《西江月》二词[⑲]，批宝玉极恰，其词曰：

无故寻愁觅恨，有时似傻如狂。纵然生得好皮囊[⑳]，腹内原来草莽[㉑]。　潦倒[㉒]不通世务，愚顽怕读文章。行为偏僻[㉓]性乖张[㉔]，那管世人诽谤！

---

① [拂尘]形如马尾，后有持柄，用以拂拭尘土或驱赶蝇蚊，俗称"蝇甩子"。古时多用麈(zhǔ)兽之尾制成，所以又称麈尾。 ② [布让]宴席间向客人敬菜、劝餐。 ③ [惜福]珍惜福泽。 ④ [《四书》]指《大学》、《中庸》、《论语》、《孟子》四种书，是儒家的主要经典。 ⑤ [惫(bèi)懒]顽皮，不顺从。 ⑥ [懵(měng)懂]糊涂，不明事理。 ⑦ [束发嵌宝紫金冠]把头发束扎在顶部的一种髻冠，上面插戴各种饰物或镶嵌珠玉。 ⑧ [二龙抢珠金抹额]二龙抢珠，抹额上装饰的图案。抹额，围扎在额前用以压发、束额的头巾。 ⑨ [二色金百蝶穿花大红箭袖]用两色金线绣成的百蝶花图案的大红窄袖衣服。箭袖，原为便于射箭穿的窄袖衣服，这里指男子穿的一种服式。 ⑩ [五彩丝攒花结长穗宫绦]五彩丝攒花结，用五彩丝线攒聚成花朵的结子，指绦带上的装饰花样。长穗宫绦，指系在腰间的绦带。长穗是绦带端部下垂的穗子。 ⑪ [石青起花八团倭缎排穗褂]团，圆形团花。倭缎，又称东洋缎。排穗，排缀在衣服下面边缘的彩穗。 ⑫ [青缎粉底小朝靴]指黑色缎面、白色厚底、半高筒的靴子。青缎，黑色的缎子。朝靴，古代百官穿的"乌皮履"。 ⑬ [请了安]请安，即问安。清代女子请安礼节是，双手扶左膝，右腿微屈，往下蹲身，口称"请某人安"。 ⑭ [结束]扎缚。 ⑮ [坠角]用于朝珠、床帐等下端起下垂作用的小装饰品，这里指辫子梢部所坠的饰物。 ⑯ [寄名锁]旧时怕幼儿夭亡，给寺院或道观一定的财物，让幼儿当"寄名"弟子，并在幼儿的项下系一小金锁，名"寄名锁"。 ⑰ [护身符]从道观领来的一种符箓，带在身上以避祸免灾。 ⑱ [风骚]这里指风情。 ⑲ [《西江月》二词]这两首词用似贬实褒、寓褒于贬的手法揭示了贾宝玉的性格。西江月，词牌名。 ⑳ [皮囊]一作"皮袋"，指人的躯壳。佛教认为人的灵魂不死不灭，人的肉体只是为灵魂提供暂时的住所，犹如皮口袋。 ㉑ [草莽]草木丛生的荒原，比喻平庸无知。 ㉒ [潦倒]这里指举止散漫，不自检束。 ㉓ [偏僻]偏激，不端正。 ㉔ [乖张]偏执，不驯顺，与众不同。

富贵不知乐业，贫穷难耐凄凉。可怜辜负好韶光[1]，于国于家无望。　天下无能第一，古今不肖无双。寄言纨袴与膏粱：莫效此儿形状[2]！

贾母因笑道："外客未见，就脱了衣裳，还不去见你妹妹！"宝玉早已看见多了一个姊妹，便料定是林姑妈之女，忙来作揖。厮见毕归坐，细看形容，与众各别：两弯似蹙非蹙罥烟眉[3]，一双似喜非喜含情目。态生两靥之愁，娇袭一身之病[4]。泪光点点，娇喘微微。闲静时如姣花照水，行动处似弱柳扶风。心较比干多一窍，病如西子胜三分[5]。宝玉看罢，因笑道："这个妹妹我曾见过的。"贾母笑道："可又是胡说，你又何曾见过他？"宝玉笑道："虽然未曾见过他，然我看着面善，心里就算是旧相识，今日只作远别重逢，亦未为不可。"贾母笑道："更好，更好，若如此，更相和睦了。"宝玉便走近黛玉身边坐下，又细细打量一番，因问："妹妹可曾读书？"黛玉道："不曾读，只上了一年学，些须[6]认得几个字。"宝玉又道："妹妹尊名是那两个字？"黛玉便说了名。宝玉又问表字[7]。黛玉道："无字。"宝玉笑道："我送妹妹一妙字，莫若'颦颦'二字极妙。"探春便问何出。宝玉道："《古今人物通考》[8]上说：'西方有石名黛，可代画眉之墨。'况这林妹妹眉尖若蹙，用取这两个字，岂不两妙！"探春笑道："只恐又是你的杜撰。"宝玉笑道："除《四书》外，杜撰的太多，偏只我是杜撰不成？"又问黛玉："可也有玉没有？"众人不解其语，黛玉便忖度[9]着因他有玉，故问我有也无，因答道："我没有那个。想来那玉是一件罕物，岂能人人有的。"宝玉听了，登时发作起痴狂病来，摘下那玉，就狠命摔去，骂道："什么罕物，连人之高低不择，还说'通灵[10]'不'通灵'呢！我也不要这劳什子[11]了！"吓的众人一拥争去拾玉。贾母急的搂了宝玉道："孽障[12]！你生气，要打骂人容易，何苦摔那命根子！"宝玉满面泪痕泣道："家里姐姐妹妹都没有，单我有，我说没趣；如今来了这么一个神仙似的妹妹也没有，可知这不是个好东西。"贾母忙哄他道："你这妹妹原有这个来的，因你姑妈去世时，舍不得你妹妹，无法处，遂将他的玉带了去了：一则全殉葬之礼，尽你妹妹之孝心；二则你姑妈之灵，亦可权作见了女儿之意。因此他只说没有这个，不便自己夸张之意。你如今怎比得他？还不好生慎重戴上，仔细你娘知道了。"说着，便向丫鬟手中接来，亲与他戴上。宝玉听如此说，想一想大有情理，也就不生别论了。

当下，奶娘来请问黛玉之房舍。贾母说："今将宝玉挪出来，同我在套间[13]暖阁儿[14]

---

① ［可怜辜负好韶光］可惜白白浪费了大好时光。可怜，可惜。辜负，本意是亏负、对不起，这里有浪费的意思。
② ［寄言纨袴与膏粱：莫效此儿形状］赠言公子哥儿一句话：可别学这孩子的坏样子。寄言，赠言。膏粱，肥肉精米，这里借指富贵子弟。 ③ ［罥（juàn）烟眉］形容眉毛像一抹轻烟。罥，挂，缠绕。 ④ ［态生两靥（yè）之愁，娇袭一身之病］意思是妩媚的风韵生于含愁的面容，娇怯的情态出于孱弱的病体。态，情态，风韵。靥，面颊上的酒窝。袭，承继，由……而来。 ⑤ ［心较比干多一窍，病如西子胜三分］意思是，林黛玉聪明颖悟胜过比干，病弱娇美胜过西施。比干，商朝纣王的叔父。《史记·殷本纪》载，纣王淫乱，"比干曰：'为人臣者，不得不以死争。'乃强谏纣。纣怒曰：'吾闻圣人心有七窍。'剖比干，观其心"。古人认为心窍越多越有智慧。 ⑥ ［些须］一点儿。 ⑦ ［表字］古人在本名外所取的与本名有意义关系的字以表德行、特性，如诸葛亮，表字孔明。也单称"字"。 ⑧ ［《古今人物通考》］从下文来看，可能是宝玉的杜撰。 ⑨ ［忖（cǔn）度］推测。 ⑩ ［通灵］通于神灵。第二回写贾宝玉"一落胎胞，嘴里便衔下一块五彩晶莹的玉来，上面还有许多字迹"。家人把这块玉称为"通灵宝玉"。 ⑪ ［劳什子］令人讨厌的东西。
⑫ ［孽障］对子女的昵称。 ⑬ ［套间］与正房相连的两侧房间。 ⑭ ［暖阁儿］在套间内再隔断为小房间，内设炕褥，两边安有隔扇，上边有一横眉，形成床帐的样子。

里，把你林姑娘暂安置碧纱橱[①]里。等过了残冬，春天再与他们收拾房屋，另作一番安置罢。”宝玉道：“好祖宗，我就在碧纱橱外的床上很妥当，何必又出来闹的老祖宗不得安静。”贾母想了一想说：“也罢了。”每人一个奶娘并一个丫头照管，余者在外间上夜听唤。一面早有熙凤命人送了一顶藕合色花帐，并几件锦被缎褥之类。

黛玉只带了两个人来：一个是自幼奶娘王嬷嬷，一个是十岁的小丫头，亦是自幼随身的，名唤作雪雁。贾母见雪雁甚小，一团孩气，王嬷嬷又极老，料黛玉皆不遂心省力的，便将自己身边的一个二等丫头，名唤鹦哥者与了黛玉。外亦如迎春等例，每人除自幼乳母外，另有四个教引嬷嬷[②]，除贴身掌管钗钏盥沐两个丫鬟外，另有五六个洒扫房屋来往使役的小丫鬟。当下，王嬷嬷与鹦哥陪侍黛玉在碧纱橱内。宝玉之乳母李嬷嬷，并大丫鬟名唤袭人者，陪侍在外面大床上。

品味探究

1. 课文是以林黛玉的眼光来写贾府重要人物的，她的眼睛就像摄像机镜头一样，小说以她进贾府的所见所闻为线索，描写了贾府的环境布局和一系列的人物，比如贾母、王熙凤、贾宝玉等，这是本文结构上的一个特点。细读课文，说说文中哪几处描写可以明显看出是林黛玉的眼光，这样写有什么好处？

2. 找出课文中人物语言描写的精彩语段，反复阅读体味。

3. 以“我眼中的________（林黛玉、贾宝玉、王熙凤）”为题，以小组为单位，组织讨论。

课后练习

1. 下列加点字的注意，全都正确的一项是（　　）

A. 敕造（chì）	阜盛（bù）	嫡亲（dí）	贬谪（zhé）
B. 内帏（wéi）	盥手（guàn）	洋绉（zhòu）	錾银（zàn）
C. 惫懒（bèi）	瞋视（chēn）	宫绦（tiāo）	洗涤（dí）
D. 两靥（yè）	纨袴（kuà）	颦蹙（pín）	濒临（bīn）

2. 从修辞的角度看，对下列语句分类正确的一项是（　　）

①面若中秋之月，色如春晓之花 ②鼻腻鹅脂 ③似蹙非蹙罥烟眉 ④座上珠玑昭日月 ⑤堂前黼黻焕烟霞 ⑥天然一段风骚，全在眉梢；平生万种情思，悉堆眼角 ⑦寄言纨袴与膏粱 ⑧我也不要这劳什子了！

---

① ［碧纱橱］也称隔扇门、格门。用以隔断房间，中间两扇可以开关。格心多灯笼框式样，灯笼心上常糊以纸，纸上画花或题字；宫殿或富贵人家常在格心处安装玻璃或糊各色纱，所以叫“碧纱橱”。这里的“碧纱橱里”是指以碧纱橱隔开的里间。 ② ［教引嬷嬷］清代皇子一出生，就有保姆、乳母各八人；断乳后，增“谙达”（满语，伙伴、朋友的意思，这里指陪伴并负有教导责任的人），“凡饮食、言语、行步、礼节皆教之”，见《清稗类钞》。贵族家庭的“教引嬷嬷”职务与皇宫的“谙达”相似。

A. ①⑥/②④/③⑤/⑦⑧　　B. ①⑥/②③/④⑤/⑦⑧

C. ①③/②④⑤/⑥⑦⑧　　D. ①③/②⑤/④⑦/⑥⑧

3. 下面是作品中人物的一些外貌描写，答案正确的一项是(　　)

①一双丹凤三角眼，两弯柳叶吊梢眉，身量苗条，体格风骚，粉面含春威不露，丹唇未启笑先闻。

②削肩细腰，长挑身材，鸭蛋脸面，俊眼修眉，顾盼神飞，文彩精华，见之忘俗。

③面若中秋之月，色如春晓之花，鬓若刀裁，眉如墨画，面如桃瓣，目若秋波。

④两弯似蹙非蹙罥烟眉，一双似喜非喜含情目。态生两靥之愁，娇袭一身之病。泪光点点，娇喘微微。

A. ①薛宝钗　②迎春　③贾宝玉　④林黛玉

B. ①王熙凤　②惜春　③林黛玉　④贾宝玉

C. ①王熙凤　②探春　③贾宝玉　④林黛玉

D. ①王熙凤　②元春　③林黛玉　④贾宝玉

脂砚斋点评《红楼梦》(节选)

贾母因笑道：“外客未见，就脱了衣裳，还不去见你妹妹！”宝玉早已看见多了一个姊妹，便料定是林姑妈之女，忙来作揖。厮见毕归坐，细看形容，(又从宝玉目中细写一黛玉，直画一美人图。)与众各别：两弯似蹙非蹙罥烟眉，(奇眉妙眉，奇想妙想。)一双似喜非喜含情目。(奇目妙目，奇想妙想。)态生两靥之愁，娇袭一身之病。泪光点点，娇喘微微。闲静时如姣花照水，行动处似弱柳扶风。(至此八句是宝玉眼中。)心较比干多一窍，(此一句是宝玉心中。更奇妙之至！多一窍固是好事，然未免偏僻了，所谓“过犹不及”也。)病如西子胜三分。(此十句定评，直抵一赋。不写衣裙妆饰，正是宝玉眼中不屑之物，故不曾看见。黛玉之举止容貌，亦是宝玉眼中看、心中评。若不是宝玉，断不能知黛玉是何等品貌。)宝玉看罢，因笑(黛玉见宝玉写一“惊”字，宝玉见黛玉写一“笑”字，一存于中，一发乎外，可见文于下笔必推敲的准稳，方才用字。)道：“这个妹妹我曾见过的。”(疯话。与黛玉同心，却是两样笔墨。观此则知玉卿心中有则说出，一毫宿滞皆无。)

窦娥冤[①](选场)

关汉卿

(外[②]扮监斩官上,云)下官监斩官是也。今日处决犯人,着[③]做公的[④]把住巷口,休放往来人闲走。(净[⑤]扮公人,鼓三通、锣三下科[⑥]。刽子[⑦]磨旗[⑧]、提刀,押正旦[⑨]带枷上。刽子云)行动些[⑩],行动些,监斩官去法场上多时了。(正旦唱)

【正宫】【端正好[⑪]】没来由[⑫]犯王法,不提防遭刑宪[⑬],叫声屈动地惊天。顷刻间游魂先赴森罗殿,怎不将天地也生[⑭]埋怨。

关汉卿像

【滚绣球】有日月朝暮悬,有鬼神掌着生死权。天地也!只合[⑮]把清浊分辨,可怎生糊突了盗跖、颜渊[⑯]?为善的受贫穷更命短,造恶的享富贵又寿延。天地也!做得个怕硬欺软,却原来也这般顺水推船!地也,你不分好歹何为地!天也,你错勘[⑰]贤愚枉做天!哎,只落得两泪涟涟。

(刽子云)快行动些,误了时辰也。(正旦唱)

【倘秀才】则[⑱]被这枷纽[⑲]的我左侧右偏,人拥的我前合后偃[⑳]。我窦娥向哥哥行[㉑]有句言。(刽子云)你有甚么话说?(正旦唱)前街里去心怀恨,后街里去死无冤,休推辞路远。

---

① 节选自《关汉卿戏曲集》(人民文学出版社,1976年版)。关汉卿,号已斋叟,金末元初大都(今北京)人。元代戏曲家。生卒年不详。《窦娥冤》,全名《感天动地窦娥冤》,共四折一楔子。其剧情梗概是:书生窦天章要进京赶考,因欠以放高利贷为生的蔡婆的债,便把7岁的女儿窦娥送与蔡婆为童养媳。窦娥17岁成婚,但不到两年丈夫便因病而死。守寡的窦娥只得与蔡婆相依为命。一天蔡婆出城索债,险被债户赛卢医所害,恰巧被流氓张驴儿父子解救。张驴儿父子借机赖在蔡婆家,并逼迫蔡家婆媳分别嫁给他们父子。窦娥坚决不从。张驴儿企图毒死蔡婆借以逼窦娥就范,不料却将自己的父亲毒死。他嫁祸于窦娥,告到官府。贪官桃杌(wù)将窦娥屈打成招,问成死罪。窦娥临刑前发出三桩誓愿,结果一一应验。后来,窦天章做了高官,到楚州巡查,窦娥的鬼魂向他申冤。窦天章重审案子,为窦娥平反昭雪。全剧共四折,这里节选的是第三折。 ② [外]角色名,外末的简称,戏剧中扮演老年男子。 ③ [着]命令。 ④ [做公的]官府里的公差。 ⑤ [净]角色名,扮演性格刚烈或粗暴的男子。 ⑥ [科]元杂剧中指示角色动作、表情和舞台效果的用语。 ⑦ [刽(guì)子]执行死刑的人。 ⑧ [磨旗]摇旗。磨,转动,摇。 ⑨ [正旦]角色名,扮演女主角。 ⑩ [行动些]走快些。 ⑪ [端正好]正宫的曲牌之一。后文的"滚绣球"、"倘秀才"等都是正宫的曲牌名。 ⑫ [来由]缘故。 ⑬ [刑宪]刑罚。宪,法令。 ⑭ [生]甚,深。 ⑮ [合]应该。 ⑯ [可怎生糊突了盗跖(zhí)、颜渊]可是怎么混淆了坏人和好人。糊突,同"糊涂",这里是混淆的意思。跖,传说是春秋末年奴隶起义的首领,过去被诬称为"盗跖"。颜渊,孔子最得意的弟子,被推崇为"贤人"。盗跖、颜渊,这里分别代指坏人和好人。 ⑰ [错勘]错误地判断。 ⑱ [则]只。 ⑲ [纽]通"扭",拘束。 ⑳ [前合后偃(yǎn)]意思是跌跌撞撞,站不稳。 ㉑ [哥哥行(háng)]哥哥那边。哥哥,对一般男子的客气称呼。行,宋代和元代口语里自称或者称呼别人的词的后边,有时加"行"字,如"我行"、"他行"等,意思大致相当于"这边"、"那边"或者"这里"、"那里"。

(刽子云)你如今到法场上面,有甚么亲眷要见的,可教他过来,见你一面也好。(正旦唱)

【叨叨令】可怜我孤身只影无亲眷,则落的吞声忍气空嗟怨。(刽子云)难道你爷娘家也没的?(正旦云)只有个爹爹,十三年前上朝取应[①]去了,至今杳无音信。(唱)早已是十年多不睹爹爹面。(刽子云)你适才要我往后街里去,是甚么主意?(正旦唱)怕则怕前街里被我婆婆见。(刽子云)你的性命也顾不得,怕他见怎的?(正旦云)俺婆婆若见我披枷带锁赴法场餐刀[②]去呵,(唱)枉将他气杀也么哥[③],枉将他气杀也么哥。告哥哥,临危好与人行方便。

(卜儿[④]哭上科,云)天哪,兀的[⑤]不是我媳妇儿!(刽子云)婆子靠后。(正旦云)既是俺婆婆来了,叫他来,待我嘱咐他几句话咱[⑥]。(刽子云)那婆子近前来,你媳妇要嘱咐你话哩。(卜儿云)孩儿,痛杀我也!(正旦云)婆婆,那张驴儿把毒药放在羊肚儿汤里,实指望药死了你,要霸占我为妻。不想婆婆让与他老子吃,倒把他老子药死了。我怕连累婆婆,屈招了药死公公,今日赴法场典刑[⑦]。婆婆,此后遇着冬时年节,月一十五[⑧],有瀽[⑨]不了的浆水饭,瀽半碗儿与我吃,烧不了的纸钱,与窦娥烧一陌儿[⑩],则是[⑪]看你死的孩儿面上。(唱)

【快活三】念窦娥葫芦提[⑫]当罪愆[⑬],念窦娥身首不完全,念窦娥从前已往干家缘[⑭],婆婆也,你只看窦娥少爷无娘面。

【鲍老儿】念窦娥伏侍婆婆这几年,遇时节将碗凉浆奠;你去那受刑法尸骸上烈[⑮]些纸钱,只当把你亡化的孩儿荐[⑯]。(卜儿哭科,云)孩儿放心,这个老身都记得。天哪,兀的不痛杀我也!(正旦唱)婆婆也,再也不要啼啼哭哭,烦烦恼恼,怨气冲天。这都是我做窦娥的没时没运,不明不暗[⑰],负屈衔冤。

(刽子做喝科,云)兀那婆子靠后,时辰到了也。(正旦跪科)(刽子开枷科)

(正旦云)窦娥告监斩大人,有一事肯依窦娥,便死而无怨。(监斩官云)你有什么事,你说。(正旦云)要一领净席,等我窦娥站立,又要丈二白练,挂在旗枪[⑱]上,若是我窦娥委实[⑲]冤枉,刀过处头落,一腔热血休半点儿沾在地下,都飞在白练上者。(监斩官云)这个就依你,打甚么不紧[⑳]。(刽子做取席站[㉑]科,又取白练挂旗上科)(正旦唱)

【耍孩儿】不是我窦娥罚[㉒]下这等无头愿,委实的冤情不浅;若没些儿灵圣与世人传,也不见得湛湛[㉓]青天。我不要半星热血红尘[㉔]洒,都只在八尺旗枪素练悬。等他四下里皆瞧见,这就是咱苌弘化碧[㉕],望帝啼鹃。

(刽子云)你还有甚的说话,此时不对监斩大人说,几时说哪?(正旦再跪科,云)大

---

① [上朝取应]上京城应考。 ② [餐刀]吃刀,指被杀。 ③ [也么哥]元曲中的助词。 ④ [卜儿]元杂剧中中老年妇女的俗称。 ⑤ [兀的]这,这个。 ⑥ [咱]元曲中常用于句尾,相当于"吧"。 ⑦ [典刑]这里是受死刑的意思。 ⑧ [冬时年节,月一十五]冬至和过年,初一和十五。 ⑨ [瀽(jiǎn)]泼,倒。 ⑩ [一陌儿]一百张,泛指一叠。这里指一叠祭奠所烧的纸钱。 ⑪ [则是]只当是。 ⑫ [葫芦提]当时的口语,糊涂的意思。 ⑬ [罪愆]罪过。 ⑭ [干家缘]操劳家务。 ⑮ [烈]烧。 ⑯ [荐]祭奠。 ⑰ [不明不暗]糊里糊涂。 ⑱ [旗枪]旗杆头。 ⑲ [委实]实在。 ⑳ [打甚么不紧]有什么要紧。 ㉑ [站]这里指让窦娥站着。 ㉒ [罚]这里是发的意思。 ㉓ [湛湛]清明。 ㉔ [红尘]这里指尘土。 ㉕ [苌(cháng)弘化碧]苌弘,周朝的贤臣。传说他无罪被杀,死后他的血被蜀人藏起,三年后变成了美玉。

人，如今是三伏天道，若窦娥委实冤枉，身死之后，天降三尺瑞雪，遮掩了窦娥尸首。（监斩官云）这等三伏天道，你便有冲天的怨气，也召不得一片雪来，可不胡说！（正旦唱）

【二煞】你道是暑气暄[①]，不是那下雪天，岂不闻飞霜六月因邹衍[②]？若果有一腔怨气喷如火，定要感的六出冰花滚似绵，免着我尸骸现；要什么素车白马，断送[③]出古陌荒阡？

（正旦再跪科，云）大人，我窦娥死的委实冤枉，从今以后，着这楚州[④]亢旱[⑤]三年。（监斩官云）打嘴！那有这等说话！（正旦唱）

【一煞】你道是天公不可期，人心不可怜，不知皇天也肯从人愿。做甚么三年不见甘霖降，也只为东海曾经孝妇冤[⑥]。如今轮到你山阳县，这都是官吏每[⑦]无心正法，使百姓有口难言。

（刽子做磨旗科，云）怎么这一会儿天色阴了也？（内[⑧]做风科，刽子云）好冷风也！（正旦唱）

【煞尾】浮云为我阴，悲风为我旋，三桩儿誓愿明提遍。（做哭科，云）婆婆也，直等待雪飞六月，亢旱三年呵，（唱）那其间才把你个屈死的冤魂这窦娥显。

（刽子做开刀，正旦倒科）（监斩官惊云）呀，真个下雪了，有这等异事！（刽子云）我也道平日杀人，满地都是鲜血，这个窦娥的血都飞在那丈二白练上，并无半点落地，委实奇怪。（监斩官云）这死罪必有冤枉。早两桩儿应验了，不知亢旱三年的说话准也不准，且看后来如何。左右，也不必等待雪晴，便与我抬他尸首，还了那蔡婆婆去罢。（众应科，抬尸下）

品味探究

1. 关汉卿是元杂剧作家中"本色派"的代表。王国维说："关汉卿一空依傍，自铸伟词，而其言曲尽人情，字字本色，故当为元人第一。"这里的"本色"是指戏剧语言不尚雕琢，出之自然，富有生活气息。研读课文，说说你对关汉卿语言特点的认识与感受。

2. 窦娥在滚绣球一曲中指斥天地，否定鬼神，唱到："地也，你不分好歹何为地！天也，你错勘贤愚枉做天！"所谓"天"、"地"在这里指什么？请把表现其强烈反抗性格的重点词语找出来，并背诵滚绣球一曲。

---

① ［暄］这里指炎热。 ② ［邹衍］战国时齐国人。相传他对燕惠王很忠心，燕惠王却听信谗言把他囚禁了。他入狱时仰天大哭，时值夏天，竟然下起霜来。后来常用"六月飞霜"表示冤狱。 ③ ［断送］发送，指殡葬。 ④ ［楚州］州名，在现在江苏淮安、淮阴、盐城一带，是窦娥的家乡。 ⑤ ［亢旱］大旱。亢，极。 ⑥ ［东海曾经孝妇冤］传说汉代东海有个年轻寡妇周青，对婆婆很孝顺。婆婆怕连累媳妇，自缢身亡，周青被诬告谋杀婆婆，惨遭死刑。临刑时她指着车上竖着的竹竿说：我若无罪，被斩首后，血就顺着竹竿往上流。行刑后，血果然沿着竹竿往上流。此案审理过程中，一个叫于公的狱吏为周青诉冤，郡守不理。她死后，东海一带大旱三年。新郡守上任后，为周青洗雪了冤案，天立刻下了大雨。 ⑦ ［每］同"们"。 ⑧ ［内］指后台。

1. 下列词语中加点字的注音和字形全都正确的一项是(　　)

A. 错勘(kān)　斟酌(zhēn)　难堪(kān)　湛湛青天(zhàn)

B. 前合后偃(yǎn)　暑气喧(xuān)　喧闹(xuān)　邹衍(zhóu yàn)

C. 甘霖(gān lín)　衔冤(xián)　埋怨(mái yuàn)　亢旱(kēng)

D. 提防(tí fǎng)　殡葬(bīn zàng)　正旦(dān)　罪愆(yǎn)

2. 对加点词语的解释全正确的一项是(　　)

①怎不将天地也生(产生)埋怨　②不提防遭刑宪(刑法,刑律)　③错勘(判断)贤愚枉做天　④待我嘱咐他几句话咱(自己)　⑤我窦娥向哥哥行(这里、那里)有句言　⑥你去那受刑法尸骸上烈(烧)些纸钱　⑦只当把你亡化的孩儿荐(推荐)　⑧官吏每(每每、常常)无心正法　⑨断送(丧失、毁灭)出古陌荒阡　⑩兀的(这,与"兀那"意同)不是我媳妇儿

A. ①③⑤⑦　B. ②④⑥⑧　C. ②③⑤⑥　D. ⑦⑧⑨⑩

3. 窦娥在临刑前发下了三桩誓愿,这三桩誓愿分别是:________、________、________。这其中运用的四个典故分别是________、________、________、________。(以上均限四字语回答)这四个典故所涉及的四个人物分别是________、________、________、________。

《窦娥冤》一剧,如果论到故事的来源,是拿西汉刘向所撰《列女传》中的《东海孝妇》一事作为张本的。你如果要追根究底,是有书可凭的。但关氏写作此剧,明明白白地是用元代社会作为背景,反映出当时的一些现实情况。

当然,窦娥的三项誓愿一一应验,在现代看来,是一种浪漫主义的手法。然而,窦娥蒙冤而死,在当时却是一种现实的反映。……我们不否认《窦娥冤》一剧带有浪漫主义的色彩,但也得承认作者是借浪漫主义的方法或幻想的手法,来抒发他的愤懑和激动。比方窦娥这个人物,她开口唱的第一支曲子:"满腹闲愁,数年禁受天知否?天若是知我情由,怕不待和天瘦!"这虽然是根据窦娥这个人物所处的境遇而措词的,但实际上也包含着关汉卿本身的境遇在内。窦娥从张驴儿逼嫁不从,直到蒙冤处斩,其性格始终是倔强而不肯苟从。……如断然拒绝张驴儿,正言责备蔡婆,被拷打时和太守争辩,临刑时对天立誓,都和她的倔强性格相照应。这里面也反映出关汉卿本身的战斗精神。他虽然处身于元代那个恶劣的社会环境中,并不曾为元朝统治者的暴政苛法所慑服。他所撰写的词曲,表面看来并非"犯上恶言",但如果联系到当时的时代背景,则字里行间随处都予人以匣剑帷灯①之感。

——选自周贻白《关汉卿研究》

① [匣剑帷灯]剑在匣中,灯在帷里,灯光剑气若隐若现。形容诗文传记等叙事状物有若隐若现之妙。

雷　雨[①](选场)

曹　禺

午饭后，天气更阴沉，更郁热。低沉潮湿的空气，使人异常烦躁。

……

曹禺像

周朴园　(点着一支吕宋烟[②]，看见桌上的雨衣，向侍萍)这是太太找出来的雨衣么？

鲁侍萍　(看看他)大概是的。

周朴园　不对，不对，这都是新的。我要我的旧雨衣，你回头跟太太说。

鲁侍萍　嗯。

周朴园　(看她不走)你不知道这间房子底下人不准随便进来么？

鲁侍萍　不知道，老爷。

周朴园　你是新来的下人？

鲁侍萍　不是的，我找我的女儿来的。

周朴园　你的女儿？

鲁侍萍　四凤是我的女儿。

周朴园　那你走错屋子了。

鲁侍萍　哦。——老爷没有事了？

周朴园　(指窗)窗户谁叫打开的？

鲁侍萍　哦。(很自然地走到窗前，关上窗户，慢慢地走向中门)

周朴园　(看她关好窗门，忽然觉得她很奇怪)你站一站。(侍萍停)你——你贵姓？

鲁侍萍　我姓鲁。

周朴园　姓鲁。你的口音不像北方人。

---

①　节选自《雷雨》(人民文学出版社，1978年版)第二幕。曹禺(1910～1996)，原名万家宝，著名剧作家。《雷雨》创作于20世纪30年代，写了周鲁两家八个人由于社会现实、血缘纠葛和命运巧合而造成的悲剧。相关情节是：某煤矿公司董事长周朴园，年轻时爱上女仆鲁侍萍，并有了两个儿子。后来，周家为娶门当户对的阔家小姐，在大年三十的晚上，将刚生下第二个儿子(鲁大海)的鲁侍萍赶出门，强迫她留下了长子周萍。走投无路的鲁侍萍抱着儿子投河自杀，幸而被救，从此流落他乡。后来，鲁侍萍又嫁给鲁贵，生下女儿四凤。鲁侍萍在济南某校当佣人，鲁贵在周公馆当差，四凤在这里做使女，鲁大海在周家煤矿当工人。一天，鲁侍萍从济南回来看女儿，被周朴园续娶的太太蘩漪叫到周公馆，发现这家的主人就是周朴园。这时作为工人代表的鲁大海也恰好来找周朴园谈判。课文就是从这里开始的。

②　[吕宋烟]雪茄烟，因菲律宾吕宋岛所产质量好而得名。

鲁侍萍 对了，我不是，我是江苏的。

周朴园 你好像有点无锡口音。

鲁侍萍 我自小就在无锡长大的。

周朴园 （沉思）无锡？嗯，无锡，（忽而）你在无锡是什么时候？

鲁侍萍 光绪二十年，离现在有三十多年了。

周朴园 哦，三十年前你在无锡？

鲁侍萍 是的，三十多年前呢，那时候我记得我们还没有用洋火呢。

周朴园 （沉思）三十多年前，是的，很远啦，我想想，我大概是二十多岁的时候。那时候我还在无锡呢。

鲁侍萍 老爷是那个地方的人？

周朴园 嗯，（沉吟[①]）无锡是个好地方。

鲁侍萍 哦，好地方。

周朴园 你三十年前在无锡么？

鲁侍萍 是，老爷。

周朴园 三十年前，在无锡有一件很出名的事情——

鲁侍萍 哦。

周朴园 你知道么？

鲁侍萍 也许记得，不知道老爷说的是哪一件？

周朴园 哦，很远了，提起来大家都忘了。

鲁侍萍 说不定，也许记得的。

周朴园 我问过许多那个时候到过无锡的人，我也派人到无锡打听过。可是那个时候在无锡的人，到现在不是老了就是死了。活着的多半是不知道的，或者忘了。不过也许你会知道。三十年前在无锡有一家姓梅的。

鲁侍萍 姓梅的？

周朴园 梅家的一个年轻小姐，很贤慧，也很规矩。有一天夜里，忽然地投水死了。后来，后来，——你知道么？

鲁侍萍 不敢说。

周朴园 哦。

鲁侍萍 我倒认识一个年轻的姑娘姓梅的。

周朴园 哦？你说说看。

鲁侍萍 可是她不是小姐，她也不贤慧，并且听说是不大规矩的。

周朴园 也许，也许你弄错了，不过你不妨说说看。

鲁侍萍 这个梅姑娘倒是有一天晚上跳的河，可是不是一个，她手里抱着一个刚生下三天的男孩。听人说她生前是不规矩的。

周朴园 （苦痛）哦！

鲁侍萍 她是个下等人，不很守本分的。听说她跟那时周公馆的少爷有点不清白，

---

① ［沉吟］迟疑不决，低声自语。

生了两个儿子。生了第二个，才过三天，忽然周少爷不要她了。大孩子就放在周公馆，刚生的孩子她抱在怀里，在年三十夜里投河死的。

周朴园　（汗涔涔[①]地）哦。

鲁侍萍　她不是小姐，她是无锡周公馆梅妈的女儿，她叫侍萍。

周朴园　（抬起头来）你姓什么？

鲁侍萍　我姓鲁，老爷。

周朴园　（喘出一口气，沉思地）侍萍，侍萍，对了。这个女孩子的尸首，说是有一个穷人见着埋了。你可以打听到她的坟在哪儿么？

鲁侍萍　老爷问这些闲事干什么？

周朴园　这个人跟我们有点亲戚。

鲁侍萍　亲戚？

周朴园　嗯，——我们想把她的坟墓修一修。

鲁侍萍　哦，——那用不着了。

周朴园　怎么？

鲁侍萍　这个人现在还活着。

周朴园　（惊愕）什么？

鲁侍萍　她没有死。

周朴园　她还在？不会吧？我看见她河边上的衣服，里面有她的绝命书。

鲁侍萍　她又被人救活了。

周朴园　哦，救活啦？

鲁侍萍　以后无锡的人是没见着她，以为她那夜晚死了。

周朴园　那么，她呢？

鲁侍萍　一个人在外乡活着。

周朴园　那个小孩呢？

鲁侍萍　也活着。

周朴园　（忽然立起）你是谁？

鲁侍萍　我是这儿四凤的妈，老爷。

周朴园　哦。

鲁侍萍　她现在老了，嫁给一个下等人，又生了个女孩，境况很不好。

周朴园　你知道她现在在哪儿？

鲁侍萍　我前几天还见着她！

周朴园　什么？她就在这儿？此地？

鲁侍萍　嗯，就在此地。

周朴园　哦！

鲁侍萍　老爷，您想见一见她么？

周朴园　（连忙）不，不，不用。

---

① ［涔（cén）涔］形容汗水不断地流下。

鲁侍萍　她的命很苦。离开了周家，周家少爷就娶了一位有钱有门第的小姐。她一个单身人，无亲无故，带着一个孩子在外乡，什么事都做：讨饭，缝衣服，当老妈子，在学校里伺候人。

周朴园　她为什么不再找到周家？

鲁侍萍　大概她是不愿意吧。为着她自己的孩子，她嫁过两次。

周朴园　嗯，以后她又嫁过两次。

鲁侍萍　嗯，都是很下等的人。她遇人都很不如意，老爷想帮一帮她么？

周朴园　好，你先下去吧。

鲁侍萍　老爷，没有事了？（望着朴园，泪要涌出）

周朴园　啊，你顺便去告诉四凤，叫她把我樟木箱子里那件旧雨衣拿出来，顺便把那箱子里的几件旧衬衣也捡出来。

鲁侍萍　旧衬衣？

周朴园　你告诉她在我那顶老的箱子里，纺绸的衬衣，没有领子的。

鲁侍萍　老爷那种绸衬衣不是一共有五件？您要哪一件？

周朴园　要哪一件？

鲁侍萍　不是有一件，在右袖襟上有个烧破的窟窿，后来用丝线绣成一朵梅花补上的？还有一件——

周朴园　（惊愕）梅花？

鲁侍萍　旁边还绣着一个萍字。

周朴园　（徐徐立起）哦，你，你，你是——

鲁侍萍　我是从前伺候过老爷的下人。

周朴园　哦，侍萍！（低声）是你？

鲁侍萍　你自然想不到，侍萍的相貌有一天也会老得连你都不认识了。

周朴园不觉地望望柜上的相片，又望侍萍。半晌。

周朴园　（忽然严厉地）你来干什么？

鲁侍萍　不是我要来的。

周朴园　谁指使你来的？

鲁侍萍　（悲愤）命，不公平的命指使我来的！

周朴园　（冷冷地）三十年的工夫你还是找到这儿来了。

鲁侍萍　（怨愤）我没有找你，我没有找你，我以为你早死了。我今天没想到到这儿来，这是天要我在这儿又碰见你。

周朴园　你可以冷静点。现在你我都是有子女的人。如果你觉得心里有委屈，这么大年纪，我们先可以不必哭哭啼啼的。

鲁侍萍　哼，我的眼泪早哭干了，我没有委屈，我有的是恨，是悔，是三十年一天一天我自己受的苦。你大概已经忘了你做的事了！三十年前，过年三十的晚上我生下你的第二个儿子才三天，你为了要赶紧娶那位有钱有门第的小姐，你们逼着我冒着大雪出去，要我离开你们周家的门。

周朴园　从前的旧恩怨，过了几十年，又何必再提呢？

鲁侍萍　那是因为周大少爷一帆风顺，现在也是社会上的好人物。可是自从我被你们家赶出来以后，我没有死成，我把我的母亲可给气死了，我亲生的两个孩子你们家里逼着我留在你们家里。

周朴园　你的第二个孩子你不是已经抱走了么？

鲁侍萍　那是你们老太太看着孩子快死了，才叫我带走的。（自语）哦，天哪，我觉得我像在做梦。

周朴园　我看过去的事不必再提了吧。

鲁侍萍　我要提，我要提，我闷了三十年了！你结了婚，就搬了家，我以为这一辈子也见不着你了；谁知道我自己的孩子偏偏要跑到周家来，又做我从前在你们家里做过的事。

周朴园　怪不得四凤这样像你。

鲁侍萍　我伺候你，我的孩子再伺候你生的少爷们。这是我的报应，我的报应。

周朴园　你静一静。把脑子放清醒点。你不要以为我的心是死了，你以为一个人做了一件于心不忍的事就会忘了么？你看这些家具都是你从前顶喜欢的东西，多少年我总是留着，为着纪念你。

鲁侍萍　（低头）哦。

周朴园　你的生日——四月十八——每年我总记得。一切都照着你是正式嫁过周家的人看，甚至于你因为生萍儿，受了病，总要关窗户，这些习惯我都保留着，为的是不忘你，弥补我的罪过。

鲁侍萍　（叹一口气）现在我们都是上了年纪的人，这些话请你也不必说了。

周朴园　那更好了。那么我们可以明明白白地谈一谈。

鲁侍萍　不过我觉得没有什么可谈的。

周朴园　话很多。我看你的性情好像没有大改，——鲁贵像是个很不老实的人。

鲁侍萍　你不要怕。他永远不会知道的。

周朴园　那双方面都好。再有，我要问你的，你自己带走的儿子在哪儿？

鲁侍萍　他在你的矿上做工。

周朴园　我问，他现在在哪儿？

鲁侍萍　就在门房等着见你呢。

周朴园　什么？鲁大海？他！我的儿子？

鲁侍萍　就是他！他现在跟你完完全全是两样的人。

周朴园　（冷笑）这么说，我自己的骨肉在矿上鼓动罢工，反对我！

鲁侍萍　你不要以为他还会认你做父亲。

周朴园　（忽然）好！痛痛快快的！你现在要多少钱吧！

鲁侍萍　什么？

周朴园　留着你养老。

鲁侍萍　（苦笑）哼，你还以为我是故意来敲诈你，才来的么？

周朴园　也好，我们暂且不提这一层。那么，我先说我的意思。你听着，鲁贵我现在要辞退的，四凤也要回家。不过——

鲁侍萍　你不要怕，你以为我会用这种关系来敲诈你么？你放心，我不会的。大后天我就带着四凤回到我原来的地方。这是一场梦，这地方我绝对不会再住下去。

周朴园　好得很，那么一切路费，用费，都归我担负。

鲁侍萍　什么？

周朴园　这于我的心也安一点。

鲁侍萍　你？（笑）三十年我一个人都过了，现在我反而要你的钱？

周朴园　好，好，好，那么，你现在要什么？

鲁侍萍　（停一停）我，我要点东西。

周朴园　什么？说吧。

鲁侍萍　（泪满眼）我——我——我只要见见我的萍儿。

周朴园　你想见他？

鲁侍萍　嗯，他在哪儿？

周朴园　他现在在楼上陪着他的母亲看病。我叫他，他就可以下来见你。不过是——（顿）他很大了，——（顿）并且他以为他母亲早就死了的。

鲁侍萍　哦，你以为我会哭哭啼啼地叫他认母亲么？我不会那样傻的。我明白他的地位，他的教育，不容他承认这样的母亲。这些年我也学乖了，我只想看看他，他究竟是我生的孩子。你不要怕，我就是告诉他，白白地增加他的烦恼，他也是不愿意认我的。

周朴园　那么，我们就这样解决了。我叫他下来，你看一看他，以后鲁家的人永远不许再到周家来。

鲁侍萍　好，我希望这一生不要再见你。

周朴园　（由衣内取出支票，签好）很好，这是一张五千块钱的支票，你可以先拿去用。算是弥补我一点罪过。

侍萍接过支票，把它撕了。

周朴园　侍萍。

鲁侍萍　我这些年的苦不是你拿钱算得清的。

周朴园　可是你——

外面争吵声。大海的声音："让开，我要进去。"三四个男仆声："不成，不成，老爷睡觉呢。"

周朴园　（走至中门）来人！

仆人由中门进。

周朴园　谁在吵？

仆　人　就是那个工人鲁大海！他不讲理，非见老爷不可。

周朴园　哦。（沉吟）那你就叫他进来吧。等一等，叫人到楼上请大少爷下来，我有话问他。

仆　人　是，老爷。（由中门下。）

周朴园　（向侍萍）侍萍，你不要太固执。这一点钱你不收下，将来你会后悔的。

侍萍望着周朴园，一句话也不说。

仆人领大海进。大海站在左边，三四个仆人立一旁。

鲁大海　（见侍萍）妈，您还在这儿？

周朴园　（打量大海）你叫什么名字？

鲁大海　你不要同我摆架子，难道你不知道我是谁么？

周朴园　我只知道你是罢工闹得最凶的工人。

鲁大海　对了，一点儿也不错，所以才来拜望拜望你。

周朴园　你有什么事吧？

鲁大海　董事长当然知道我是为什么来的。

周朴园　（摇头）我不知道。

鲁大海　我们老远从矿上来，今天我又在你府上门房里从早上六点钟一直等到现在，我就是要问问董事长，对于我们工人的条件，究竟是答应不答应？

周朴园　哦，——那么，那三个代表呢？

鲁大海　我跟你说吧，他们现在正在联络旁的工会呢。

周朴园　哦，——他们没有告诉你旁的事情么？

鲁大海　告诉不告诉于你没有关系。——我问你，你的意思，忽而软，忽而硬，究竟是怎么回事？

周萍由饭厅上，见有人，想退回。

周朴园　（看周萍）不要走，萍儿！（望了一下侍萍）

周　萍　是，爸爸。

周朴园　（指身侧）你站在这儿，（向大海）你这么只凭意气是不能交涉事情的。

鲁大海　哼，你们的手段，我都明白。你们这样拖延时候，不过是想花钱收买少数不要脸的败类，暂时把我们骗在这儿。

周朴园　你的见地也不是没有道理。

鲁大海　可是你完全错了。我们这次罢工是团结的，有组织的。我们代表这次来，并不是来求你们。你听清楚，不求你们。你们答应就答应；不答应，我们一直罢工到底，我们知道你们不到两个月整个地就要关门的。

周朴园　你以为你们那些代表们，那些领袖们都可靠么？

鲁大海　至少比你们只认识洋钱的结合要可靠得多。

周朴园　那么我给你一件东西看。

周朴园在桌上找电报，仆人递给他；此时周冲[①]偷偷由左书房进，在旁谛听。

周朴园　（给大海电报）这是昨天从矿上来的电报。

---

① ［周冲］周朴园和蘩漪的儿子。

鲁大海　(拿过去读)什么？他们又上工了。(放下电报)不会。

周朴园　矿上的工人已经在昨天早上复工，你当代表的反而不知道么？

鲁大海　(怒)怎么矿上警察开枪打死三十个工人就白打了么？(笑起来)哼，这是假的。你们自己假作的电报来离间我们的，你们这种卑鄙无赖的行为！

周　萍　(忍不住)你是谁？敢在这儿胡说？

周朴园　没有你的话！(向大海)你就这样相信你那同来的几个代表么？

鲁大海　你不用多说，我明白你这些话的用意。

周朴园　好，那我把那复工的合同给你瞧瞧。

鲁大海　(笑)你不要骗小孩子，复工的合同没有我们代表的签字是不生效力的。

周朴园　合同！

仆人进书房把合同拿给周朴园。

周朴园　你看，这是他们三个人签字的合同。

鲁大海　(看合同)什么？(慢慢地)他们三个人签了字？(伸手去拿，想仔细看一看)他们不告诉我，自己就签了字了？

周朴园　(顺手抽过来，交给仆人)对了，傻小子，没有经验只会胡喊是不成的。

鲁大海　那三个代表呢？

周朴园　昨天晚车就回去了。

鲁大海　(如梦初醒)这三个没有骨头的东西！他们就把矿上的工人们卖了！哼，你们这些不要脸的董事长，你们的钱这次又灵了。

周　萍　(怒)你混账！

周朴园　不许多说话。(回头向大海)鲁大海，你现在没有资格跟我说话——矿上已经把你开除了。

鲁大海　开除了!?

周　冲　爸爸，这是不公平的。

周朴园　(向周冲)你少多嘴，出去！

周冲愤然由中门下。

鲁大海　好，好。(切齿)你的手段我早明白，只要你能弄钱，你什么都做得出来。你叫警察杀了矿上许多工人，你还——

周朴园　你胡说！

鲁侍萍　(至大海前)走吧，别说了。

鲁大海　哼，你的来历我都知道，你从前在哈尔滨包修江桥，故意叫江堤出险，——

周朴园　(厉声)下去！

仆人们　(拉大海)走！走！

鲁大海　你故意淹死了两千二百个小工，每一个小工的性命你扣三百块钱！姓周的，你发的是绝子绝孙的昧心财！你现在还——

周　萍　(冲向大海，打了他两个嘴巴)你这种混账东西！

大海还手，被仆人们拉住。

周　萍　打他！

鲁大海　（向周萍）你！

　　　　仆人们一齐打大海。大海流了血。

周朴园　（厉声）不要打人！

　　　　仆人们住手，仍拉住大海。

鲁大海　（挣扎）放开我，你们这一群强盗！

周　萍　（向仆人们）把他拉下去！

鲁侍萍　（大哭）这真是一群强盗！（走至周萍面前）你是萍，……凭——凭什么打我的儿子？

周　萍　你是谁？

鲁侍萍　我是你的——你打的这个人的妈。

鲁大海　妈，别理这东西，小心吃了他们的亏。

鲁侍萍　（呆呆地望着周萍的脸，又哭起来）大海，走吧，我们走吧！

　　　　大海为仆人们拥下，侍萍随下。

品味探究

1. 冲突是戏剧的灵魂，没有冲突就没有戏剧。《雷雨》这场戏中共有几组矛盾冲突，你认为哪一组属于主要的矛盾冲突？

2. 潜台词是台词中所包含的、未能完全表达出来的言外之意。《雷雨》的人物语言大多蕴涵着丰富的潜台词。阅读课文，举出几个含有潜台词的句子，说说其言外之意。

3. 请同学们分角色朗读课文，并体会剧中人物的性格特点、情感起伏和微妙的心理变化。

1. 下列加点字的注音，全都正确的一项是（　　）

A. 无锡（xī）　　大堤（tī）　　赐福（chì）

B. 涔涔（cén）　　遥岑（cén）　　妗子（jìn）

C. 伺候（cì）　　窥伺（cì）　　嗣位（shì）

D. 谛听（tì）　　缔结（dì）　　蒂固（dì）

2. 依据剧情发展，揣摩人物的心情与神态，判断下面一段文字中所缺的“舞台说明”填写最准确的一项是（　　）

周朴园　（①）你来干什么？

侍　萍　不是我要来的。

周朴园　谁指使你来的？

侍　萍　（②）命，不公平的命指使我的！

周朴园 (③)三十年的工夫你还是找到这儿来了。

侍 萍 (④)我没有找你,我没有找你,我以为你早死了……

A. 忽然严厉地 愤怒 冷冷地 悲愤　　B. 忽然严厉地 悲愤 冷冷地 怨愤

C. 冷冷地 悲愤 忽然严厉地 怨愤　　D. 冷冷地 愤怒 忽然严厉地 悲愤

3. 课文中,周朴园见到鲁侍萍后,感到吃惊,接连追问,下面是从中摘出的五个问句,根据剧情的发展排列最合理的一项是(　　)

①(忽然起立)你是谁? ②哦,侍萍!(低声)是你? ③你——你贵姓? ④谁指使你来的?

⑤(忽然严厉地)你来干什么?

A. ③①②⑤④　　B. ①③⑤②④　　C. ③②⑤④①　　D. ⑤④①②③

怀念曹禺(节选)

巴 金

躺在病床上,我经常想起家宝。六十几年的往事历历在目。

北平三座门大街十四号南屋,故事是从这里开始的。靳以把家宝的一部稿子交给我看,那时家宝还是清华大学的一个学生。在南屋客厅旁那间用蓝纸糊壁的阴暗小屋里,我一口气读完了数百页的原稿。一幕人生的大悲剧在我面前展开,我被深深地震动了!就像从前看托尔斯泰的小说《复活》一样,剧本抓住了我的灵魂,我为它落了泪。我曾这样描述过我当时的心情:"不错,我流过泪,但是落泪之后我感到一阵舒畅,而且我还感到一种渴望,一种力量在身体里产生了,我想做一件事情,一件帮助人的事情,我想找个机会不自私地献出我的精力。《雷雨》是这样地感动过我。"然而,这却是我从靳以手里接过《雷雨》手稿时所未曾料到的。我由衷佩服家宝,他有大的才华,我马上把我的看法告诉靳以,让他分享我的喜悦。《文季月刊》破例一期全文刊载了《雷雨》,引起广大读者的注意。第二年,我旅居日本,在东京看了由中国留学生演出的《雷雨》。那时候,《雷雨》已经轰动,国内也有剧团把它搬上舞台。我连着看了三天戏,我为家宝高兴。

那些充满激情的优美的台词,是从他心底深处流淌出来的,那里面有他的爱,有他的恨,有他的眼泪,有他的灵魂的呼号。他为自己的真实感情奋斗。

林教头风雪山神庙[①]

施耐庵

话说当日林冲正闲走间，忽然背后人叫。回头看时，却认得是酒生儿[②]李小二。当初在东京时，多得林冲看顾；后来不合偷了店主人家钱财，被捉住了，要送官司问罪，又得林冲主张陪话[③]，救了他免送官司，又与他赔了些钱财，方得脱免；京中安不得身，又亏林冲赍发[④]他盘缠[⑤]，于路[⑥]投奔人。不想今日却在这里撞见。林冲道："小二哥！你如何也在这里？"李小二便拜道："自从得恩人救济，赍发小人，一地里投奔人不着，迤逦[⑦]不想来到沧州，投托一个酒店主人，姓王，留小人在店中做过卖[⑧]。因见小人勤谨，安排的好菜蔬，调和的好汁水[⑨]，来吃的人都喝采，以此买卖顺当，主人家有个女儿，就招了小人做女婿。如今丈人丈母都死了，只剩得小人夫妻两个，权在营前[⑩]开了个茶酒店。因讨钱过来，遇见恩人。恩人不知为何事在这里？"林冲指着脸上道："我因恶了高太尉[⑪]，生事陷害，受了一场官司，刺配[⑫]到这里。如今叫我管[⑬]天王堂，未知久后如何。不想今日在此见你。"李小二就请林冲到家里坐定，叫妻子出来拜了恩人。两口儿欢喜道："我夫妻二人正没个亲眷，今日得恩人到来，便是从天降下。"林冲道："我是罪囚，恐怕玷辱你夫妻两个。"李小二道："谁不知恩人大名？休恁地[⑭]说。但[⑮]有衣服，便拿来家里浆洗缝补。"当时管待[⑯]林冲酒食，至夜送回天王堂。次日又来相请。自此林冲得店小二家来往，不时间送汤送水来营里与林冲吃。林冲因见他两口儿恭敬孝顺，常把些银两与他做本钱。

且把闲话休题，只说正话。光阴迅速，却早冬来。林冲的棉衣裙袄都是李小二浑家整治缝补。忽一日，李小二正在门前安排菜蔬下饭，只见一个人闪将进来，酒店里坐下；随后又一人闪入来。看时，前面那个人是军官打扮，后面这个走卒模样，跟着也来坐下。李小二入来问道："可要吃酒？"只见那个人将出[⑰]一两银子与李小二道："且收放柜上，取

---

① 节选自《水浒传》(七十一回本)(人民文学出版社，1973年版)第十回。这是清初金圣叹的删节本。林教头即林冲，原是北宋京城八十万禁军(保卫京城的军队)枪棒教头(教官)。 ② [酒生儿]酒店里的伙计。 ③ [主张陪话]替他出头做主，为他说好话。 ④ [赍(jī)发]资助，赠予。 ⑤ [盘缠]路费，旅途费用。 ⑥ [于路]沿路。 ⑦ [迤逦(yǐlǐ)]缓慢前行，这里有颠沛流离的意思。 ⑧ [过卖]酒食店里招待顾客的伙计。 ⑨ [汁水]羹汤之类。
⑩ [营前]指牢城营前面。牢城，收管发配囚犯的地方。 ⑪ [恶(wù)了高太尉]触怒了高太尉。恶，冒犯，触怒。太尉，官名。高太尉，指高俅，他是殿帅府太尉。 ⑫ [刺配]脸上刺字，发往远地充军。刺，古时的肉刑，在罪犯面部刺字，用墨染上颜色。配，发往远地充军。 ⑬ [管]看守，看管。 ⑭ [恁(nèn)]这么，那么。 ⑮ [但]只要。
⑯ [管待]款待，招待。 ⑰ [将出]拿出。将，拿。下文"将来"、"将汤"的"将"也是"拿"的意思。

三四瓶好酒来。客到时，果品酒馔①只顾将来，不必要问。”李小二道：“官人请甚客?”那人道：“烦你与我去营里请管营②、差拨③两个来说话。问时，你只说：‘有个官人请说话，商议些事务，专等，专等。’”李小二应承了，来到牢城里，先请了差拨；同到管营家里，请了管营，都到酒店里。只见那个官人和管营、差拨两个讲了礼④。管营道：“素不相识，动问官人高姓大名?”那人道：“有书在此，少刻便知。且取酒来。”李小二连忙开了酒，一面铺下菜蔬果品酒馔。那人叫讨副劝盘⑤来，把了盏，相让坐了。小二独自一个穿梭也似伏侍不暇。那跟来的人讨了汤桶⑥，自行烫酒。约计吃过十数杯，再讨了按酒⑦铺放桌上。只见那人说道：“我自有伴当⑧烫酒。不叫，你休来。我等自要说话。”

(明)沈周　雪山图

李小二应了，自来门首叫老婆道：“大姐！这两个人来得不尴尬⑨。”老婆道：“怎么的不尴尬?”小二道：“这两个人，语言声音是东京人，初时又不认得管营，向后我将按酒入去，只听得差拨口里呐⑩出一句‘高太尉’三个字来。这人莫不与林教头身上有些干碍⑪?我自在门前理会，你且去阁子背后听说甚么。”老婆道：“你去营中寻林教头来，认他一认。”李小二道：“你不省得⑫，林教头是个性急的人，摸不着⑬便要杀人放火。倘或叫得他来看了，正是前日说的甚么陆虞候，他肯便罢? 做出事来，须连累了我和你。你只去听一听，再理会。”老婆道：“说得是。”便入去听了一个时辰，出来说道：“他那三四个交头接耳说话，正不听得说甚么。只见那一个军官模样的人去伴当怀里取出一帕子物事⑭递与管营和差拨。帕子里面的莫不是金银? 只听差拨口里说道：‘都在我身上，好歹要结果⑮他性命。’……”正说之间，阁子里叫：“将汤来！”李小二急去里面换汤时，看见管营手里拿着一封书。小二换了汤，添些下饭⑯。又吃了半个时辰，算还了酒钱。管营、差拨先去了，次后那两个低着头也去了。

转背⑰不多时，只见林冲走将入店里来，说道：“小二哥！连日好买卖。”李小二慌忙道：“恩人请坐，小人却待正要寻恩人，有些要紧话说。”林冲问道：“甚么要紧的事?”李小二请林冲到里面坐下，说道：“却才有个东京来的尴尬人，在我这里请管营、差拨吃了半日酒。差拨口里呐出‘高太尉’三个字来，小人心下疑惑。又着浑家听了一个时辰，他却交头接耳，说话都不听得。临了，只见差拨口里应道：‘都在我两个身上，好歹要结果了他。’那两个把一包金银递与管营、差拨，又吃一回酒，各自散了。不知甚么样人。小人心疑，只怕在恩人身上有些妨碍。”林冲道：“那人生得甚么模样?”李小二道：“五短身材，白净面

---

①　[馔(zhuàn)]饭食。②　[管营]看管牢城营的官吏。③　[差拨]管牢狱的公差。④　[讲了礼]见了礼。⑤　[劝盘]敬酒时放酒杯的托盘。⑥　[汤桶]热水桶。汤，热水。⑦　[按酒]下酒菜。⑧　[伴当]随从的仆人。⑨　[不尴尬]鬼鬼祟祟，不正派。也作“尴尬”或者“不尴不尬”。⑩　[呐]这里指小声说。⑪　[干碍]关涉，妨碍。⑫　[不省(xǐng)得]不明白，不知道。⑬　[摸不着]料不定。⑭　[物事]东西。⑮　[结果]杀死，弄死。⑯　[下饭]指下饭的菜肴。⑰　[转背]离开，离去。这里指管营等离开。

皮，没甚髭须，约有三十余岁。那跟的也不长大，紫棠色[①]面皮。”林冲听了，大惊道：“这三十岁的正是陆虞候。那泼贱贼[②]敢来这里害我！休要撞着我，只叫他骨肉为泥！”李小二道：“只要提防[③]他便了；岂不闻古人言：吃饭防噎[④]，走路防跌？”

林冲大怒，离了李小二家，先去街上买把解腕尖刀[⑤]，带在身上，前街后巷一地里去寻。李小二夫妻两个捏着两把汗。当晚无事。林冲次日天明起来，洗漱罢，带了刀，又去沧州城里城外，小街夹巷，团团[⑥]寻了一日。牢城营里都没动静。又来对李小二道：“今日又无事。”小二道：“恩人，只愿如此。只是自放仔细便了。”林冲自回天王堂，过了一夜。街上寻了三五日，不见消耗[⑦]，林冲也自心下慢[⑧]了。

到第六日，只见管营叫唤林冲到点视厅[⑨]上，说道：“你来这里许多时，柴大官人面皮，不曾抬举得你[⑩]。此间东门外十五里有座大军草料场[⑪]，每月但是纳草纳料的，有些常例钱[⑫]取觅，原是一个老军看管；如今我抬举你，去替那老军来守天王堂，你在那里寻几贯盘缠[⑬]。你可和差拨便去那里交割[⑭]。”林冲应道：“小人便去。”当时离了营中，径到李小二家，对他夫妻两个说道：“今日管营拨我去大军草料场管事，却如何？”李小二道：“这个差使又好似[⑮]天王堂，那里收草料时，有些常例钱钞。往常不使钱[⑯]时，不能够得这差使。”林冲道：“却不害我，倒与我好差使，正不知何意？……”李小二道：“恩人，休要疑心。只要没事便好了。只是小人家离得远了，过几时，那工夫[⑰]来望恩人。”就在家里安排几杯酒，请林冲吃了。

话不絮烦，两个相别了。林冲自来天王堂，取了包裹，带了尖刀，拿了条花枪，与差拨一同辞了管营，两个取路投[⑱]草料场来。正是严冬天气，彤云[⑲]密布，朔风[⑳]渐起，却早纷纷扬扬卷下一天大雪来。林冲和差拨两个在路上，又没买酒吃处，早来到草料场外。看时，一周遭有些黄土墙，两扇大门。推开看里面时，七八间草屋做着仓廒[㉑]，四下里都是马草堆，中间两座草厅。到那厅里，只见那老军在里面向火[㉒]。差拨说道：“管营差这个林冲来，替你回天王堂看守，你可即便交割[㉓]。”老军拿了钥匙，引着林冲，分付道：“仓廒内自有官司封记[㉔]。这几堆草，一堆堆都有数目。”老军都点见[㉕]了堆数，又引林冲到草厅上。老军收拾行李，临了说道：“火盆、锅子、碗、碟，都借与你。”林冲道：“天王堂内，我也有在那里，你要便拿了去。”老军指壁上挂一个大葫芦，说道：“你若买酒吃时，只出草场投东大路去，三二里便有市井[㉖]。”老军自和差拨回营里来。

只说林冲就床上放了包裹被卧[㉗]，就坐下生些焰火起来。屋后有一堆柴炭，拿几块来，生在地炉里。仰面看那草屋时，四下里崩坏了，又被朔风吹撼，摇振得动。林冲道：

---

① [紫棠色]黑里带红的颜色。 ② [泼贱贼]歹毒无赖的奸贼。 ③ [提防]小心防备。 ④ [噎(yē)] 食物堵住食管。 ⑤ [解腕尖刀]日常用的一种小佩刀。 ⑥ [团团]转来转去。 ⑦ [消耗]消息。 ⑧ [慢]这里是轻忽、松懈的意思。 ⑨ [点视厅]点验犯人的大厅。 ⑩ [柴大官人面皮，不曾抬举得你](虽然有)柴大官人的面子，(却至今)没有抬举过你。柴大官人，柴进。林冲到沧州前，在柴进庄上住过几天，临行时，柴进给沧州大尹和牢城管营、差拨带去书信，让他们照顾林冲。 ⑪ [大军草料场]存放军用草料的场子。北宋时，沧州靠近宋王朝的边界，驻扎军队，所以有草料场。 ⑫ [常例钱]按惯例送的钱，是旧时官员、吏役向人勒索的名目之一。 ⑬ [盘缠]这里指零用钱。 ⑭ [交割]办交接手续，移交。 ⑮ [好似]胜过，优于。 ⑯ [使钱]这里指行贿。 ⑰ [那工夫]抽空儿。那，这里同“挪”。 ⑱ [投]往，去。 ⑲ [彤云]浓云，下雪前密布的阴云。 ⑳ [朔(shuò)风]北风。 ㉑ [仓廒(áo)]存放粮食的仓库。 ㉒ [向火]烤火。 ㉓ [交割]双方结清手续。 ㉔ [官司封记]官家的封条。官司，旧时对官吏和政府的泛称。 ㉕ [点见]点清。 ㉖ [市井]市镇。 ㉗ [被卧]被褥，铺盖。

"这屋如何过得一冬？待雪晴了，去城中唤个泥水匠来修理。"向了一回火，觉得身上寒冷，寻思却才老军所说，二里路外有那市井，何不去沽些酒来吃？便去包裹里取些碎银子，把花枪挑了酒葫芦，将火炭盖了，取毡笠子戴上，拿了钥匙，出来，把草厅门拽上；出到大门首，把两扇草场门反拽上锁了；带了钥匙，信步投东，雪地里踏着碎琼乱玉①，迤逦背着北风而行。那雪正下得紧。

行不上半里多路，看见一所古庙，林冲顶礼②道："神明庇祐③！改日来烧纸钱。"又行了一回，望见一簇人家。林冲住脚看时，见篱笆中挑着一个草帚儿④在露天里。林冲径到店里。主人道："客人那里来？"林冲道："你认得这个葫芦么？"主人看了道："这葫芦是草料场老军的。"林冲道："原来如此。"店主道："既是草料场看守大哥，且请少坐；天气寒冷，且酌三杯，权当接风⑤。"店家切一盘熟牛肉，烫一壶热酒，请林冲吃。又自买了些牛肉，又吃了数杯。就又买了一葫芦酒，包了那两块牛肉，留下些碎银子，把花枪挑着酒葫芦，怀内揣了牛肉，叫声"相扰"，便出篱笆门，依旧迎着朔风回来。看那雪，到晚越下得紧了。

再说林冲踏着那瑞雪，迎着北风，飞也似奔到草场门口，开了锁，入内看时，只叫得苦。原来天理昭然，佑护善人义士，因这场大雪，救了林冲的性命：那两间草厅已被雪压倒了。林冲寻思："怎地好？"放下花枪、葫芦在雪里；恐怕火盆内有火炭延烧起来，搬开破壁子，探半身入去摸时，火盆内火种都被雪水浸灭了。林冲把手床上摸时，只拽得一条絮被。林冲钻将出来，见天色黑了，寻思："又没打火处，怎生安排？"想起离了这半里路上有个古庙，可以安身，"我且去那里宿一夜，等到天明，却作理会。"把被卷了，花枪挑着酒葫芦，依旧把门拽上，锁了，望那庙里来。入得庙门，再把门掩上。旁边止有一块大石头，掇将过来靠了门。入得里面看时，殿上塑着一尊金甲山神，两边一个判官，一个小鬼，侧边堆着一堆纸。团团看来，又没邻舍，又无庙主。林冲把枪和酒葫芦放在纸堆上，将那条絮被放开，先取下毡笠子，把身上雪都抖了，把上盖⑥白布衫脱将下来⑦，早有五分湿了，和毡笠放在供桌上。把被扯来盖了半截下身，却把葫芦冷酒提来，慢慢地吃，就将怀中牛肉下酒。

正吃时，只听得外面必必剥剥地爆响。林冲跳起身来，就壁缝里看时，只见草料场里火起，刮刮杂杂地烧着。当时林冲便拿了花枪，却待开门来救火，只听得外面有人说将话来。林冲就伏在门边听时，是三个人脚步响，直奔庙里来；用手推门，却被石头靠住了，再也推不开。三人在庙檐下立地⑧看火。数内一个道："这条计好么？"一个应道："端的⑨亏管营、差拨两位用心！回到京师，禀过太尉，都保你二位做大官。这番张教头没得推故了⑩！"一个道："林冲今番直吃我们对付了⑪！高衙内这病必然好了！"又一个道："张教头那厮，三回五次托人情去说'你的女婿没了'，张教头越不肯应承，因此衙内病患看看重

---

① ［碎琼乱玉］形容雪花洁白散碎。琼，美玉。 ② ［顶礼］敬礼，致敬。 ③ ［庇祐］保佑，保护，帮助。
④ ［草帚儿］当酒旗用的草把。 ⑤ ［接风］设宴款待远方来的客人。 ⑥ ［上盖］上身的外衣。 ⑦ ［脱将下来］脱下来。 ⑧ ［立地］站着。 ⑨ ［端的］的确，确实。 ⑩ ［这番张教头没得推故了］这一回张教头没有理由推托了。张教头，林冲的岳父。推故，指林冲充军以后，高衙内（高俅的干儿子，"衙内"是宋元时代对官家子弟的称呼）几次威逼林冲的妻子嫁他，张教头总推托说："女婿会回来同女儿团聚。" ⑪ ［今番直吃我们对付了］这回可真被我们收拾了。吃，被。

了。太尉特使俺两个央浼①二位干这件事。不想而今完备了。”又一个道：“小人直爬入墙里去，四下草堆上点了十来个火把，待走那里去！”那一个道：“这早晚烧个八分过了。”又听得一个道：“便逃得性命时，烧了大军草料场也得个死罪！”又一个道：“我们回城里去罢。”一个道：“再看一看，拾得他一两块骨头回京，府里见太尉和衙内时，也道我们也能会干事。”

林冲听那三个人时，一个是差拨，一个是陆虞候，一个是富安。自思道：天可怜见②林冲！若不是倒了草厅，我准定被这厮们烧死了！轻轻把石头掇开③，挺着花枪，左手拽开庙门，大喝一声：“泼贼那里去！”三个人都急要走时，惊得呆了，正走不动。林冲举手，肐察④的一枪，先搠⑤倒差拨。陆虞候叫声“饶命！”吓的慌了手脚，走不动。那富安走不到十来步，被林冲赶上，后心只一枪，又搠倒了。翻身回来，陆虞候却才行得三四步，林冲喝声道：“奸贼！你待那里去！”劈胸只一提，丢翻在雪地上，把枪搠在地里，用脚踏住胸脯，身边取出那口刀来，便去陆谦脸上搁着，喝道：“泼贼！我自来又和你无甚么冤仇，你如何这等害我！正是‘杀人可恕，情理难容’！”陆虞候告道：“不干小人事；太尉差遣，不敢不来。”林冲骂道：“奸贼！我与你自幼相交，今日倒来害我！怎不干你事？且吃我一刀！”把陆谦上身衣服扯开，把尖刀向心窝里只一剜⑥，七窍迸出血来，将心肝提在手里。回头看时，差拨正爬将起来要走，林冲按住喝道：“你这厮原来也恁的歹，且吃我一刀！”又早把头割下来，挑在枪上。回来把富安、陆谦头都割下来，把尖刀插了，将三个人头发结做一处，提入庙里来，都摆在山神面前供桌上。再穿了白布衫，系了搭膊⑦，把毡笠子带上，将葫芦里冷酒都吃尽了，被与葫芦都丢了不要，提了枪，便出庙门投东去。

品味探究

1. 林冲是东京八十万禁军教头，他的思想观念、为人处事和其他的草莽英雄有着很大的差异。请根据课文总结林冲的性格特点。

2. 风雪作为自然环境，对刻画人物能起到一定的作用。熟读课文，找出文中对风雪的描写，分析这些描写渲染了怎样的气氛，是如何推动故事情节发展的。

课后练习

1. 下列加点词的注音与解释有错的一项是（　）

A. 迤逦不想来到沧州：(yǐ lǐ)缓慢前行，文中有颠沛流离的意思。

B. 我因恶了高太尉：(è)厌恶。

---

① ［央浼(měi)］恳求，请托。　② ［可怜见］向人乞怜的词，就是“可怜”。　③ ［掇(duō)开］搬开。　④ ［肐(gē)察］模拟枪扎下去的声音。　⑤ ［搠(shuò)］扎，刺。　⑥ ［剜(wān)］挖。　⑦ ［搭膊］一种布制的长带，中间有个袋，可以束在腰间。

C. 这两个人来得不尴尬：(bù gān gà)鬼鬼祟祟，不正派。

D. 太尉特使俺两个央浼二位干这件事：(yāng měi)恳求，请托。

2. 对林冲被逼上梁山的原因，分析最正确的一项是(　　)

A. 因为草料场被烧，已无宿身之地，只得上了梁山。

B. 因为杀了陆谦、富安等人，罪责难逃，不得不投奔梁山。

C. 因为林冲已认识到反动统治阶级的残暴本质，对它不再抱有任何幻想。

D. 反动统治者一“逼”再“逼”，“逼”之不已的结果，也是尖锐的矛盾斗争发展的必然结果。

3. 写出下列人物对应的绰号。

林冲	宋江	吴用	柴进
卢俊义	鲁智深	武松	李逵

金圣叹评点《水浒传·林教头风雪山神庙》(节选)

只说林冲就床上放了包裹被卧，(细细写。)就坐下生些焰火起来。(火字渐写得大了。题是火烧草料场，读者读至老军向火，犹不以为意也；及读至此处生些焰火，未有不动心，以为必是因此失火者；而孰知作者却是故意于前边布此疑影，却又随手即用将火盆盖了一句结之，令后火全不关此。妙绝之文也。)屋后有一堆柴炭，拿几块来，生在地炉里。仰面看那草屋时，四下里崩坏了，又被朔风吹撼，摇振得动。(如画，便画也画不来。第一段先写寒意，第二段写身上寒，第三段方写到酒。)林冲道：“这屋如何过得一冬？待雪晴了，去城中唤个泥水匠来修理。”向了一回火，(火字奕奕。)觉得身上寒冷，(第二段写身上寒。)寻思却才老军所说，(语意妙。正不知文生情，情生文也。)二里路外有那市井，何不去沽些酒来吃？(第三段方写到酒。只此一段，何等段落。)便去包裹里取些碎银子，把花枪挑了酒葫芦，(花枪挑葫芦。人看至此名，虽极英灵者，只谓手冷故用枪挑耳。岂知顷间之用之。)将火炭盖了，(写出精细，见非失火，前许多火字，都是假火，此句一齐抹倒，后重放出真正火字来。)取毡笠子戴上，拿了钥匙，出来，把草厅门拽上；出到大门首，把两扇草场门反拽上锁了；带了钥匙，信步投东，雪地里踏着碎琼乱玉，迤逦背着北风而行。那雪正下得紧。

辛德勒名单(节选)[①]

[澳大利亚]托马斯·肯尼利

101. 外景　街头　白天

天空中笼罩着一层浓重的黑雾，一群波兰儿童在街头无忧无虑地玩耍。雪花似的东西纷纷从天空飘落，在街道、汽车、行人身上布上了厚厚的一层。辛德勒走出他的寓所，抬头看了看这莫名的东西，十分诧异。他走到轿车旁，从引擎盖上拢起一把在手里捻了捻。那不是什么雪，那是骨灰……

102. 外景　郊外　白天

(字幕)1944年4月，楚荷华革乐卡。德国当局命令高斯[②]挖出被屠杀的犹太人的尸体，进行焚化。普拉斯佐和克拉科夫被杀的犹太人超过1万。

焚烧尸体产生的浓烟遮天蔽日，德国官兵命令犹太人用铁镐挖掘自己同胞的尸体。这些尸体被送上传送带，投进焚尸炉。烧焦的尸体堆得像小山一样。一个德国军官目睹这一切，发疯似的狂吼着，他被眼前发生的事逼疯了，他只会握着手枪冲焚尸堆叭叭地开枪。只见一辆辆载着尸体的小推车来回奔跑。辛德勒和高斯站在小土丘上，这里可以俯视整个焚尸场。

高　　斯　你能相信吗？好像怕我闻不着似的，头儿叫我做这种事，我必须挖出这些尸体，然后进行焚化，这真没有搞头。顺便说一句，所有犹太人不久都要被送到奥斯威辛集中营。

辛德勒一听这话，连忙转过身，注视着高斯。

辛 德 勒　什么时候动身？

高　　斯　我不知道。我安排好运输工作就送他们走。这大约需要三四十天时间。

辛德勒回过头，看着眼前正在发生的这一幕，陷入了沉思。

103. 内景　伊特兹哈克[③]的办公室　白天

辛德勒又在偷偷与伊特兹哈克会面。

---

① 节选自《辛德勒名单》(上海译文出版社，2009年版)，冯涛译，有改动。德国工厂主奥斯卡·辛德勒原是纳粹分子，他利用与冲锋队头目的关系大发战争财。奥斯卡·辛德勒在他创办的搪瓷厂里雇佣犹太人作为最廉价的劳工。1943年，目睹克拉科夫犹太人遭受血腥屠杀，奥斯卡·辛德勒良心发现，设法竭尽所能保护犹太人。在第二次世界大战期间，他保护了1 000多名犹太人免遭法西斯杀害。战争结束后，这些获救的犹太人把一份自发签名的证词交给他，以证明他并非战犯，并打制了一枚金戒指送给他，戒指上镌刻着一句犹太人的名言："凡救一命，即救全世界。"

② [高斯]管理克拉科夫犹太人居住区集中营的军官，贪婪凶残。 ③ [伊特兹哈克]犹太人，战前在一家公司当会计。奥斯卡·辛德勒筹办德国搪瓷公司的合作者，暗中帮助了许多犹太人。

辛　德　勒　我和高斯谈过。

伊特兹哈克　我知道目的地，这次是撤退命令。我一安排好运输就搭最后一班列车走。

辛　德　勒　我本来不想告诉你，我让高斯答应我为你说情，到了那边你会受到特别待遇。

伊特兹哈克（苦笑了一下）　柏林传来的命令提到过所谓的“特别待遇”，你不是指那个吧？

辛　德　勒　现在暂时就讲“特别待遇”吧。难道一定要用新词汇吗？

伊特兹哈克　我想有这个必要，我猜你是要我留下来。

辛　德　勒　留在克拉科夫干什么？

伊特兹哈克　你有生意要经营。你要雇新的工人，当然是波兰人。工资虽然高，但是……（他停顿了一下）你今后打算做什么？

辛　德　勒　过去是你帮我经营。今后，我不会再做什么生意，我要回家。我想做的早已做到了，我赚的钱一辈子也花不完。

辛德勒点燃一支香烟，深情地望着这位老搭档。伊特兹哈克也用同样的目光凝视着他。

辛　德　勒　总有一天，这一切都会结束。我本来想说到时候，我们来喝一杯酒。

辛德勒眼中已噙满了泪水。

伊特兹哈克　我想还是现在喝比较好，要不然就来不及了。

辛德勒为二人倒了两杯酒，伊特兹哈克已不再像以前那样犹豫，一口就干掉了。

……

105. 外景　高斯的阳台上　白天

辛德勒权衡良久，最终作出决定要尽力挽救那些即将遭灭顶之灾的犹太人。他先找到高斯，把自己早已经想好的主意巧妙地告诉了他。

高　　　斯（听后异常惊讶）　我不明白现在你还要这些人干什么。

辛　德　勒　他们本来就是我的工人，我需要他们。

高　　　斯　得了吧。你以为自己是救世主摩西[①]么？

辛　德　勒　这会是一笔好生意，绝对能赚够钱。

高　　　斯　依你的主意，你必须把犹太人和设备通通搬到捷克，然后建一个新营。这说不通。

辛德勒刚要开口解释，高斯抬头止住了他。

高　　　斯　你一定有事情瞒着我。

辛　德　勒　这是对我们大家都有好处，我了解他们，而且不必再训练他们。

高　　　斯　这说明不了什么。

辛　德　勒　对了，这对军方特别有利。

---

① ［摩西］摩西是犹太人的先知，旧约《圣经》前五本书的执笔者。带领在埃及过着奴隶生活的以色列人，到达神所预备的流着奶和蜜之地——迦南（巴勒斯坦的古地名，在今天约旦河与死海的西岸一带），拥有众多的崇拜者。

高　　斯　这我清楚。

辛 德 勒　你知道我要生产什么？是炮弹。

高　　斯　许多工厂都在制造这东西，这不足为奇。

辛 德 勒　那我们就做坦克炮弹，这样皆大欢喜。

高　　斯　皆大欢喜吗？可我除外。我的意思是，你在骗我。如果我赚40万，你一定会赚300万。如果你承认赚了300万，那一定是400万。

辛 德 勒　我刚才已经告诉过你原因了。

高　　斯　你说的肯定不是真的。不过，你不用再跟我解释了，我同意你的计划，但我猜不透你的动机，这让我很恼火。

辛 德 勒　你告诉我什么对你最有价值？一条命能值多少钱？

高　　斯　你觉得能值多少钱呢？

106. 内景　伊特兹哈克的办公室　白天

（特写镜头）打字机啪啪地轻响，打印纸上，一个个熟悉的人名不断出现：卓斯纳、维恩、罗斯纳……辛德勒叼着香烟在一边口述，伊特兹哈克紧张地做着记录。

辛 德 勒　波尔德……费佛堡、蜜拉·费佛堡、保罗·史达吉……所有的儿童。（他走到伊特兹哈克的背后）有多少人了？

伊特兹哈克　400，不，450。

辛 德 勒　不够，还要，还要。

107. 外景→内景　白天

辛德勒拎着一只皮箱从汽车中钻了出来。

［镜头切至106］

辛德勒仍在继续列他的名单。

［镜头切至105］

高斯的办公室里，他打开那只皮箱，用颤抖的双手抚摸着一沓沓崭新的钞票。

［镜头切至106］

伊特兹哈克和辛德勒忙得满头大汗。

辛 德 勒　现在有多少人了？

伊特兹哈克　大约有600人了。

辛 德 勒　还不够。

108. 内景　服装加工厂　白天

辛德勒正在劝说服装厂老板加入他的行列。

（辛德勒的声音提前进入）

辛 德 勒　你如果按我所说的去做，就会赚更多的钱。

老　　板（使劲摇着头）　我不相信。

辛 德 勒　你只需要为他们提供额外的衣食，可你我的人加起来能够达到4000。这样，他们就可以安全地生活了。

老　　板　不行，这绝对不行。

[镜头切回至106]

屋里烟雾缭绕，桌上满是烟蒂，辛德勒在查看伊特兹哈克的名单，嘴里还叼着一根烟。

伊特兹哈克 你究竟抽了多少烟?

辛 德 勒 很多。

伊特兹哈克(不住的咳嗽):你抽一支，我至少抽了半支。

[镜头切回至108]

老 板 我已经尽力了。

辛 德 勒 你所做的还远远不够。

老 板 我已经山穷水尽了。

辛 德 勒 我对你很不满意。

[镜头切回至106]

辛 德 勒 报下数目。

伊特兹哈克 850人左右。

辛 德 勒 什么左右，数清楚，到底有多少?

辛德勒捏着伊特兹哈克递过来的名单，一张张仔细地查看。

辛 德 勒 把最后一张填满。

他把名单递给伊特兹哈克。

伊特兹哈克 对这件事，高斯会怎样说? 你只告诉他需要多少人，事就成了?(他好像突然明白了什么，停下手里的活儿，扭过身，盯着辛德勒)

辛 德 勒 如果你还在那儿做事，必须会劝我不要这样做。这事确实耗资巨大。好了，不谈这事儿了。哈克，把最后一页打完，留个空。

名单终于打印完毕。伊特兹哈克庄重地将最后一页取下，紧握着这叠名单放置在胸前。他表情严肃而神圣。

伊特兹哈克 这名单是绝对的好事，它就意味着生存。

109. 内景 高斯的办公室 白天

高 斯(提前进入) 这页下面有个错误。

他指着辛德勒交给他的名单。

辛 德 勒 没有错。我是想补一个名字，像她这样训练有素的犹太女佣(插入画面——海伦在地下室忙这忙那)现在可不好找啊。

高 斯 不，绝对不行。

辛德勒没有理会高斯的反应。他从兜里掏出一副扑克，慢条斯理的洗着，然后啪地扔到高斯的办公桌上。

辛 德 勒 赌一把21点怎么样?

高 斯(坚决地) 不。

辛 德 勒 你如果赢了，我给你7 400马克。如果刚开牌就21点，我给你14 800马克。要是我运气好，那海伦就上我的名单。

高　　斯（站起身）　不，我不能拿海伦做赌注。

辛 德 勒　为什么？

高　　斯　这样做不道德。

辛 德 勒　难道你忍心让海伦在奥斯威辛集中营受折磨？

高　　斯　我绝不会那么做。我会带她回维也纳，我需要她，她能使我得到解脱。与她白头偕老是我的梦想。

辛 德 勒　你疯了？阿蒙，你不能带她回维也纳。

高　　斯（仿佛大梦初醒一般）　噢！你看我在想些什么，这当然不可能。如果我是人，还有恻隐之心的话，就会在林子里给她一枪，免得她遭受更多痛苦。我想我力所能及的只有这些。

辛德勒失望至极，无可奈何的伸手去抓牌，高斯突然拦住了他，用手指了指。

高　　斯　你说开牌21点给多少来着？14 800马克吗？

110. 外景　集中营操场　白天

高斯的手下按着辛德勒的名单挑选符合条件的犹太人。人们满怀希望而又忐忑不安地来到登记台核对姓名。"我们是卓斯纳一家"，"唐娜达查雅"，"我们是罗斯纳兄妹"……最后露面的是海伦……

单上有名的自然兴高采烈，因为他们清楚，上了名单等于挣扎了死神的怀抱。

（背景音——喇叭在不停地广播）男人上这列车，女人上那列车，脚步要小心。

黑压压的人群按次序挤进了车厢……

111. 外景→内景　转营途中　白天

满载犹太人的列车满载着希望在白茫茫的荒原上飞驰。车厢内黑暗寒冷，拥挤不堪。人们头顶上传递着一只杯子，最后递给了伊特兹哈克。奥立克[①]站在窗口，伸手掰下从车顶垂下的冰柱递给伊特兹哈克。

伊特兹哈克　干得好，奥立克。

他把冰块扔进杯子。

伊特兹哈克　我来教你一个化冰为水的诀窍。

他使劲摇晃着杯子。

伊特兹哈克　奥立克，再取块冰来。

112. 外景　捷克　布努利兹车站　白天

辛德勒的家乡。火车缓缓驶入小站。站台上，德国士兵全副武装。车门被打开了，刺眼的阳光照射进来，车里的人打量着这陌生的地方。在士兵的督促下，犹太人爬出狭小的车厢，列队站好。

这支小分队的指挥官讨好似的与辛德勒搭讪。

军　　官　看来这些工人让阁下很高兴。巴辛德集中营在我的指挥下，让每一位营区指挥官羡慕，当然俘虏在这里别想过好日子。

---

① ［奥立克］犹太男孩。

辛德勒没搭理他，找了个借口走开了。他示意站在高台上监视犹太人的德国士兵走开。辛德勒站在那里向人们宣布：满载妇女的列车已离开普拉斯佐集中营，很快就会到这儿。我知道你们长途劳累，但这儿离工厂还要走一段路，我们在哪儿准备了热汤和面包。

113. 内景　满载妇女的车厢　白天

女人们的心里充满了美丽的幻想，她们中有人甚至在谈论安息日的菜谱——豆子、面包、肉、洋芋、鸡蛋以及各种各样的作料。海伦独自望着窗外，她忽然看到车外的雪地上，一个男孩冲着她咧着嘴，做了个杀头的动作。她心中一颤，一种不祥之兆油然而生。

114. 外景　奥斯威辛集中营　入夜

满载妇女的列车鬼使神差般地驶入这个传说中的"地狱"，士兵们荷枪实弹早已在站台等候。车厢里一双双期待的眼睛充满了恐惧，她们感觉有些不对劲儿，刚才的兴奋之情一下就烟消雾散了。狗仔狂吠，人在喧哗。车外天寒地冻，飘着鹅毛大雪，妇女们披着单衣颤抖地钻出车厢。在德国士兵的呵斥声中，她们排成一行，低着头，大气都不敢出。有些胆大的女工偷偷环视四周，她们搞不明白，辛德勒和那些男人呢？那些名单又在哪儿？天漆黑一片，周围死气沉沉，只能听见狗吠以及人的吆喝声。远远可以看到冒着黑烟的烟囱。德国士兵开始逼着女人们加快脚步，她们小跑着，生怕掉队。她们不知道会跑到什么地方，更不知道这是什么所在，心中只感到阵阵恐惧，她们清楚这不是什么好地方。

[镜头切至辛德勒的办公室]

只见辛德勒急匆匆地跑出办公室，门外的女秘书和伊特兹哈克惊讶地看着他，不知道发生了什么事。

辛　德　勒　女工们被运到了奥斯威辛集中营。就因为文件上的错误，列车根本就没有往这里开。

他边穿着大衣，边赶了出去。

[镜头切回奥斯威辛集中营]

女工们先是在相貌凶恶的女军官的威逼下剪去长发。接着又不得不脱光衣服，在鞭子的驱赶下提心吊胆地相拥着挤进一间挂满水龙头的大棚屋。只见门牌上写着："消毒清洗室"。

她们赤身裸体，抬头望着那些可怕而且神秘的水龙头，望着四周阴森可怖的棚壁，无法预料即将发生什么。"嘭"的一声，铁门被重重地关上了。仅有几盏灯突然熄灭，人群中响起一片尖叫声。女工们紧紧抱在一起，是绝望，还是濒临死亡的挣扎？她们颤抖着，是恐惧，还是寒冷？她们能做的只有紧闭双眼，紧咬嘴唇，默默祈祷。棚屋里猛然变得灯火通明，刺眼的聚光灯下，冰冷的水龙头仿佛一张张巨大的血盆大口要吞没这骚动的人群。冷不防，水龙头喷出一股股水流，女人们又发出一阵尖叫，只见水花四溅，女人们四处躲避，死神仿佛已经降临。可不一会儿，她们逐渐感到这只是普普通通的水，根本不是什么毒液。她们又如跃出了地狱的牢门，变得轻松自如。刚才还为之失色的"液体"一下子又像甘露一样变得可贵，许多人因又一次逃离劫难而抱头痛哭。

115. 外景　奥斯威辛集中营操场　白天

死里逃生的女人们冒着大雪走出地狱般的消毒室，她们有如做了一场噩梦，不敢相信这是真的。铁丝网对面有一群犹太人手牵手，悄无声息的走入那间消毒室。海伦深深地看了他们一眼，心里暗暗为他们祷告。他们有女工们这样幸运吗？

女工们在宿舍前排好队，接受新上司的“检阅”。

奥营的指挥官用手指点了点犹太老太太。

指挥官（“和蔼”地）：老人家多少岁数了？

老　　人　68了。

克 拉 娜（偷偷地）　他们说死在电网上算是善终。

卓 斯 纳　克拉娜，不要投电网自杀，否则你不会知道以后的遭遇。

指 挥 官　这位老妈妈，你多大了？

老 太 太　你们弄错了，我们不该到这来，我们是辛德勒的犹太人。

指 挥 官（问身边的人）　辛德勒是谁？

军　　官　他在克拉科夫有工厂，是个做搪瓷的。

指 挥 官（不屑地）　哦！是个做锅子的。

116. 内景　主管犹太人事务官的办公室

将军正在翻阅辛德勒递过来的那些名单。辛德勒坐在他的对面冷冷地盯着他。他试图劝说这位将军交出那些女工们。

将　　军　你怎么知道我会帮你？要知道，需要劳动力的工业家不只你一个，辛德勒先生。我记得，今年初有个法尔堡公司为化工厂订了整整一列车匈牙利人，可火车刚经过拱桥，负责挑选的军官命令立即停车，搞走两千人直接享受“特别待遇”。我从不干涉这里的作业过程。

辛 德 勒　请允许我说明原因。

说着，他将一小袋钻石倒在将军面前的办公桌上。

辛 德 勒　我没有任何批判你的意思，我只知道在未来的几个月里，我们都需要发顺手财。

将　　军　我可以下令逮捕你。

辛 德 勒　你应该知道我有强大的靠山。

将　　军　我可没说我就一定能够帮你，我只是觉得这东西放在桌上令我不舒服。

将军忙不迭地仔细捏起一粒粒钻石，塞进自己兜里。

将　　军　明天这里会运来一批俘虏，我分300人给你，他们都是新俘虏，身强力壮，充满活力。等列车一到，我将命令火车掉头，他们就是你的了。

辛 德 勒　我只想要回我名单上的人，因为她们对我非常重要。

将　　军　你不应该指名要人。（他意味深长地看了辛德勒一眼）那会增加文书作业的负担。

117. 外景　奥斯威辛集中营的操场　白天

文书按手中的名单点名要人。核实过的人在胸前做上了记号，然后在士兵的推搡下挤入列车。几个德国士兵正试图把孩子们从队伍中拉出来，卓斯纳猛然冲上去同德国士兵厮打起来，人们都奋不顾身地冲了上去。辛德勒看到这一幕，一个箭步冲了过去。两名士兵试图拦住他。

辛　德　勒　你们要干什么？这些都是我的人，我的工人应该上我的列车。她们都是熟练的工人，对我极为有用。

他一把将丹嘉推到德国士兵面前，抓起她的手放在他们面前。

辛　德　勒　她们的手指可以伸进弹壳内上蜡，我们的手怎么伸得进去？你有本事告诉我，你的手也伸得进去。

德　　　军（无可奈何地）　那就听你的吧。

看到他的人都安全地装运上车，辛德勒长出了一口气。他目送着火车驶出这个人间地狱。

品味探究

1. 辛德勒本是一个纳粹分子，是一个大发战争财的商人，是什么原因使他把自己从兽性中解救出来，让人性的善良又回到自己身上？

2. 电影剧本都是由一个一个的场景组成的，这些场景通过具体的描写展开情节、表现主题、刻画人物。请选择一两个场景，分析其描写的具体方法及作用。

课后练习

1. 给下列加点的字注音。

缭绕　　濒临　　恻隐之心　　推搡

烟蒂　　忐忑不安　　暮霭　　漱口

2. 依次填入下列横线处的，恰当的一项是（　　）

(1) 辛德勒权衡良久，最终作出决定要尽力挽救那些________遭灭顶之灾的犹太人。

(2) 近年来保险业改革发展取得了令人瞩目的成就，但仍然不能满足经济社会发展的________，必须在理念、产品和销售创新上下工夫，千方百计地扩大保险的覆盖面。

(3) 辛德勒看到这一幕，一个箭步冲了过去。两名士兵________拦住他。

A. 行将　须要　妄图　　　B. 行将　需要　试图

C. 即将　需要　试图　　　D. 即将　须要　妄图

《辛德勒名单》奥斯卡颁奖词

很难有一部电影能够达到《辛德勒名单》这样简直令人无法挑剔的完美。应该说，它的存在是电影的一种永恒。奥斯卡金像奖，只是它的一个褪色的陪衬。

《辛德勒名单》是犹太导演斯皮尔伯格对第二次世界大战期间德国纳粹屠杀600万犹太人惨剧的回顾，影片以悲观阴郁的基调和富于强烈戏剧张力的惊悚元素，透过主人公辛德勒的眼睛，重回第二次世界大战时波兰的克拉科夫，带领人们经历这个城市从繁荣到废墟的全过程，同时在那个没有人性的年代中努力寻找人性的微芒，最终揭示了一个主题——人类的良知在任何恶劣的境况中都不会完全泯灭。

值得一提的是，斯皮尔伯格并不想以历史仇恨或历史批判的眼光来处理这个题材，不是要揭开历史的伤疤，加深它的痛楚，他只是想通过讲述一个普通人在充满敌意和荒谬的世界中挣扎的故事，来检视这个事件及其对当事人以及整个时代的影响，并且将这个影响化做忠诚的记录与忠告，安慰逝去的灵魂，警醒幸存者。

战争已经结束，光明已经来临，没有什么是永恒而不可化解的，世人应谨记犹太人为了感恩而送给辛德勒的戒指，还有上面一那句古老的希伯来经文：凡救一命，即救全世界。

《辛德勒名单》深刻地揭露了德国法西斯屠杀犹太人的恐怖罪行，并且具有极高的艺术性，它的思想的严肃性和非凡的艺术表现力都达到了难以超越的深度。我们为它颁发奥斯卡大奖，对于影片的成就来说，这是当之无愧的。而斯皮尔伯格也以此片第一次夺得了奥斯卡最佳导演奖，对于他的才华来说，这是一份迟到的肯定。

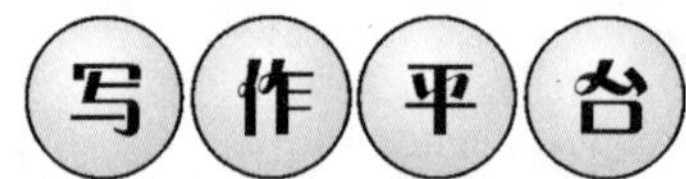

追逐梦想　学习横向展开议论

话题探讨

梦想，是春天的花蕾期待绽放，是夏天的鸣蝉准备放歌，是秋天的果实等待饱满，是冬天的小草渴望发芽。梦想是一种挥之不去的感觉，是深藏在人们心底的最强烈的渴望。

梦想的含义很宽泛，它可以是一个遥远的神话，让人们不可追寻；也可以是一个小小的愿望，让人触手可及。无论梦想是什么，人生都不能没有它。

《山海经》记载："夸父与日逐走，入日。渴，欲得饮，饮于河、渭，河、渭不足，北饮大泽。未至，道渴而死。弃其杖，化为邓林。"夸父为追逐理想，锲而不舍，永不放弃，直至献出自己的生命。夸父逐日不仅仅是一个神话，更是一种意志、一种精神，激励后世永不言弃。

美国密苏里州有一个3岁的小男孩乔丹，有天晚上突然被刺鼻的烟雾熏醒。他一看，家里着火了，浓烟滚滚，火苗乱窜。他没有被吓哭，而是用一条湿毛巾捂住鼻子，叫醒父母，使一家人幸免于难。媒体报道后，这个3岁的男孩成了明星，妈妈自豪地告诉记者："儿子的消防知识都是从他爷爷那里学来的，乔丹的爷爷是个经验丰富的消防员。"乔丹最大的理想就是长大后能像爷爷那样做一名出色的消防员。他的父母也常常鼓励他，要为自己的理想而奋斗。在许多人看来，乔丹的梦想只能用"胸无大志"来形容，然而，正是这个"胸无大志"的小男孩，让我们惊叹不已。

在威斯敏斯特教堂旁边，矗立着一块墓碑，上面刻着一段非常著名的话：

"当我年轻的时候，我梦想改变这个世界；当我成熟以后，我发现我不能够改变这个世界，我将目光缩短了些，决定只改变我的国家；当我进入暮年以后，我发现我不能够改变我的国家，我的最后愿望仅仅是改变一下我的家庭，但是，这也不可能。当我现在躺在床上行将就木时，我突然意识到：如果一开始我仅仅去改变我自己，然后，我可能改变我的家庭；在家人的帮助和鼓励下，我可能为国家做一些事情；然后，谁知道呢？我甚至可能改变这个世界。"

这段话给了你怎样的启发？在你的成长过程中，一定有过许多梦想，说出来，和同学们交流一下。也许你的梦想就像夜空中的星星，你永远不能触摸到它，但请相信借着它的清辉，即使在漆黑的大海里航行，你也不会迷失方向。人生不能没有梦想。

写法借鉴

下面结合"追逐梦想"这个话题，讨论一下怎样横向展开议论。

先读一下周国平的《好梦何必成真》一文。

好梦成真——这是现在流行的一句祝福语，人们以此互相慷慨地表达友善之意。每当听见这话，我就不禁思忖：好梦都能成真，都非要成真吗？

有两种不同的梦。

第一种梦，它的内容是实际的，譬如说，梦想升官发财，梦想娶一个倾国倾城的美人或嫁一个富甲天下的款哥，梦想得诺贝尔奖金，等等。对于这些梦，弗洛伊德的定义是适用的：梦是未实现的愿望的替代。未实现不等于不可能实现，世上的确有人升了官发了财，娶了美人，嫁了富翁，或得了诺贝尔奖金。这种梦的价值取决于它能否变成现实，如果不能，我们就说它是不切实际的梦想。

第二种梦，它的内容与实际无关，因而不能用能否变成现实来衡量它的价值。譬如说，陶渊明梦见桃花源，鲁迅梦见好的故事，但丁梦见天堂，或者作为普通人的我们梦见一片美丽的风景。这种梦不能实现也不需要实现，它的价值在其自身，做这样的梦本身就是享受，而记载了这类梦的《桃花源记》、《好的故事》、《神曲》本身便成了人类的精神财富。

所谓好梦成真往往是针对第一种梦发出的祝愿，我承认有其合理性。一则古代故事描绘了一个贫穷的樵夫，说他白天辛苦打柴，夜晚大做其富贵梦，奇异的是每晚的梦像连续剧一样向前推进，最后好像是当上了皇帝。这个樵夫因此过得十分快活，他的理由是：倘若把夜晚的梦当成现实，把白天的现实当成梦，他岂不就是天下最幸福的人！这种自欺的逻辑遭到了当时人的哄笑，我相信我们今天的人也多半会加入哄笑的行列。

可是，说到第二种梦，情形就很不同了。我想把这种梦的范围和含义扩大一些，凡组成一个人的心灵生活的东西，包括生命的感悟、艺术的体验、哲学的沉思、宗教的信仰，都可归入其中。这样的梦永远不会变成看得见、摸得着的直接现实，在此意义上不可能成真。但也不必在此意义上成真，因为它们有着与第一种梦完全不同的实现方式，不妨说，它们的存在本身就已经构成了一种内在的现实，这样的好梦本身就已经是一种真。对真的理解应该宽泛一些，你不能说只有外在的荣华富贵是真实的，内在的智慧教养就是虚假的。一个内心生活丰富的人，与一个内心生活贫乏的人，他们是在实实在在的意义上过着截然不同的生活。

我把第一种梦称作物质的梦，把第二种梦称作精神的梦。不能说做第一种梦的人庸俗，但是，如果一个人只做物质的梦，从不做精神的梦，说他庸俗就不算冤枉。如果整个人类只梦见黄金而从不梦见天堂，那么即使梦想成真，也只是生活在铺满金子的地狱里而已。

读完这篇文章后，列一份结构提纲，理一理文章的思路。

很显然，这篇文章，一开头就用一个反问句点明了文章的主旨：好梦不必都成真。接着介绍生活中有两种不同的梦，然后针对这两种不同的梦，分析其成不成真的意义。文章的论述始终是按横向议论的方式展开的：第一种梦是什么，第二种梦是什么；第一种梦（物质的梦）的价值取决于能否变成现实，不切实际只能遭人哄笑；第二种梦（精神的梦）的存在本身就已经构成了一种内在的现实，本身就已经是一种真，拥有这种真，你就是一个富有的人。

横向展开议论，是围绕一个观点，在同一个层面上，从不同的角度展开议论。不同的角度之间是一种并列关系，平行展开，互不交叉。这样展开议论，能使文章思路清晰、条理分明，使议论气势恢弘，给人以强烈的震撼。

写作练习

1. 请根据你对以下材料的理解和体会，选准角度，写一篇作文。

孙悟空的筋斗云、哪吒的风火轮，都是神奇想象的产物，寄寓了人类渴求飞速行进的美好愿望。谁能想到，晚清幻想小说《新中国》预言百余年后在上海陆家嘴一带举办万国博览会，法国科幻小说家凡尔纳梦想“从地球到月球”，在今天会成为现实？幻想源自人类的求知本能，展现了人类非凡的想象力。幻想推动现实，幻想照亮生命，幻想是快乐的源泉……

2. 阅读下面的材料，按要求作文。

与梦想相伴，能使荒漠上升起一片绿色，空白处填充一片色彩，孤独时呈现一片活力。与梦想相伴，大地就会多一分生机，生命就会多一分鲜活，心灵也就会多一分慰藉。与梦想相伴，前程会更加光明。

你对“与梦想相伴”有什么体会或认识呢？请以“与梦想相伴”为标题，写一篇作文。

第四单元　精神家园

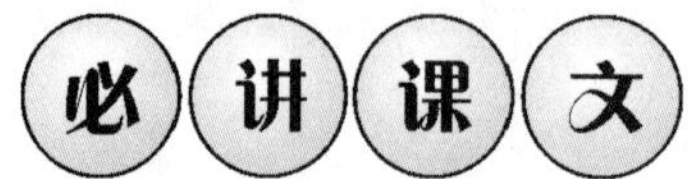

游褒禅山记[1]

王安石

褒禅山亦谓之华山，唐浮图[2]慧褒[3]始舍于其址[4]，而卒葬之；以故其后名之曰“褒禅”。今所谓慧空禅院[5]者，褒之庐冢[6]也。距其院东五里，所谓华山洞[7]者，以其乃华山之阳名之也。距洞百余步，有碑仆道[8]，其文漫灭[9]，独其为文犹可识，曰“花山”。今言“华”如“华实”之“华”者，盖音谬[10]也。

王安石像

其[11]下平旷，有泉侧出，而记游者[12]甚众，所谓前洞也。由山以上五六里，有穴窈然[13]，入之甚寒，问其深，则其虽好游者不能穷也，谓之后洞。余与四人拥火[14]以入，入之愈深，其进愈难，而其见愈奇。有怠[15]而欲出者，曰：“不出，火且尽。”遂与之俱出。盖余所至，比好游者尚不能十一[16]，然视其左右，来而记之者已少。盖其又深，则其至又加[17]少矣。方是时，予之力尚足以入，火尚足以明[18]也。既其出[19]，则或咎[20]其欲出者，而余亦悔其[21]随之而不得极夫游之乐[22]也。

于是余有叹[23]焉。古人之观于天地、山川、草木、虫鱼、鸟兽，往往有得[24]，以其求思之深而无不在也[25]。夫夷以近[26]，则游者众；险以远，则至者少。而世之奇伟、瑰怪[27]、非常之观，常在于险远，而人之所罕至焉，故非有志者不能至也。有志矣，不随以止[28]也，然力

---

① 选自《临川先生文集》(中华书局上海编辑所点校本，1959 年版)。褒禅山，在今安徽含山县城东北。王安石(1021～1086)，字介甫，北宋临川(今江西临川)人。政治家、文学家、思想家，唐宋八大家之一。 ② [浮图]梵(fàn)语音译词。又作“浮屠”“佛图”。指佛教、佛教徒、佛塔等。这里指和尚。 ③ [慧褒]唐代高僧。 ④ [舍于其址]在它的脚下筑屋而居。址，建筑物等的基础，这里指山脚。 ⑤ [慧空禅院]寺院名。明代建为华阳寺。禅院，佛寺。 ⑥ [庐冢(zhǒng)]屋舍和坟墓。庐，这里指慧褒死后，他的弟子为守护慧褒的坟墓而盖的房舍。 ⑦ [华山洞]据南宋王象先《舆地纪胜》记载及下文文意，应为“华阳洞”。 ⑧ [仆道]倒在路上。 ⑨ [其文漫灭]碑文(因受磨损，侵蚀而变得)模糊不清。文，指碑文。 ⑩ [音谬]读音错了。“华”是“花”的古字。作者认为据碑文可知“华山”实即“花山”，今人读“华山”为“华实”的“华(huá)”，大概是把音读错了。谬，错误。 ⑪ [其]指上文所说的“华山洞”。 ⑫ [记游者]指在洞壁上题字留念的人。 ⑬ [窈(yǎo)然]幽暗深远的样子。 ⑭ [拥火]拿着火把。拥，持，拿。 ⑮ [怠]懒惰，指懒于前进。 ⑯ [不能十一]不到十分之一。 ⑰ [加]更加，更。 ⑱ [明]这里用作动词。照明。 ⑲ [既其出]已经出洞之后。其，助词，无实在意义。 ⑳ [咎]责怪。 ㉑ [其]这里指自己。 ㉒ [不得极夫游之乐]不能尽情享受游玩的乐趣。极，尽情享受。 ㉓ [叹]感慨。 ㉔ [得]心得，收获。 ㉕ [以其求思之深而无不在也]因为古人探求、思考得非常深刻周密，没有触及不到的地方。 ㉖ [夷以近](路)平坦而且近。以，而。 ㉗ [瑰怪]瑰丽奇特。 ㉘ [不随以止]不盲目跟随别人而停止前进。

不足者，亦不能至也。有志与力，而又不随以怠，至于幽暗昏惑①而无物②以相③之，亦不能至也。然力足以至焉④，于人为可讥，而在己为有悔；尽吾志⑤也而不能至者，可以无悔矣，其孰能讥之乎？此余之所得也。

余于仆碑，又以悲夫古书之不存，后世之谬其传而莫能名者，何可胜道也哉⑥！此所以学者不可以不深思而慎取之也。

四人⑦者，庐陵萧君圭君玉⑧，长乐王回深父⑨，余弟安国平父⑩、安上纯父⑪。至和元年⑫七月某⑬日，临川王某记。

（清）弘仁　江山无尽图

品味探究

1. 这篇记游的写法与一般游记有什么不同？读完课文，你对褒禅山的自然风景有印象么？你怎样理解和看待文中的“记游”和“说理”之间的关系？

2. 背诵课文第3段，说说做成一件事需要具备哪些条件？

课后练习

一、解释下列句中加点的词语。

1. 唐浮图慧褒始舍于其址，而卒葬之

2. 有碑仆道，其文漫灭，独其为文犹可识

---

① ［幽暗昏惑］幽深昏暗，叫人迷乱（的地方）。 ② ［物］外物，外力。 ③ ［相（xiàng）］辅助，帮助。 ④ ［力足以至焉］下面省去“而不至”之类的话。意思是力量足以达到那里（却没有达到）。 ⑤ ［尽吾志］为实现自己的志向尽最大的努力。 ⑥ ［余于仆碑，又以悲夫古书之不存，后世之谬其传而莫能名者，何可胜道也哉］我又从倒在道路上的古碑（产生了联想），因此而感叹由于古书的散失，使后代人以讹传讹而不能弄清真相的这类事情，怎么能够说得尽呢？谬其传，错误地传下去。其，指古书。莫能名，不能弄清真相。胜道，说清楚，说明白的意思。 ⑦ ［四人］指同游的四人。 ⑧ ［萧君圭君玉］萧君圭，字君玉。 ⑨ ［王回深父（fǔ）］王回，字深父。宋代理学家。父，古代男子美称，后多用于男子的表字。下文“平父”“纯父”的“父”同。 ⑩ ［安国平父］王安国，字平父。 ⑪ ［安上纯父］王安上，字纯父。 ⑫ ［至和元年］公元1054年。至和，宋仁宗年号。 ⑬ ［某］古人作文起稿，写到自己的名字时，往往只用“某”代替（或在“某”上冠姓），以后誊写时才把姓名写出。根据书稿编的文集，也常保留“某”的字样。

3. 余与四人拥火以入……火且尽

4. 盖其又深，则其至又加少矣

5. 既其出，则或咎其欲出者

6. 何可胜道也哉

二、辨析下列词的不同意义或用法。

道

1. 距洞百余步，有碑仆道

2. 得道者多助

3. 何可胜道也哉

观

1. 古人之观于天地、山川、草木、虫鱼、鸟兽，往往有得

2. 可远观而不可亵玩焉

3. 世之奇伟、瑰怪，非常之观，常在于险远

得

1. 此余之所得也

2. 往往有得

莫

1. 后世之谬其传而莫能名者，何可胜道也哉

2. 一夫当关，万夫莫开

三、翻译下列句子。

1. 有志矣，不随以止也，然力不足者，亦不能至也。

译文：

2. 尽吾志也而不能至者，可以无悔矣。

译文：

《游褒禅山记》的写作技巧是比较高明的。既然文章的重点不在记游，而在写游览中的心得体会，所以在材料的取舍上及行文的组织安排上，是颇费一番切磋琢磨之功的。作者在记游中，处处为写心得体会搭桥铺路，使记游与心得体会十分和谐自然地结合起来。文章开头“褒禅山亦谓之华山”一句，看来只是叙说褒禅山的原委，平平淡淡，并不新奇。但细加玩味，却不寻常。它不仅为下文考究褒禅命名的由来起着开拓的作用，而且也把有关全局的“华山”二字凸显出来。作者凸显“华山”，对全文的记游和议论是有着重要作用的。可以设想，倘若读者不了解褒禅山就是“华山”，那么文章题为“游褒禅山记”，而下面所记的，也就是与“华山”不可分割的华山前洞、华山后洞，便失去了根基，令人不可思议。随之游览华山后洞，从而发表议论也将成为不可能。所以首句把“华山”凸显出来，是十分重要的，不可缺少的，它对全文来说，起着先引和铺垫的作用。然而作者又不特意去就“华山”而论“华山”，却以考究褒禅山命名由来的方式来凸显它，这就更显得自然入妙了。从考究褒禅山命名的由来来看，文从字顺，无懈可击；从记游角度来看，又顺理成章，起到了它应有的作用。

——选自《古代散文名作欣赏》

三个小女孩[①]

季羡林

我生平有一桩往事：一些孩子无缘无故地喜欢我，爱我；我也无缘无故地喜欢这些孩子，爱这些孩子。如果我以糖果饼饵相诱，引得小孩子喜欢我，那是司空见惯，平平常常，根本算不上什么“怪事”。但是，对我来说，情况却绝对不是这样。我同这些孩子都是邂逅[②]相遇，都是第一次见面。我语不惊人，貌不压众，不过是普普通通，不修边幅，常常被人误认为是学校的老工人。这样一个人能引起天真无邪、毫无功利目的、二三岁以至十一二岁的孩子的欢心，其中道理，我解释不通，我相信，也没有别人能解释通，包括赞天地之化育的哲学家们在内。

我说这是一桩“怪事”，不是恰如其分吗？不说它是“怪事”，又能说它是什么呢？

大约在上世纪50年代，当时老祖和德华还没有搬到北京来。我暑假回济南探亲。我的家在南关佛山街。我们家住西屋和北屋，南屋住的是一家姓田的木匠。他有一儿二女，小女儿名叫华子，我们把这个小名又进一步变为爱称：华华儿。她大概只有两岁，路走不稳，走起来晃晃荡荡，两条小腿十分吃力，话也说不全。按辈分，她应该叫我“大爷”；但是华华还发不出两个字的音，她把“大爷”简化为“爷”。一见了我，就摇摇晃晃跑了过来，满嘴“爷”、“爷”不停地喊着。走到我跟前，一下子抱住了我的腿，仿佛有无限的乐趣。她妈喊她，她置之不理。勉强抱走，她就哭着奋力挣脱。有时候，我在北屋睡午觉，只觉得周围鸦雀无声，恬静幽雅。“北堂夏睡足”，一枕黄粱，猛一睁眼：一个小东西站在我的身旁，大气不出。

一见我醒来，立即“爷”、“爷”叫个不停。不知道她已经等了多久了。我此时真是万感集心，连忙抱起小东西，连声叫着“华华儿”。有一次我出门办事，回来走到大门口，华华妈正把她抱在怀里。她说，她想试一试华华，看她怎么办。然而奇迹出现了：华华一看到我，立即用惊人的力量，从妈妈怀里挣脱出来，举起小手，要我抱她。她妈妈说，她早就想到有这种可能，但却没有想到华华挣脱的力量竟是这样惊人。大家都大笑不止，然而我却在笑中想流眼泪。有一年，老祖和德华来京小住，后来听同院的人说，在上着锁的西屋门前，天天有两个“小动物”在那里蹲守：一个是一只猫，一个是已经长到三四岁的华华。“可怜小儿女，不解忆长安”。华华大概还不知道什么北京，不知道什么别离，天天去蹲守。她那天真稚嫩的心灵里，不知是什么滋味，望眼欲穿而不见伊人。她的失望，她的寂寞，大概她自己也说不出，只能意会而不能言传了。

---

① 选自《光明日报》，1996年9月11日，有删改。 ② ［邂逅（xièhòu）］偶然遇到。

上面是华华的故事。下面再讲吴双的故事。

上世纪80年代的某一年，我应邀赴上海外国语大学去访问。我的学生吴永年教授十分热情地招待我。学校领导陪我参观，永年带了他的妻子和女儿吴双来见我。吴双大概有六七岁光景，是一个秀美、文静、伶俐的小女孩。我们是第一次见面，她最初还有点腼腆，叫了一声“爷爷”以后，低下头，不敢看我。但是，我们在校园中走了没有多久，她悄悄地走过来，挽住我的右臂，扶我走路，一直偎依在我的身旁，她爸爸妈妈都有点吃惊，有点不理解。我当然更是吃惊，更是不理解。一直等到我们参观完了图书馆和许多大楼，吴双总是寸步不离地挽住我的右臂。一直到我们不得不离开学校，不得不同吴双和她妈妈分手为止，吴双眼睛中流露出依恋又颇有一点凄凉的眼神。从此，我们就结成了相差六七十岁的忘年交。她用幼稚但却认真秀美的小字写信给我。我给永年写信，也总忘不了吴双。我始终不知道，我有什么地方值得这样一个聪明可爱的小女孩眷恋？

上面是吴双的故事。现在轮到未未了。未未是一个十二岁的小女孩，姓贾，爸爸是延边大学出版社的社长，学国文出身，刚强，正直，干练，是一个决不会阿谀奉承的硬汉子。母亲王文宏，延边大学中文系副教授，性格与丈夫迥乎不同，多愁，善感，温柔，淳朴，感情充沛，用我的话来说，就是感情超过了需要。她不相信天底下还有坏人，却是个才女，写诗，写小说，在延边地区颇有点名气。研究的专业是美学、文艺理论与禅学，是一个极有前途的女青年学者。我在北大通过刘烜教授的介绍，认识了她。

她学习十分勤奋。我对美学和禅学，虽然也看过一些书，并且有些想法和看法，写成了文章，但实际上是“野狐谈禅”，成不了正道的。蒙她不弃，从我受学，使得我经常觳觫[①]不安，如芒刺在背。也许我那一些内行人绝不会说的石破天惊的奇谈怪论，对她有了点用处？连这一点我也是没有自信的。

由于母亲在北大学习，未未曾于寒假时来北大一次。她父亲也陪着来了。第一次见面，我发现未未同别的年龄差不多的女孩不一样，面貌秀美，逗人喜爱，但却有点苍白；个子不矮，但却有点弱不禁风；不大说话，说话也是慢声细语。文宏说她是娇生惯养惯了，有点自我撒娇。但我看不像，总之，第一次见面，这个东北长白山下来的小女孩，对我成了个谜。我约了几位朋友，请她全家吃饭。吃饭的时候，她依然是少言寡语。但是，等到出门步行回北大时，却出现了出我意料的事情。

我身居师座，兼又老迈，文宏便扶住我的左臂搀扶着我。说老实话，我虽老态龙钟，但却还不到非让人搀扶不行的地步；文宏这一番心意我却不能拒绝，索性倚老卖老，任她搀扶。倘若再递给我一个龙头拐杖，那就很有点旧戏台上佘太君或者国画大师齐白石的派头了。然而，正当我在心中暗暗觉得好笑的时候，未未却一步抢上前来，抓住了我的右臂来搀扶住我，并且示意她母亲放松抓我左臂的手，仿佛搀扶我是她的专利，不许别人插手。她这一举动，我确实没有想到。然而，事情既然发生——由它去吧！过了不久，未未就回到了延吉。适逢我八十五岁生日，文宏在北大虽已结业，却专门留下来为我祝寿。她把丈夫和女儿都请到北京来，同一些在我身边工作了多年的朋友，为我设寿宴。最后一天，出于玉洁的建议，我们一起共有16人之多，来到了圆明园。圆明园我早就熟悉，六

---

① ［觳觫（húsù）］因恐惧而发抖。

七十年前，当我还在清华大学读书的时候，晚饭后，常常同几个同学步行到圆明园来散步。此时圆明园已破落不堪，满园野草丛生，狐鼠出没，“西风残照，清家废宫”，我指的是西洋楼遗址。当年何等辉煌，而今只剩下几个汉白玉雕成的古希腊式的宫门，也都已残缺不全。“牧童打碎了龙碑帽”，虽然不见得真有牧童，然而情景之凄凉、寂寞，恐怕与当年的明故宫也差不多了。我们当时还都很年轻，不大容易发思古之幽情，不过爱其地方幽静，来散散步而已。

建国后，北大移来燕园，我住的楼房仅与圆明园有一条马路之隔。登上楼旁小山，遥望圆明园之一角绿树蓊郁，时涉遐想。今天竟然身临其境，早已面目全非，让我连连吃惊，仿佛美国作家 Washington Irving 笔下的 Rip Van Winkei，“山中方七日，世上几千年”，等他回到家乡的时候，连自己的曾孙都成了老爷爷，没有人认识他了。现在我已不认识圆明园了，圆明园当然也不会认识我。园内游人摩肩接踵，多如过江之鲫。而商人们又争奇斗艳，各出奇招，想出了种种的门道，使得游人如痴如醉。我们当然也不会例外，痛痛快快地畅游了半天，福海泛舟，饭店盛宴。我的“西洋楼”却如蓬莱三山，不知隐藏在何方了？第二天是文宏全家回延吉的日子，一大早，文宏就带了未未来向我辞行。我上面已经说到，文宏是感情极为充沛的人，虽是暂时别离，她恐怕也会受不了。小肖为此曾在事前建议过：临别时，谁也不许流眼泪。在许多人心目中，我是一个怪人，对人呆板冷漠，但是，真正了解我的人却给我送了一个绰号：“铁皮暖瓶”，外面冰冷而内心极热。我自己觉得，这个比喻道出了一部分真理。但是，我现在已届望九之年。我走过阳关大道，也走过独木小桥，天使和撒旦①都对我垂青过。一生磨炼，已把我磨成了一个“世故老人”，于必要时，我能够运用一个世故老人的禅定②之力，把自己的感情控制住。年轻人，道行③不高的人，恐怕难以做到这一点的。

现在，未未和她妈妈就坐在我的眼前。我口中念念有词，调动我的定力来拴住自己的感情，满面含笑，大讲苏东坡的词：“人有悲欢离合，月有阴晴圆缺，此事古难全”。又引用俗语：“千里搭凉棚，没有不散的筵席”。自谓“口若悬河泻水，滔滔不绝”，然而，言者谆谆，而听者藐藐④。文宏大概为了遵守对小肖的诺言，泪珠只停留在眼眶中，间或也滴下两滴。而未未却不懂什么诺言，也不会有什么定力，坐在床边上，一语不发，泪珠仿佛断了线似的流个不停。我那八十多年的定力有点动摇了，我心里有点发慌，连忙强打精神，含泪微笑，送她母女出门。一走上门前的路，未未好像再也忍不住了，一把抓住了我的胳臂，伏在我怀里，哭了起来。

热泪透过了我的衬衣，透过了我的皮肤，热意一直滴到我的心头。我忍住眼泪，捧起未未的脸，说：“好孩子，不要难过，我们还会见面的！”未未说：“爷爷，我会给你写信的！”我此时的心情，连才尚未尽的江郎也是写不出来的。他那名垂千古的《别赋》中，就找不到对类似我现在的心情的描绘。何况我这样本来无才可尽的俗人呢？我挽着未未的胳

---

① ［撒旦］基督教用语，指魔鬼。 ② ［禅定］佛教禅宗修行方法之一。意思是能够自我控制，不受外界干扰。 ③ ［道行（dào · heng）］僧道修行的功夫，比喻技能本领。 ④ ［言者谆谆，而听者藐藐］说的人很诚恳，听的人却不放在心上。谆，恳切；藐，轻视。

臂，送她们母女过了楼西曲径通幽的小桥，又忽然临时顿悟唐朝人送别有灞桥折柳①的故事。我连忙走到湖边，从一棵垂柳上折下了一条柳枝，递到文宏手中。我一直看她母女俩折过小山，向我招手，直等到连消逝的背影也看不到的时候，才慢慢地走回家来。此时，我再不需要我那劳什子定力，索性让眼泪流个痛快。

三个女孩的故事就讲完了。

还不到两岁的华华为什么对我有这样深的感情，我百思不得其解。

五六岁第一次见面的吴双，为什么对我有这样深的感情，我千思不得其解。

十二岁的下学期才上初中的未未，为什么对我有这样深的感情，我万思不得其解。

然而这都是事实，我没有半个字的虚构。我一生能遇到这样三个小女孩，就算是不虚此生了。

到了今天，华华已经超过40岁。按正常的生活秩序，她早应该"绿叶成荫"了，不知道她是否还记得我这"爷"？吴双恐怕大学已经毕业了，因为我同她父亲始终有联系，她一定还会记得我这样一位"北京爷爷"的。

至于未未，我们离别才几天。我相信，她会遵守自己的诺言给我写信的。而且她父亲常来北京，她母亲也有可能再到北京学习、进修。我们这一次分别，仅仅不过是为下一次会面创造条件而已。

像奇迹一般，在八十多年内，我遇到了这样三个小女孩，是我平生一大乐事，一桩怪事，但是人们常说，普天之下，没有无缘无故的爱。可是我这"缘"何在？我这"故"又何在呢？佛家讲因缘，我们老百姓讲"缘分"。虽然我不信佛，从来也不迷信，但是我却只能相信"缘分"了。在我走到那个长满了野百合花的地方②之前，这三个同我有着说不出是怎样来的缘分的小姑娘，将永远留在我的记忆中，保留一点甜美，保留一点幸福，给我孤寂的晚年涂上点有活力的色彩。

品味探究

1. 本文的主题是什么？

2. 你认为文中哪个细节最感人？这个细节表现了小姑娘怎样的特点？

课后练习

1. 下列词语书写不完全正确的一组是（　　）

A. 邂逅　　腼腆　　弱不禁风　　身临其境

---

① ［灞桥折柳］唐代国都长安城西有灞桥，当时人们送亲友远行常送到桥头，并折柳枝相送，表达依依惜别的心情，并祝福远行人一路平安。② ［长满了野百合花的地方］指墓地，意思是生命结束。

B. 充沛　　禅定　　摩肩接踵　　过江之鲫

C. 诺言　　筵席　　涛涛不绝　　恰如其份

D. 蓊郁　　觳觫　　如醉如痴　　言者谆谆

2. 下边对文中有关称呼的理解哪一项不恰当(　　)

A. 华华"爷"、"爷"的叫喊声贯穿全文,造成一种先声夺人的艺术效果。

B. 文中"小东西"、"小动物"是一种亲昵的称呼,表达了作者喜爱华华的感情。

C. 称呼的变化也就是感情的深化,作者把对小姑娘的爱融于称呼的变化之中,看似随手拈来,其实是匠心独运。

D. 作者对华华的称呼由"华子"、"华华儿"到"小东西"、"小动物",鲁迅《故乡》中闰土对"我"的称呼由"迅哥儿"变为"老爷",这种称呼的变化在表达效果上有异曲同工之妙。

季羡林先生的散文有着浓厚的底蕴。"真"与"朴"是季先生散文的两大特点,也是其散文的独特风格。"真"即其散文是他心灵的一面镜子,真实地映照出近九十年坎坷、曲折、追求、奋斗的人生历程。"实"即他的散文朴实无华、小中见大,如同他一生经常穿在身上的蓝色中山装一样,形成了其散文的独特风格。

季羡林先生曾经明确提出自己在散文语言上的追求:"理想的散文是淳朴而不乏味,流利而不油滑,庄重而不板滞,典雅而不雕琢。"一方面,季先生的散文语言朴实精练,明白晓畅,不故作高深;同时季羡林先生古典文学修养深厚,在叙事抒情的过程中,引经据典、妙语连珠,往往有着画龙点睛的作用,无疑也增加了散文语言的庄重与典雅。另一方面,季先生的散文是真情的流露,为了配合情感的抒发,季先生的散文语言往往体现出韵律美与节奏感。

小狗包弟[①]

巴 金

巴金像

一个多月前，我还在北京，听人讲起一位艺术家的事情，我记得其中一个故事是讲艺术家和狗的。据说艺术家住在一个不太大的城市里，隔壁人家养了小狗，它和艺术家相处很好，艺术家常常用吃的东西款待它。“文革”期间，城里发生了从未见过的武斗，艺术家害怕起来，就逃到别处躲了一段时期。后来他回来了，大概是给人揪回来的，说他“里通外国”，是个反革命，批他，斗他。他不承认，就痛打，拳打脚踢，棍棒齐下，不但头破血流，一条腿也给打断了。批斗结束，他走不动，让专政队[②]拖着他游街示众，衣服撕破了，满身是血和泥土，口里发出呻唤。认识的人看见半死不活的他，都掉开头去。忽然一只小狗从人丛中跑出来，非常高兴地朝着他奔去。它亲热地叫着，扑到他跟前，到处闻闻，用舌头舔舔，用脚爪在他的身上抚摸。别人赶它走，用脚踢，拿棒打，都没有用，它一定要留在它的朋友的身边。最后专政队用大棒打断了小狗的后腿，它发出几声哀叫，痛苦地拖着伤残的身子走开了。地上添了血迹，艺术家的破衣上留下几处狗爪印。艺术家给关了几年才放出来，他的第一件事就是买几斤肉去看望那只小狗。邻居告诉他，那天狗给打坏以后，回到家里什么也不吃，哀叫了三天就死了。

听了这个故事，我又想起我曾经养过的那条小狗。是的，我也养过狗，那是1959年的事情。当时一位熟人给调到北京工作，要将全家迁去，想把他养的小狗送给我，因为我家里有一块草地，适合养狗。我答应了，我的儿子也很高兴。狗来了，是一条日本种的黄毛小狗，干干净净，而且有一种本领：它有什么要求时就立起身子，把两只前脚并在一起不停地作揖。这本领不是我那位朋友训练出来的。它还有一位瑞典旧主人，关于他我毫无所知。他离开上海回国，把小狗送给接受房屋租赁权的人，小狗就归了我的朋友。小狗来的时候有一个外国名字，它的译音是“斯包弟”。我们简化了这个名字，就叫它作“包弟”。

包弟在我们家待了七年，同我们一家人处得很好。它不咬人，见到陌生人，在大门口

---

① 选自《探索集》（人民文学出版社，2006年版）。巴金（1904～2005），原名李尧棠，字芾甘，现代著名作家。代表作有《家》、《寒夜》等。新时期著有散文集《随想录》。 ② ［专政队］“文化大革命”中管制被无理迫害的人们的组织。

吠一阵，我们一声叫唤，它就跑开了。夜晚篱笆外面人行道上常常有人走过，它听见某种声音就会朝着篱笆又跑又叫，叫声的确有点刺耳，但它也只是叫几声就安静了。它在院子里和草地上的时候多些，有时我们在客厅里接待客人或者同老朋友聊天，它会进来作几个揖，讨糖果吃，引起客人发笑。日本朋友对它更感兴趣，有一次大概在1963年或者以后的夏天，一家日本通讯社到我家来拍电视片，就拍摄了包弟的镜头。又有一次日本作家由起女士访问上海，来我家做客，对日本产的包弟非常喜欢，她说她在东京家中也养了狗。两年以后，她再到北京参加亚非作家紧急会议，看见我她就问："您的小狗怎样？"听我说包弟很好，她笑了。

我的爱人萧珊也喜欢包弟。在三年困难时期，我们每次到文化俱乐部吃饭，她总要向服务员讨一点骨头回去喂包弟。

1962年我们夫妇带着孩子在广州过了春节，回到上海，听妹妹们说，我们在广州的时候，睡房门紧闭，包弟每天清早守在房门口等候我们出来。它天天这样，从不厌倦。它看见我们回来，特别是看到萧珊，不住地摇头摆尾，那种高兴、亲热的样子，现在想起来我还很感动，仿佛又听见由起女士的问话："您的小狗怎样？"

"您的小狗怎样？"倘使我能够再见到那位日本女作家，她一定会拿同样的一句话问我。她的关心是不会减少的。然而我已经没有小狗了。

1966年8月下旬红卫兵开始上街抄"四旧"①的时候，包弟变成了我们家的一个大"包袱"，晚上附近的小孩时常打门大喊大嚷，说是要杀小狗。听见包弟尖声吠叫，我就胆战心惊，害怕这种叫声会把抄"四旧"的红卫兵引到我家里来。

当时我已经处于半靠边②的状态，傍晚我们在院子里乘凉，孩子们都劝我把包弟送走，我请我的大妹妹设法。可是在这时节谁愿意接受这样的礼物呢？据说只好送给医院由科研人员拿来做实验用，我们不愿意。以前看见包弟作揖，我就想笑，这些天我在机关学习后回家，包弟向我作揖讨东西吃，我却暗暗地流泪。

形势越来越紧。我们隔壁住着一位年老的工商业者，原先是某工厂的老板，住屋是他自己修建的，同我的院子只隔了一道竹篱。有人到他家去抄"四旧"了。隔壁人家的一动一静，我们听得清清楚楚，从篱笆缝里也看得见一些情况。这个晚上，附近小孩几次打门捉小狗，幸而包弟不曾出来乱叫，也没有给捉了去。这是我六十多年来第一次看见抄家，人们拿着东西进进出出，一些人在大声叱骂，有人摔破坛坛罐罐。这情景实在可怕。十多天来我就睡不好觉，这一夜我想得更多，同萧珊谈起包弟的事情，我们最后决定把包弟送到医院去，交给我的大妹妹去办。

包弟送走后，我下班回家，听不见狗叫声，看不见包弟向我作揖、跟着我进屋，我反而感到轻松，真是一种甩掉包袱的感觉。但是在我吞了两片眠尔通、上床许久还不能入睡的时候，我不由自主地想到了包弟，想来想去，我又觉得我不但不曾甩掉什么，反而背上了更加沉重的包袱。在我眼前出现的不是摇头摆尾、连连作揖的小狗，而是躺在解剖桌上给割开肚皮的包弟。我再往下想，不仅是小狗包弟，连我自己也在受解剖。不能保护

---

① ["四旧"]"文化大革命"时对所谓旧文化、旧思想、旧风俗和旧习惯的简称。 ② [靠边]指作者在"文化大革命"中被剥夺了工作的权利。

一条小狗，我感到羞耻；为了想保全自己，我把包弟送到解剖桌上，我瞧不起自己，我不能原谅自己！我就这样可耻地开始了十年浩劫中逆来顺受的苦难生活。一方面责备自己，另一方面又想保全自己，不要让一家人跟自己一起堕入地狱。我自己终于也变成了包弟，没有死在解剖桌上，倒是我的幸运……

整整十三年零五个月过去了。我仍然住在这所楼房里，每天清早我在院子里散步，脚下是一片衰草，竹篱笆换成了无缝的砖墙。隔壁房屋里增加了几户新主人，高高的墙壁上多开了两扇窗，有时倒下一点垃圾。当初刚搭起的葡萄架给虫蛀后早已塌下来被扫掉了，连葡萄藤也被挖走了。右面角上却添了一个大化粪池，是从紧靠着的五层楼公寓里迁过来的。少掉了好几株花，多了几棵不开花的树。我想念过去同我一起散步的人①，在绿草如茵的时节，她常常弯着身子，或者坐在地上拔除杂草，在午饭前后她有时逗着包弟玩……我好像做了一场大梦。满园的创伤使我的心仿佛又给放在油锅里熬煎。

这样的熬煎是不会有终结的，除非我给自己过去十年的苦难生活作了总结，还清了心灵上的欠债。这绝不是容易的事。那么我今后的日子不会是好过的吧。但是那十年我也活过来了。

即使在“说谎成风”的时期，人对自己也不会讲假话，何况在今天？我不怕大家嘲笑，我要说：我怀念包弟，我想向它表示歉意。

1980年1月4日

品味探究

1. 作者非常喜爱小狗包弟，但还是把它抛弃了，你怎么看待作者的这种做法？

2. “我想念过去同我一起散步的人，在绿草如茵的时节，她常常弯着身子，或者坐在地上拔除杂草，在午饭前后她有时逗着包弟玩……我好像做了一场大梦。满园的创伤使我的心仿佛又给放在油锅里熬煎。”应如何理解这段心理描写？

课后练习

1. 下列词语中加点的字读音有误的一项是（　　）

A. 作揖（yī）　狂吠（fèi）　血泊（pō）　弹冠相庆（guān）

B. 浩劫（hào）　叱骂（chì）　教诲（huǐ）　绿草如茵（yīn）

C. 拍摄（niè）　租赁（lìn）　解剖（pāo）　罄竹难书（qìng）

D. 修葺（qì）　舔舐（shì）　创伤（chuāng）　怙恶不悛（quān）

2. 下列文段空白处依次应填的词语最恰当的一组是（　　）

---

① ［同我一起散步的人］指作者的妻子萧珊。

狗来了，是一条日本种的黄毛小狗，________，而且有一种本领：它有什么要求时就立起身子，把两只前脚________在一起不停地作揖。这本领不是我那位朋友________出来的。它还有一位瑞典旧主人，关于他我毫无所知。他离开上海回国，把小狗送给接受房屋租赁权的人，小狗就归了我的朋友。小狗来的时候有一个外国名字，它的译音是“斯包弟”。我们________了这个名字，就叫它做“包弟”。

A. 干干净净　并　训练　简化　　　B. 干干净净　叉　调教　舍弃

C. 清清爽爽　并　调教　舍弃　　　D. 清清爽爽　叉　训练　简化

3. 选出填入下文空白处最恰当的一项(　　)

包弟在我们家待了七年，同我们一家人处得很好。它不咬人，见到陌生人，在大门口吠一阵，我们一声叫唤，它就跑开了。夜晚篱笆外面人行道上常常有人走过，它听见某种声音就会朝着篱笆又跑又叫，______________，______________。它在院子里和草地上的时候多些，有时我们在客厅里接待客人或者同老朋友聊天，它会进来作几个揖，讨糖果吃，引起客人发笑。

A. 常常吓得路人失魂落魄，但它也只是叫几声就安静了

B. 叫声的确有点刺耳，但它忠实地看守着我们的安全

C. 叫声的确有点刺耳，但它也只是叫几声就安静了

D. 常常吓得路人失魂落魄，但它忠实地看守着我们的安全

衬托是本文重要的表现手法。在这篇散文中，作者的自责自贬是建立在“文革”这个大背景之下的，作者通过叙述弃狗这段往事，使我们看清了这件小事的本质——背信弃义、委曲求全的“羞耻”。在动荡的年月里，夫妻背叛、朋友反目的事都经常出现，弃狗是一件微不足道的小事，但作者却对自己的行为一点也不宽容，由此我们更能窥见作者心灵的高雅。所以，事件本身的意义是当时的社会大背景衬托出来的。作者用一段较长的文字详细描述了另一条(艺术家邻居的)狗，为了艺术家而忍受棒打脚踢甚至不食而死之事，来反衬作者当年为保全自己而弃狗的懦弱。狗忠于人，而人却背叛狗，相形之下，孰高贵孰卑贱，不言自明。这一方面揭示了“文革”运动导致人们产生恐惧乃至变态心理的罪恶，另一方面也反衬出作者当年弃狗时的无情无义，从而透露出作者的自我忏悔，即写《小狗包弟》的缘由。文章还处处把失去爱犬包弟和失去爱人萧珊联系在一起，二者相衬相映，更见其哀伤。文章以景衬情，情景交融，也给人以很深的印象。

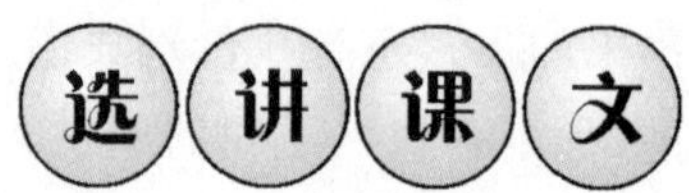

边城(节选)[①]

沈从文

三

两省接壤处,十余年来主持地方军事的,知道注重在安辑[②]保守,处置还得法,并无特别变故发生。水陆商务既不至于受战争停顿,也不至于为土匪影响,一切莫不极有秩序,人民也莫不安分乐生。这些人,除了家中死了牛,翻了船,或发生别的死亡大变,为一种不幸所绊倒,觉得十分伤心外,中国其他地方正在如何不幸挣扎中的情形,似乎就还不曾为这边城人民所感到。

沈从文像

边城所在一年中最热闹的日子,是端午、中秋和过年。三个节日过去三五十年前,如何兴奋了这地方人,直到现在,还毫无什么变化,仍旧是那地方居民最有意义的几个日子。

端午日,当地妇女、小孩子,莫不穿了新衣,额角上用雄黄[③]蘸酒画了个王字。任何人家到了这天必可以吃鱼吃肉。大约上午十一点钟左右,全茶峒[④]人就吃了午饭,把饭吃过后,在城里住家的,莫不倒锁了门,全家出城到河边看划船。河街有熟人的,可到河街吊脚楼门口边看,不然就站在税关门口与各个码头上看。河中龙船以长潭某处作起点,税关前作终点,作比赛竞争。因为这一天军官、税官以及当地有身份的人,莫不在税关前看热闹。划船的事各人在数天以前就早有了准备,分组分帮,各自选出了若干身体结实、手脚伶俐的小伙子,在潭中练习进退。船只的形式,和平常木船大不相同,形体一律又长又狭,两头高高翘起,船身绘着朱红颜色长线,平常时节

---

① 节选自《边城》(《沈从文选集》第4卷,四川人民出版社,1983年版)。沈从文(1902～1988),湖南凤凰人,现代作家。本文节选自《边城》第三章至第六章。 ② [安辑]安抚。 ③ [雄黄]矿物,也叫鸡冠石,有光泽,可以用来制造烟火、农药、染料等,中医也用作解毒杀虫药。下文的"雄黄酒",就是掺有雄黄的烧酒,民间习俗在端午节时饮用。 ④ [茶峒(dòng)]地名,在现湘、川、黔交界地区湖南一侧,属花垣县,现写为"茶洞",因地处偏僻,故称"边城"。

多搁在河边干燥洞穴里，要用它时，才拖下水去。每只船可坐十二个到十八个桨手，一个带头的，一个鼓手，一个锣手。桨手每人持一支短桨，随了鼓声缓促[1]为节拍，把船向前划去。带头的坐在船头上，头上缠裹着红布包头，手上拿两支小令旗，左右挥动，指挥船只的进退。擂鼓打锣的，多坐在船只的中部，船一划动便即刻蓬蓬铛铛把锣鼓很单纯的敲打起来，为划桨水手调理下桨节拍。一船快慢既不得不靠鼓声，故每当两船竞赛到剧烈时，鼓声如雷鸣，加上两岸人呐喊助威，便使人想起小说故事上梁红玉[2]老鹳河[3]时水战擂鼓种种情形。凡是把船划到前面一点的，必可在税关前领赏，一匹红、一块小银牌，不拘缠挂到船上某一个人头上去，都显出这一船合作努力的光荣。好事的军人，当每次某一只船胜利时，必在水边放些表示胜利庆祝的五百响鞭炮。

（南宋）法常　渔村夕照图

赛船过后，城中的戍军长官，为了与民同乐，增加这个节日的愉快起见，便派兵士把三十只绿头长颈大雄鸭，颈脖上缚了红布条子，放入河中，尽善于泅水的军民人等，自由下水追赶鸭子。不拘谁把鸭子捉到，谁就成为这鸭子的主人。于是长潭换了新的花样，水面各处是鸭子，同时各处有追赶鸭子的人。

船和船的竞赛，人和鸭子的竞赛，直到天晚方能完事。

掌水码头的龙头大哥顺顺，年轻时节便是一个泅水的高手，入水中去追逐鸭子，在任何情形下总不落空。但一到次子傩送[4]年过十岁时，已能入水闭气汆[5]着到鸭子身边，再忽然冒水而出，把鸭子捉到，这作爸爸的便解嘲似的向孩子们说："好，这种事有你们来做，我不必再下水和你们争显本领了。"于是当真就不下水与人来竞争捉鸭子。但下水救人呢，当作别论。凡帮助人远离患难，便是入火，人到八十岁，也还是成为这个人一种不可逃避的责任！

天保、傩送两人都是当地泅水划船好选手。

端午又快来了，初五划船，河街上初一开会，就决定了属于河街的那只船当天入水。

---

① ［缓促］快慢。 ② ［梁红玉］宋朝大将韩世忠的妻子，封安国夫人。建炎四年（1130年），韩世忠与金兀术战于黄天荡（今南京东北长江干流），梁红玉亲自擂鼓助战，金兵终于没能渡江。 ③ ［老鹳河］一名鹳河，在今江苏淮安西北。这里说梁红玉在老鹳河擂鼓助战，与史实不符。 ④ ［傩（nuó）送］意思是傩神（驱除瘟疫的神）送给的。因为排行老二，小说中也称二老。又因为健壮俊美，人们给他取了个诨名叫"岳云"（宋朝大将岳飞之子，骁勇善战）。
⑤ ［汆（tǔn）］漂浮。这里是潜泳的意思。

天保恰好在那天应当向上行，随了陆路商人过川东龙潭送节货，故参加的就只傩送。十六个结实如牛犊的小伙子，带了香烛鞭炮，同一个用生牛皮蒙好、绘有朱红太极图的高脚鼓，到了搁船的河上游山洞边，烧了香烛，把船拖入水中后，各人上了船，燃着鞭炮，擂着鼓，这船便如一枝没羽箭似的，很迅速地向下游长潭射去。

那时节还是上午，到了午后，对河渔人的龙船也下了水，两只龙船就开始预习种种竞赛的方法。水面上第一次听到了鼓声，许多人从这鼓声中，都感到了节日临近的欢悦。住临河吊脚楼对远方人有所等待、有所盼望的，也莫不因鼓声想到远人。在这个节日里，必然有许多船只可以赶回，也有许多船只只合在半路过节，这之间，便有些眼目所难见的人事哀乐，在这小山城河街间，让一些人开心，也让一些人皱眉！

蓬蓬鼓声掠水越山到了渡船头那里时，最先注意到的是那只黄狗。那黄狗汪汪地吠着，受了惊似的绕屋乱走；有人过渡时，便随船渡过河东岸去，且跑到那小山头向城里一方面大吠。

翠翠正坐在门外大石上用粽叶编蚱蜢、蜈蚣玩，见黄狗先在太阳下睡着，忽然醒来便发疯似的乱跑，过了河又回来，就问它骂它：

“狗，狗，你做什么！不许这样子！”

可是一会儿那远处声音被她发现了，她于是也绕屋跑着，并且同黄狗一块儿渡过了小溪，站在小山头听了许久，让那点迷人的鼓声，把自己带到一个过去的节日里去。

四

还是两年前的事。五月端阳，渡船头祖父找人作了替手，便带了黄狗同翠翠进城，到大河边去看划船。河边站满了人，四只朱色长船在潭中划着，龙船水刚刚涨过，河中水皆泛着豆绿色，天气又那么明朗，鼓声蓬蓬响着，翠翠抿着嘴一句话不说，心中充满了不可言说的快乐。河边人太多了一点，各人尽张着眼睛望河中，不多久，黄狗还留在身边，祖父却挤得不见了。

翠翠一面注意划船，一面心想“过不久爷爷总会找来的”。但过了许久，祖父还不来，翠翠便稍稍有点儿着慌了。先是两人同黄狗进城前一天，祖父就问翠翠：“明天城里划船，倘若你一个人去看，人多怕不怕？”翠翠就说：“人多我不怕。但是只是自己一个人可不好玩。”于是祖父想了半天，方想起一个住在城中的老熟人，赶夜里到城里去商量，请那老人来看一天渡船，自己却陪翠翠进城玩一天。且因为那人比渡船老人更孤单，身边无一个亲人，也无一只狗，因此便约好了那人早上过家中来吃饭，喝一杯雄黄酒。第二天那人来了，吃了饭，把职务委托那人以后，翠翠等便进了城。到路上时，祖父想起什么似的，又问翠翠：“翠翠，翠翠，人那么多，好热闹，你一个人敢到河边看龙船吗？”翠翠说：“怎么不敢？可是一个人玩有什么意思？”到了河边后，长潭里的四只红船，把翠翠的注意力完全占去了，身边祖父似乎也可有可无了。祖父心想：“时间还早，到收场时，至少还得三个时刻。溪边的那个朋友，也应当来看看年轻人的热闹，回去一趟，换换地位还赶得及。”因此就告翠翠，“人太多了，站在这里看，不要动，我到别处去有点事情，无论如何总赶得回来伴你回家。”翠翠正为两只竞速并进的船迷着，祖父说的话毫不思索就答应了。祖父知道黄狗在翠翠身边，也许比他自己在她身边还稳当，于是便回家看船去了。

祖父到了那渡船处时，见代替他的老朋友，正站在白塔下注意听远处鼓声。

祖父喊叫他，请他把船拉过来，两人渡过小溪仍然站到白塔下去。那人问老船夫为什么又跑回来，祖父就说想替他一会，所以把翠翠留在河边，自己赶回来，好让他也过大河边去看看热闹，且说："看得好，就不必再回来，只须见了翠翠告她一声，翠翠到时自会回家的。小丫头不敢回家，你就伴她走走！"但那替手对于看龙船已无什么兴味，却愿意同老船夫在这溪边大石上各自再喝两杯烧酒。老船夫听说十分高兴，于是把酒葫芦取出，推给城中来的那一个。两人一面谈些端午旧事，一面喝酒，不到一会儿，那人却在岩石上被烧酒醉倒了。

人既醉倒后，无从入城，祖父为了责任又不便与渡船离开，留在城中河边的翠翠，便不能不着急了。

河中划船的决了最后胜负后，城里军官已派人驾小船在潭中放了一船鸭子，祖父还不见来。翠翠恐怕祖父也正在什么地方等着她，因此带了黄狗向各处人丛中挤着去找寻祖父，结果还是不得祖父的踪迹。后来看看天快要黑了，军人扛了长凳出城看热闹的，都已陆续扛了那凳子回家。潭中的鸭子只剩下三五只，捉鸭人也渐渐的少了。落日向上游翠翠家中那一方落去，黄昏把河面装饰了一层银色薄雾。翠翠望到这个景致，忽然起了一个怕人的想头，她想："假若爷爷死了？"

她记起祖父嘱咐她不要离开原来地方那一句话，便又为自己解释这想头的错误，以为祖父不来，必是进城去或到什么熟人处去，被人拉着喝酒， 时间不能脱身。正因为这也是可能的事，她又不愿在天未断黑以前，同黄狗赶回家去，只好站在那石码头边等候祖父。

再过一会儿，对河那两只长船已泊到对河小溪里去不见了，看龙船的人也差不多全散了。吊脚楼有娼妓的人家，已上了灯，且有人敲小鼙鼓[①]弹月琴唱曲子。另外一些人家，又有划拳行酒的吵嚷声音。同时停泊在吊脚楼下的一些船只，上面也有人在摆酒炒菜，把青菜萝卜之类，倒进滚热油锅里去时发出沙沙的声音。河面已朦朦胧胧，看去好像只有一只白鸭在潭中浮着，也只剩一个人追着这只鸭子。

翠翠还是不离开码头，总相信祖父会来找她，同她一起回家。

吊脚楼上唱曲子声音热闹了一些，只听到下面船上有人说话，……使用了不少粗鄙字眼，翠翠很不习惯把这种话听下去，但又不能走开。且听水手之一说楼上妇人的爸爸是七年前在棉花坡被人杀死的，一共杀了十七刀。翠翠心中那个古怪的想头："爷爷死了呢？"便仍然占据到心里有一会儿。

两个水手还正在谈话，潭中那只白鸭却慢慢的向翠翠所在的码头边游来，翠翠想："再过来些我就捉住你！"于是静静地等着，但那鸭子将近岸边三丈远近时，却有个人笑着，喊那船上水手。原来水中还有个人，那人已把鸭子捉到手，却慢慢地踹[②]水游近岸边的。船上人听到水面的喊声，在隐约里也喊道："二老，二老，你真能干，你今天得了五只吧？"那水上人说："这家伙狡猾得很，现在可归我了。""你这时捉鸭子，将来捉女人，一定

---

① ［小鼙(pán)鼓］一种革制的小鼓。 ② ［踹(chuài)］踩，蹬。

有同样的本领。”水上那一个不再说什么，手脚并用地拍着水傍了码头。湿淋淋地爬上岸时，翠翠身旁的黄狗，仿佛警告水中人似的，汪汪地叫了几声，表示这里有人，那人才注意到翠翠。码头上已无别的人，那人问：

“是谁人？”

“我是翠翠！”

“翠翠又是谁？”

“是碧溪岨[①]撑渡船的孙女。”

“这里又没有人过渡，你在这儿做什么？”

“我等我爷爷。我等他来好回家去。”

“等他来他可不会来，你爷爷一定到城里军营里喝了酒，醉倒后被人抬回去了！”

“他不会，他答应来找我，他就一定会来的。”

“这里等也不成，到我家里去，到那边点了灯的楼上去，等爷爷来找你好不好？”

翠翠误会了邀她进屋里去那个人的好意，心里记着水手说的妇人丑事，她以为那男子就是要她上有女人唱歌的楼上去，本来从不骂人，这时正因为等候祖父太久了，心中焦急得很，听人要她上去，以为欺侮了她，就轻轻地说：

“你个悖时砍脑壳的！”

话虽轻轻的，那男的却听得出，且从声音上听得出翠翠年纪，便带笑说：“怎么，你那么小小的还会骂人！你不愿意上去，要呆在这儿，回头水里大鱼来咬了你，可不要叫喊救命！”

翠翠说：“鱼咬了我，也不关你的事。”

那黄狗好像明白翠翠被人欺侮了，又汪汪地吠起来。那男子把手中白鸭举起，向黄狗吓了一下，“老兄，你要怎么！”便走上河街去了。黄狗为了自己被欺侮还想追过去，翠翠便喊：“狗，狗，你叫人也看人叫！”翠翠意思仿佛只在告给狗“那轻薄男子还不值得叫”，但男子听去的却是另外一种好意，男的以为是她要狗莫向好人乱叫，放肆地笑着，不见了。

又过了一阵，有人从河街拿了一个废缆做成的火炬，一面晃着一面喊叫着翠翠的名字来找寻她，到身边时翠翠却不认识那个人。那人说：老船夫回到家中，不能来接她，故搭了过渡人口信来告翠翠，要她即刻就回去。翠翠听说是祖父派来的，就同那人一起回家，让打火把的在前引路，黄狗时前时后，一同沿了城墙向渡口走去。翠翠一面走一面问那拿火把的人，是谁告他就知道她在河边。那人说这是二老告他的，他是二老家里的伙计，送翠翠回家后还得回转河街。

翠翠说：“二老他怎么知道我在河边？”

那人便笑着说：“他从河里捉鸭子回来，在码头上见你，他说好意请你上家里坐坐，等候你爷爷，你还骂过他！你那只狗不识吕洞宾[②]，只是叫！”

翠翠带了点儿惊讶，轻轻地问：“二老是谁？”

---

① ［碧溪岨(jū)］地名。 ② ［吕洞宾(798～?)］号纯阳子，是传说中的“八仙”之一，因多做善事，所以歇后语有“狗咬吕洞宾——不识好人心”的说法。

那人也带了点儿惊讶:“二老你还不知道?就是我们河街上的傩送二老!就是岳云!他要我送你回去!”

傩送二老在茶峒地方不是一个生疏的名字。

翠翠想起自己先前骂人那句话,心里又吃惊又害羞,再也不说什么,默默地随了那火把走去。

翻过了小山岨,望得见对溪家中火光时,那一方面也看见了翠翠方面的火把,老船夫即刻把船拉过来,一面拉船,一面哑声儿喊问:“翠翠,翠翠,是不是你?”翠翠不理会祖父,口中却轻轻地说:“不是翠翠,不是翠翠,翠翠早被大河里鲤鱼吃去了。”翠翠上了船,二老派来的人,打着火把走了,祖父牵着船问:“翠翠,你怎么不答应我,生我的气了吗?”

翠翠站在船头还是不作声。翠翠对祖父那一点儿埋怨,等到把船拉过了溪,一到了家中,看明白了醉倒的另一个老人后,就完事了。但是另一件事,属于自己不关祖父的,却使翠翠沉默了一个夜晚。

五

两年日子过去了。

这两年来两个中秋节,恰好都无月亮可看,凡在这边城地方,因看月而起整夜男女唱歌的故事,通统不能如期举行,因此两个中秋留给翠翠的印象,极其平淡无奇。两个新年虽照例可以看到军营里和各乡来的狮子龙灯,在小教场迎春,锣鼓喧阗大热闹,到了十五夜晚,城中舞龙耍狮子的镇筸[①]兵士,还各自赤裸着肩膊,往各处去欢迎炮仗烟火。城中军营里,税关局长公馆,河街上一些大字号,莫不预先截老毛竹筒,或镂空棕榈树根株,用洞硝拌和磺炭钢砂,一千槌八百槌把烟火做好。好勇取乐的军士,光赤着个上身,玩着灯打着鼓来了,小鞭炮如落雨的样子,从悬到长竿尖端的空中落到玩灯的光赤赤肩背上,锣鼓催动急促的拍子,大家情绪都为这事情十分兴奋。鞭炮放过一阵后,用长凳脚绑着的大筒灯火,在敞坪一端燃起了引线,先是嗞嗞的流泻白光,慢慢的这白光便吼啸起来,作出如雷如虎惊人的声音,白光向上空冲去,高至二十丈,下落时便洒散着满天花雨。人人把颈脖缩着,又怕又欢喜。玩灯的兵士,却在火花中绕着圈子,俨然毫不在意的样子。翠翠同她的祖父,也看过这样的热闹,留下一个热闹的印象,但这印象不知为什么原因,总不如那个端午所经过的事情甜而美。

翠翠为了不能忘记那件事,上年一个端午又同祖父到城边河街去看了半天船,一切玩得正好时,忽然落了行雨,无人衣衫不被雨湿透。为了避雨,祖孙二人同那只黄狗,走到顺顺吊脚楼上去,挤在一个角隅里。有人扛凳子从身边过去,翠翠认得那人是去年打了火把送她回家的人,就告给祖父:

“爷爷,那个人去年送我回家,他拿了火把走路时,真像个山上的喽罗!”

祖父当时不作声,等到那人回头又走过面前时,就闪不知[②]一把抓住那个人,笑嘻嘻说:

---

① [镇筸(gān)]地名,曾是湖南凤凰县的治所。 ② [闪不知]突然。

"嗨嗨,你这个喽罗!要你到我家喝一杯也不成,还怕酒里有毒,把你这个真命天子毒死!"

那人一看是守渡船的,且看到了翠翠,就笑了。"翠翠,你长大了!二老说你在河边大鱼会吃你,我们这里河中的鱼,现在可吞不下你了。"

翠翠一句话不说,只是抿起嘴唇笑着。

这一次虽在这喽罗长年口中听到个"二老"名字,却不曾见及这个人。从祖父和那长年谈话里,翠翠听明白了二老是在下游六百里外沅水中部青浪滩过端午的。但这次不见二老,却认识了大老,且见着了那个一地出名的顺顺。大老把河中的鸭子捉回家里后,因为守渡船的老家伙称赞了那只肥鸭两次,顺顺就要大老把鸭子给翠翠。且知道祖孙二人所过的日子,十分拮据[①],节日里自己不能包粽子,又送了许多尖角粽子。

那水上名人同祖父谈话时,翠翠虽装作眺望河中景致,耳朵却把每一句话听得清清楚楚。那人向祖父说,翠翠长得很美,问过翠翠年纪,又问有没有了人家。祖父则很快乐地夸奖了翠翠不少,且似乎不许别人来关心翠翠的婚事,因此一到这件事便闭口不谈。

回家时,祖父抱了那只白鸭子同别的东西,翠翠打火把引路。两人沿城墙脚走去,一面是城,一面是水。祖父说:"顺顺真是个好人,大方得很。大老也很好。这一家人都好!"翠翠说:"一家人都好,你认识他们一家人吗?"祖父不明白这句话的意思所在,因为今天太高兴一点,便不加检点笑着说:"翠翠,假若大老要你做媳妇,请人来做媒,你答应不答应?"翠翠就说:"爷爷,你疯了!再说我就生你的气!"

祖父话虽不再说了,心中却很显然地还转着这些可笑的不好的念头。翠翠着了恼,把火炬向路两旁乱晃着,向前怏怏地走去了。

"翠翠,莫闹,我摔到河里去,鸭子会走脱的!"

"谁也不稀罕那只鸭子!"

祖父明白翠翠为什么事情不高兴,便唱起摇橹人驶船下滩时催橹的歌声,声音虽然哑沙沙的,字眼儿却稳稳当当毫不含糊。翠翠一面听着一面向前走去,忽然停住了发问:

"爷爷,你的船是不是正在下青浪滩呢?"

祖父不说什么,还是唱着,两人都记起顺顺家二老的船正在青浪滩过节,但谁也不明白另外一个人的记忆所止处。祖孙二人便沉默地一直走还家中。到了渡口,那另外一个代理看船的,正把船泊在岸边等候他们。几人渡过溪到了家中,剥粽子吃,到后那人要进城去,翠翠赶即为那人点上火把,让他有火把照路。人过了小溪上小山时,翠翠同祖父在船上望着,翠翠说:

"爷爷,看喽罗上山了啊!"

祖父把手攀引着横缆,注目溪面升起的薄雾,仿佛看到了另外一种什么东西,轻轻地吁了一口气。祖父静静地拉船过对岸家边时,要翠翠先上岸去,自己却守在船边,因为过节,明白一定有乡下人来城里看龙船,还得乘黑赶回家去。

---

① [拮据(jiéjū)]缺少钱,境况窘迫。

六

白日里，老船夫正在渡船上，同个卖皮纸的过渡人有所争持。一个不能接受所给的钱，一个却非把钱送给老人不可。正似乎因为那个过渡人送钱气派有些强横，使老船夫受了点压迫，这撑渡船人就俨然生气似的，迫着那人把钱收回，使这人不得不把钱捏在手里。但到船拢岸时，那人跳上了码头，一手铜钱向船舱里一撒，却笑眯眯的匆匆忙忙走了。老船夫手还得拉着船让别一个人上岸，无法去追赶那个人，就喊小山头的孙女：

"翠翠，翠翠，为我拉着那个卖皮纸的小伙子，不许他走！"

翠翠不知道是怎么回事，当真便同黄狗去拦着那第一个下船人。那人笑着说：

"请不要拦我！……"

"不成，你不能走！"

正说着，第二个商人赶来了，就告给翠翠是什么事情。翠翠明白了，更紧拉着卖纸人衣服不放，只说："不许走！不许走！"黄狗为了表示同主人的意见一致，也便在翠翠身边汪汪汪地吠着。其余商人都笑着，一时不能走路。祖父气吁吁地赶来了，把钱强迫塞到那人手心里，并且搭了一大束草烟到那商人的担子上去，搓着两手笑着说："走呀！你们上路走！"那些人于是全笑着走了。

翠翠说："爷爷，我还以为那人偷你东西同你打架！"

祖父就说："嗨，他送我好些钱。我才不要这些钱！告他不要钱，他还同我吵，不讲道理！"

翠翠说："全还给他了吗？"

祖父抿着嘴把头摇摇，闭上一只眼睛，装成狡猾得意神气笑着，把扎在腰带上留下的那枚单铜子取出，送给翠翠。且说：

"礼轻仁义重，我留下一个。他得了我们那把烟叶，可以吃到镇筸城！"

远处鼓声又蓬蓬地响起来了，黄狗张着两个耳朵听着。翠翠问祖父听不听到什么声音。祖父一注意，知道是什么声音了，便说：

"翠翠，端午又来了。你记不记得去年天保大老送你那只肥鸭子？早上大老同一群人上川东去，过渡时还问你。你一定忘记那次落的行雨。我们这次若去，又得打火把回家；你记不记得我们两人用火把照路回家？"

翠翠还正想起两年前的端午一切事情哪。但祖父一问，翠翠却微带点儿恼着的神气，把头摇摇，故意说："我记不得，我记不得，我全记不得！"其实她那意思就是"你这个人！我怎么记不得？"

祖父明白那话里意思，又说："前年还更有趣，你一个人在河边等我，差点儿不知道回来，天夜了，我还以为大鱼会吃掉你！"

提起旧事，翠翠嗤地笑了。

"爷爷，你还以为大鱼会吃掉我？是别人家说我，我告给你的！你那天只是恨不得让城中的那个爷爷把装酒的葫芦吃掉！你这种人，好记性！"

"我人老了，记性也坏透了。翠翠，现在你人长大了，一个人一定敢上城去看船，不怕鱼吃掉你了。”

“人大了就应当守船呢。”

“人老了才当守船。”

“人老了应当歇憩!”

“你爷爷还可以打老虎,人不老!”祖父说着,于是,把手膀子弯曲起来,努力使筋肉在局束中显得又有力又年青,且说:“翠翠,你不信,你咬。”

翠翠睨着腰背微驼白发满头的祖父,不说什么话。远处有吹唢呐的声音,她知道那是什么事情,且知道唢呐方向。要祖父同她下了船,把船拉过家中那边岸旁去。为了想早早地看到那迎婚送亲的喜轿,翠翠还爬到屋后塔下去眺望。过不久,那一伙人来了,两个吹唢呐的,四个强壮乡下汉子,一顶空花轿,一个穿新衣的团总儿子模样的青年;另外还有两只羊,一个牵羊的孩子,一坛酒,一盒糍粑①,一个担礼物的人。一伙人上了渡船后,翠翠同祖父也上了渡船,祖父拉船,翠翠却傍花轿站定,去欣赏每一个人的脸色与花轿上的流苏②。拢岸后,团总儿子模样的人,从扣花抱肚③里掏出了一个小红纸包封,递给老船夫。这是当地规矩,祖父再不能说不接收了。但得了钱祖父却说话了,问那个人,新娘是什么地方人;明白了,又问姓什么;明白了,又问多大年纪;一起皆弄明白了。吹唢呐的一上岸后,又把唢呐呜呜喇喇吹起来,一行人便翻山走了。祖父同翠翠留在船上,感情仿佛皆追着那唢呐声音走去,走了很远的路方回到自己身边来。

祖父掂着那红纸包封的分量说:“翠翠,宋家堡子里新嫁娘年纪还只十五岁。”

翠翠明白祖父这句话的意思所在,不作理会,静静地把船拉动起来。

到了家边,翠翠跑还家中去取小小竹子做的双管唢呐,请祖父坐在船头吹《娘送女》曲子给她听,她却同黄狗躺到门前大岩石上荫处④看天上的云。白日渐长,不知什么时节,守在船头的祖父睡着了,躺在岸上的翠翠同黄狗也睡着了。

品味探究

1. 请阅读课文,简述翠翠和傩送初次相见的故事情节。
2. 请分别用一个词语概括翠翠、傩送和祖父的形象特点,并说出你的理由。
3. 课后有条件请阅读《边城》全文。

课后练习

1. 下列词语中加点的字,读音全都正确的一项是(　　)

---

① [糍粑(cíbā)]把糯米捣碎后蒸熟做成的食品。 ② [流苏]装在车马、帐幕、楼台等上面的穗状饰物。 ③ [抱肚]兜肚。 ④ [荫(yìn)处]没有阳光的地方。

A. 茶峒(dòng)　安辑(yí)　泅水(qiú)　悖时(bèi)
B. 糍粑(cí bā)　傩送(nuó)　喧阗(tián)　拮据(jié jū)
C. 镇筸(gān)　荫处(yīn)　俨然(yǎn)　唢呐(suǒ nè)
D. 踹水(zhuài)　鞶鼓(pán)　摇橹(lǔ)　废缆(lǎn)

2. 选词填空(　　)

① 龙船水刚刚涨过,河中水皆泛着豆绿色,天气又那么明朗,鼓声蓬蓬响着,翠翠抿着嘴一句话不说,心中充满了________的快乐。

② 落日向上游翠翠家中那一方落去,黄昏把河面________了一层银色薄雾。

③ 鞭炮放过一阵后,用长凳脚绑着的大筒灯火,在敞坪一端燃起了引线,先是嗞嗞的________白光,慢慢的这白光便吼啸起来,作出如雷如虎惊人的声音,白光向上空冲去,高至二十丈,下落时便洒散着满天花雨。

④ 祖父明白翠翠为什么事情不高兴,便唱起摇橹人驶船下滩时催橹的歌声,声音虽然哑沙沙的,字眼儿却稳稳当当________。

A. 欢天喜地　镀上　流泻　毫不含糊
B. 不可言说　镀上　喷出　清清楚楚
C. 欢天喜地　装饰　喷出　清清楚楚
D. 不可言说　装饰　流泻　毫不含糊

因此《边城》问了世。这作品原本近于一个小房子的设计,用料少,占地少,希望他既经济而又不缺少空气和阳光。我要表现的本是一种“人生的形式”,一种“优美,健康,自然,而又不悖乎人性的人生形式”。我主意不在领导读者去桃源旅行,却想借重桃源上行七百里路酉水流域一个小城小市中几个愚夫俗子,被一件人事牵连在一处时,各人应有的一分哀乐,为人类“爱”字作一度恰如其分的说明。文字少,故事又简单,批评它也方便,只看他表现得对不对,合理不合理。若处置题材表现人物一切都无问题,那么,这种世界虽消灭了,自然还能够生存在我那故事中。这种世界即或根本没有,也无碍于故事的真实。这作品从一般读者印象上找答案,我知道没有人把他看成载道作品,也没有人觉得还是民族文学,也没有人认为是农民文学。我本来就只求效果,不问名义;效果得到,我的事就完了。

——选自《沈从文选集》第5卷

西西弗的神话[①]

[法]加　缪

诸神处罚西西弗不停地把一块巨石推上山顶，而石头由于自身的重量又滚下山去。诸神认为再也没有比进行这种无效无望的劳动更为严厉的惩罚了。

荷马说，西西弗是最终要死的人中最聪明最谨慎的人。但另有传说说他屈从于强盗生涯。我看不出其中有什么矛盾。各种说法的分歧在于是否要赋予这地狱中的无效劳动者的行为动机以价值。人们首先是以某种轻率的态度把他与诸神放在一起进行谴责，并历数他们的隐私，阿索玻斯[②]的女儿埃癸娜被朱庇特[③]劫走，父亲对女儿的失踪大为震惊并且怪罪于西西弗，深知内情的西西弗对阿索玻斯说，他可以告诉他女儿的消息，但必须以给柯兰特城堡供水为条件。他宁愿得到水的圣浴，而不是天火雷电。他因此被罚下地狱。荷马告诉我们西西弗曾经扼住过死神的喉咙。普洛托[④]忍受不了地狱王国的荒凉寂寞，他催促战神把死神从其战胜者手中解放出来。

加缪像

还有人说，西西弗在临死前冒失地要检验妻子对他的爱情。他命令她把他的尸体扔在广场中央，不举办任何仪式。于是西西弗重堕地狱。他在地狱里对那恣意践踏人类之爱的行径十分愤慨，他获得普洛托的允诺重返人间以惩罚他的妻子。但当他又一次看到这大地的面貌，重新领略流水、阳光的抚爱，重新触摸那火热的石头、宽阔的大海的时候，他就再也不愿回到阴森的地狱中去了。冥王的召令、气愤和警告都无济于事。他又在地球上生活了多年，面对起伏的山峦、奔腾的大海和大地的微笑，他又生活了多年。诸神于是进行干涉。墨丘利[⑤]跑来揪住这冒犯者的领子，把他从欢乐的生活中拉了出来，强行把他重新投入地狱，在那里，为惩罚他而设的巨石已准备就绪。

我们已经明白：西西弗是个荒谬的英雄。他之所以是荒谬的英雄，还因为他的激情和他所经受的磨难。他藐视神明，仇恨死亡，对生活充满激情，这必然使他受到难以用言

---

①　选自《西西弗的神话》（生活·读书·新知三联书店，1987年版），杜小真译。阿尔贝·加缪（1913～1960），法国存在主义小说家和戏剧家。西西弗，古希腊神话传说中的一个国王。　②　［阿索玻斯］古希腊神话中的河神。
③　［朱庇特］古罗马神话中的最高的神，罗马统治希腊后将宙斯之名改变成为朱庇特。　④　［普洛托］古罗马神话中的冥王。　⑤　［墨丘利］古罗马神话中的商业神。在古罗马神话中他是朱庇特与女神迈亚所生的儿子，担任诸神的使者和传译，又是司畜牧、商业、交通旅游和体育运动的神。他是朱庇特最忠实的信使，为朱庇特传送消息，并完成朱庇特交给他的各种任务。

语尽述的非人折磨：他以自己的整个身心致力于一种没有效果的事业。而这是为了对大地的无限热爱必须付出的代价。人们并没有谈到西西弗在地狱里的情况。创造这些神话是为了让人的想象使西西弗的形象栩栩如生。在西西弗身上，我们只能看到这样一幅图画：一个紧张的身体千百次地重复一个动作，搬动巨石，滚动它并把它推至山顶。我们看到的是一张痛苦扭曲的脸，看到的是紧贴在巨石上的面颊，那落满泥土、抖动的肩膀，沾满泥土的双脚，完全僵直的胳膊，以及那坚实的满是泥土的人的双手。经过被渺渺空间和永恒的时间限制着的努力之后，目的就达到了。西西弗于是就看到巨石在几秒钟内又向着下面的世界滚去，而他则必须把这巨石重新推向山顶。他于是又向山下走去。

正是因为这回复、停歇，我对西西弗产生了兴趣。这一张饱经磨难近似石头般坚硬的面孔已经自己化成了石头！我看到这个人以沉重而均匀的脚步走向那无尽的苦难。这个时刻就像一次呼吸那样短促，它的到来与西西弗的不幸一样是确定无疑的，这个时刻就是意识的时刻。在每一个这样的时刻中，他离开山顶并且逐渐地深入到诸神的巢穴中去，他超出了自己的命运。他比他搬动的巨石还要坚硬。

如果说这个神话是悲剧的，那是因为他的主人公是有意识的。若他行的每一步都依靠成功的希望所支持，那他的痛苦实际上又在哪里呢？今天的工人终生都在劳动，终日完成的是同样的工作，这样的命运并非不比西西弗的命运荒谬。但是这种命运只有在工人变得有意识的偶然时刻才是悲剧性的。西西弗，这诸神中的无产者，这进行无效劳役而又进行反叛的无产者，他完全清楚自己所处的悲惨境地：在他下山时，他想到的正是这悲惨的境地。造成西西弗痛苦的清醒意识的同时也就造就了他的胜利。不存在不通过蔑视而自我超越的命运。

如果西西弗下山推石在某些天里是痛苦地进行着的，那么这个工作也可以在欢乐中进行。这并不是言过其实。我还想象西西弗又回头走向他的巨石，痛苦又重新开始。当对大地的想象过于着重于回忆，当对幸福的憧憬过于急切，那痛苦就在人的心灵深处升起：这就是巨石的胜利，这就是巨石本身。巨大的悲痛是难以承担的重负，这就是我们的客西马尼[①]之夜。但是雄辩的真理一旦被认识就会衰竭。因此，俄狄浦斯[②]不知不觉首先屈从命运。而一旦他明白了一切，他的悲剧就开始了。与此同时，两眼失明又丧失希望的俄狄浦斯认识到，他与世界之间的唯一联系就是一个年轻姑娘鲜润的手。他于是毫无顾忌地发出这样震撼人心的声音："尽管我历尽艰难困苦，但我年逾不惑，我的灵魂深邃伟大，因而我认为我是幸福的。"索福克勒斯的俄狄浦斯与陀思妥耶夫斯基[③]的基里洛夫都提出了荒谬胜利的法则。先贤的智慧与现代英雄主义汇合了。

人们要发现荒谬，就不能不想到要写某种有关幸福的教材。"哎，什么！就凭这些如此狭窄的道路？"但是，世界只有一个。幸福与荒谬是同一大地的两个产儿。若说幸福一定是从荒谬的发现中产生的，那可能是错误的。因为荒谬的感情还很可能产生于幸福。"

---

① ［客西马尼］福音书中所说的耶稣被他的门徒犹大出卖而遭大祭司抓捕前所在的地方。耶稣在此作最后的祷告，而门徒们都在沉睡。 ② ［俄狄浦斯］外国文学史上典型的命运悲剧人物。是希腊神话中忒拜的国王拉伊奥斯和王后约卡斯塔的儿子，他在不知情的情况下，杀死了自己的父亲并娶了自己的母亲。"戏剧艺术的荷马"、"命运悲剧大师"索福克勒斯在古希腊戏剧《俄狄浦斯王》中丰富了其命运悲剧的形象。 ③ ［陀思妥耶夫斯基(1821～1881)］19世纪俄国小说家，代表作《罪与罚》。基里洛夫是他的长篇小说《群魔》中的人物。

"我认为我是幸福的。"俄狄浦斯说,而这种说法是神圣的。它回响在人的疯狂而又有限的世界之中;它告诫人们一切都还没有被穷尽过;它把一个上帝从世界中驱逐出去,这个上帝是怀着不满足的心理以及对无效痛苦的偏好而进入人间的;它还把命运改造成为一件应该在人们之中得到安排的人的事情。

西西弗无声的全部快乐就在于此。他的命运是属于他的。他的岩石是他的事情。同样,当荒谬的人深思他的痛苦时,他就使一切偶像哑然失声。在这突然重又沉默的世界中,大地升起千万个美妙细小的声音。无意识的、秘密的召唤,一切面貌提出的要求,这些都是胜利必不可少的对立面和应付的代价。不存在无阴影的太阳,而且必须认识黑夜。荒谬的人说"是",但他的努力永不停息。如果有一种个人的命运,就不会有更高的命运,或至少可以说,只有一种被人看做是宿命和应受到蔑视的命运。此时,荒谬的人知道,他是自己生活的主人。在这微妙的时刻,人回归到自己的生活之中。西西弗回身走向巨石,他静观这一系列没有关联而又变成他自己命运的行动,他的命运是自己创造的,是在他的记忆的注视下聚合而又马上会被他的死亡固定的命运。因此,盲人从一开始就坚信一切人的东西都源于人道主义,就像盲人渴望看见而又知道黑夜是无穷尽的一样,西西弗永远进行。而巨石仍在滚动着。

我把西西弗留在山脚下!我们总是看到他身上的重负。而西西弗告诉我们,最高的虔诚是否认诸神并且搬掉石头。他也认为自己是幸福的。这个从此没有主宰的世界对他来讲既不是荒漠,也不是沃土,这块巨石上的每一颗粒,这黑黝黝的高山上的每一颗矿砂唯有对西西弗才形成一个世界。他爬上山顶所要进行的斗争本身就足以使一个人心里感到充实。应该认为,西西弗是幸福的。

品味探究

1. 为什么说"西西弗是个荒谬的英雄"?
2. 第二段中"他比他搬动的巨石还要坚硬"是指什么?
3. 第四段中"荒谬胜利的法则"是指什么?

课后练习

1. 下列各组词语中加点字注音有误的一项是(　　)

A. 荒谬(miù)	分歧(qí)	赋予(fù)	圣浴(yù)
B. 扼住(é)	阴森(sēn)	藐视(miǎo)	栩栩(xǔ)
C. 胳膊(gē)	鲜润(rùn)	深邃(suì)	虔诚(qián)
D. 面颊(jiá)	堕地(duò)	践踏(jiàn)	领略(lüè)

2. 下列词语中没有错别字的一项是(　　)

A. 赋予　寂莫　喧泄　无济于事

B. 震撼　告戒　秸杆　要言不烦

C. 雄辨　冥王　抚爱　声名鹊起

D. 窠臼　虔诚　行径　曲高和寡

阿尔贝·加缪(1913～1960),法国著名的小说家、戏剧家和理论家,存在主义主要代表人物之一。在现代法国的文坛上,加缪是一位与萨特齐名的存在主义大师。加缪从1932年起即发表作品,一生写了4部小说、11部哲理性论著、3个剧本以及大量的文章。代表作有小说《局外人》《鼠疫》《堕落》,五幕剧《正义者》,随笔《西西弗的神话》等。1957年,由于"他的重要文学创作以明澈的认真态度阐明我们同时代人的意识问题"获诺贝尔文学奖。

20世纪三四十年代,第二次世界大战的爆发使全世界的人直接面对着死亡的恐惧,对现实世界的怀疑和未知世界的迷惘,将人类生存的意义现实地摆到了每一个有道德良知的哲学家、作家面前。加缪以朴素的人生体验和生动的文学描述来阐发自己的观点,用具体的生活参照物取代繁复的哲学推理论证,因而留下了《西西弗神话》这样的哲理性和可读性俱佳的成功作品。

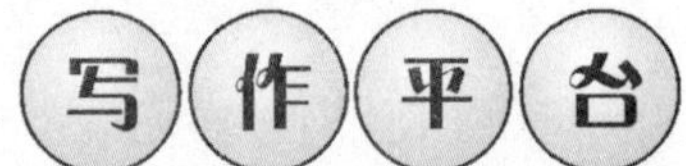

人生三象　学习纵向展开议论

话题探讨

什么是人生？字典上解释：人生就是人的生存和生活。不同的生存和生活状态决定着不同的人生。

当代著名诗人雷抒雁的短文《人生三象》这样解读人生的精神阶段：

尼采以骆驼、狮子和婴儿比喻人生的精神阶段。

骆驼、狮子好懂。

骆驼，言其吃苦负重。人们总能看见"沙漠之舟"在干旱荒苦的沙漠戈壁艰难跋涉的形象。尼采以为人生先吃得苦，这很像中国古代儒家所言，"天将降大任于斯人也，必先苦其心志，劳其筋骨"。中国民间亦有劝孩子小时要学会吃苦的俗谚："小时不晒背，老时必受罪。"少时吃苦，经历一些坎坷，强身健体之外，更强健"心志"，及至长时，遇到波折不至于脆弱。骆驼，是强者人生的第一台阶。

狮子之凶猛，也是人生之不可缺。骆驼最能吃苦，但不能厮杀。即使遇上狼一类的敌手，往往也难逃厄运。人生遇到的对手、敌手或挫折，实在是太多了，没有狮子一般的体魄、牙爪及勇气，实难应付。向狮子学习，应该不错。许多民族崇尚狮子，有的国家把狮子画在国徽上、国旗上。我们国家雕刻石狮用以镇宅显威，其传统至今不衰。

但是，尼采还要人们由猛狮再到婴儿。婴儿之软弱、无知，难道也要学吗？要学的！因为这是一个崭新的开始，一个最初的运动，一个神圣的肯定。

婴儿的可爱处在于：天真。这是人性的本真。没有伪饰，没有欺骗，没有恶意。记着你是婴儿，就是始终保持着没有污染的人性源头。

善忘。不是一切东西都得记住，许多事，忘了比记着好。忘了，可以从头开始，可以轻装前进。

无知。无知并非总是缺点。因为无知，才产生出无限的求知欲望，看见什么，就想问，就想学。人常说"满招损"，是劝人要留出求知的空间，常常跳进"无知状态"去看世界。

婴儿是人生的起点，总以难以置信的速度在成长。成长永远是愉快的。老人的烦恼，恰在于不会成长了，而且即便成长，也意味着衰落。

读了这篇文章，你对人生有了什么样的感悟？是觉得人生应像骆驼一样吃苦负重，狮子一样凶猛强悍，还是婴儿般天真、善忘、无知、愉快成长呢？

搜集、整理、分析关于人生的故事。例如文天祥、闻一多为人民而献身的故事，纳尔逊·曼德拉、林肯为民族解放事业而奋斗的故事，张海迪、霍金、海伦·凯勒身残志坚的故事，"信义兄弟"孙水林和孙东林、"雷锋传人"郭明义、"最美教师" 张丽莉等感动中国的故事，领会人生的意义。

写法借鉴

下面我们结合《杯中窥人生》这篇作文来学习纵向展开议论。

一棵芦苇并不会快乐，当她快乐了，是因为她开始了思考。

——题记

在一堂课上，老师往空杯中放一块石头，再向其中充入沙子，然后是加水。一个杯子装上石头满了吗？安于现状的人说满了；装进了沙子后满了吗？聪明的人说满了；善于思考的人说还可以加水。

这就是思维，这也就是人生！

人生就如这杯子，装进什么完全取决于自己的思维和想法。一样的人，只要有不一样的态度，就会有不一样的人生。常常听见周围有人整天抱怨、指责，牢骚满腹。有人因为一点点小事而郁郁寡欢，心有芥蒂。实际上，就看你的杯子里到底装了什么并缺少了什么。

生活赋予我们的，不仅仅是鲜花和掌声，还有丛林和荒原，有时候是风平浪静，有时候也会波涛汹涌，这就是生活！5.12，一场突如其来的灾难降临在中国汶川，这个时候，你的杯子里就要盛满勇气和力量，更要具有爱心，因为我们需要去面对灾难。司马迁身受宫刑而不倒，写出了千古绝唱《史记》；文天祥历经磨难痴心不改，不指南方不肯休；5.12大地震，从不放弃一个生命的救援，让爱心随着时间流淌……

生活中还要装进宽容。天空收容每一片云彩，无论美丑，故能使天空宽阔无比；高山收容每一块岩石，无论其大小，故能让高山雄伟壮观；大海收容每一朵浪花，不论其清浊，故能使大海浩瀚无边。宽容是魅力之源。韩信是宽容的，锤炼出他的胸襟之美；天空是宽容的，才有了她的深邃之美；时间是宽容的，才有了她的延续之美……

有时候，人生的杯子是无限的，可以盛下许多，杯子也始终是不满的。人生就是在装进这许多沙子、石头和水之后，才会充实。一次失败的经历，让你装进了经验和教训；一次活动的成功，让你获得了快乐和成功；一次汶川大地震，让爱心潮涌，盛满了神州大地；当这些盛满你的人生之杯，你就是圆满的。

生活是由苦乐、美丑交织而成的经纬网，它穿越时空而光芒犹在。需要我们不断探索和思考人生，只要我们能够在思考之中不断添加沙子、水和石头，人生就变得充实。

让我们一起来充实我们的人生之杯吧！

试着说说，这篇文章是怎样层层深入展开论证的？各个段落的顺序能否颠倒？

这篇文章开篇提出，思维就是人生，不同的思维状态和想法决定不一样的人生。围绕这一中心论点，先指出生活赋予我们的不仅仅是鲜花和掌声，所以在我们的思维里需要"勇气和力量"、"爱心"，还要有"宽容"，还需要有"经验和教训"，这样才能使人生的天空无比宽阔，使人生更加圆满。最后一段号召我们一起来充实自己的人生。显然，第四到第六段的论述不是并列的，而是逐层深入的。按人们认知事物的顺序，由浅入深，由轻到重，看似并列，实为层进。如果把顺序颠倒了，文章的逻辑性就会大打折扣。这是纵向议论应当注意的地方。

学习纵向展开议论，关键在于论证思路的确定与展开。层进式结构最常见的思路是"提出问题——分析问题——解决问题"，即"是什么——为什么——怎么办"。如我们学过的《寡人之于国也》，论证施行仁政，先提出"保民而王"的思想，然后正面论证只有"行王道、施仁政"才能使天下之民归顺。首段写梁惠王质疑，为答问作准备。第二段针对疑问，巧用比喻释疑，使惠王明白小恩小惠"无望民之多于邻国也"，论证"是什么""为什么"。第三、四段正面论述行"仁政"的措施和好处，论证"怎么办"。末端巧用类比推理的方法，自然得出"王无罪岁，斯天下之民至焉"的结论，继续论证"为什么"、"怎么办"。全文结构严谨，层次分明，论证严密，充分显示了孟子的论辩才能。

横向展开议论和纵向展开议论并不是截然分开的。从全文来看，并列的结构中，某些段落有可能是层进式结构；层进式结构中，有些段落又会是并列结构。写作时采用什么样的论证方法，需从文章的内容和结构出发，既要考虑全文的整体构思，又要考虑每个段落的议论层次。

写作练习

1. 阅读下面的文字，根据要求作文。

上世纪80年代，他是交响乐团的小号手。虽然身在"圣殿"，却更喜欢流行音乐，于是自己组建了一支乐队，但是因为要兼顾乐团的工作，常常顾此失彼。最终，他辞去了乐团的工作，成了"一无所有"的人，一门心思做自己想做的事。现在已是中国摇滚界"教父"级人物。他就是崔健。

崔健的成长经历给了你怎样的启发？

2. 下面的材料引发你怎样的思考？请结合自己的体验与感悟，写一篇文章。

人生在世，往往会经历种种的痛。

有人说，痛了，就直接说出来，这是本能。

又有人说，痛而不言，体现了人性的坚强。

还有人说，痛而善言，这是一种人生智慧。

3. 请以"人生的色彩"为题，写一篇不少于600字的文章。

色彩是丰富而蕴藉的：绿色生机盎然，蓝色宽厚平和，红色昂扬热烈，灰色、黑色、白色……我们又往往会把人生的境遇、感慨等与色彩联系到一起。

第五单元　情感体验

必讲课文

氓[1]

氓之蚩蚩，抱布贸丝[2]。
匪[3]来贸丝，来即我谋[4]。
送子[5]涉淇[6]，至于顿丘[7]。
匪我愆期[8]，子无良媒。
将[9]子无怒，秋以为期[10]。

乘[11]彼垝垣[12]，以望复关[13]。
不见复关，泣涕涟涟；
既见复关，载[14]笑载言。
尔卜尔筮，体无咎言[15]。
以尔车[16]来，以我贿[17]迁。

桑之未落，其叶沃若[18]。
于嗟鸠兮，无食桑葚[19]！
于嗟女兮，无与士耽[20]！
士之耽兮，犹可说[21]也；
女之耽兮，不可说也！

（清）张淇　仕女图

① 选自《古代汉语》（王力主编，中华书局，1962年11月版）。氓（méng），民。相当于"那个人"，指诗中"我"的丈夫。 ② ［氓之蚩（chī）蚩，抱布贸丝］此处是追述婚前的情况。蚩蚩，老实的样子。布，货币，一说布匹。贸，交易。 ③ ［匪］同"非"，不是。 ④ ［来即我谋］来找我商量（婚事）。即，就。谋，商量。 ⑤ ［子］你。"氓"、"子"、"士"都指"那个人"。 ⑥ ［淇］淇水，在现在河南境内。 ⑦ ［顿丘］地名。 ⑧ ［愆（qiān）期］拖延时间。愆，拖延。 ⑨ ［将（qiāng）］愿，请。 ⑩ ［秋以为期］以秋为期。期，婚期。 ⑪ ［乘］登上。 ⑫ ［垝（guǐ）垣（yuán）］倒塌的墙。垝，毁灭，倒塌。 ⑬ ［复关］诗中男子居住的地方。此处指代住在复关的那个人。 ⑭ ［载笑载言］就又说又笑。载……载……，一边……一边……。 ⑮ ［尔卜尔筮，体无咎言］你卜卦占筮，卦象没有不吉利的言辞。尔，你。卜，用龟甲卜吉凶。筮，用蓍草占吉凶。体，卦体、卦象。咎，凶，不吉。 ⑯ ［车］指迎妇的车。 ⑰ ［贿］财物，嫁妆。 ⑱ ［沃若］润泽的样子。 ⑲ ［于（xū）嗟鸠兮，无食桑葚（shèn）］唉，斑鸠啊，不要贪吃桑葚！于嗟，吁嗟，感叹词，相当于"唉"。鸠，斑鸠。传说斑鸠吃桑葚过多会醉。这里以鸠鸟不可贪食桑葚，比喻女子不可为爱情所迷。 ⑳ ［耽（dān）］沉溺于爱情。 ㉑ ［说（tuō）］同"脱"。

桑之落矣，其黄而陨①。
自我徂尔②，三岁食贫③。
淇水汤汤，渐车帷裳④。
女也不爽，士贰其行⑤。
士也罔极⑥，二三其德⑦。

三岁为妇，靡室劳矣⑧。
夙兴夜寐，靡有朝矣⑨。
言既遂矣，至于暴矣⑩。
兄弟不知，咥⑪其笑矣。
静言思之，躬自悼矣⑫。

及尔偕老⑬，老使我怨。
淇则有岸，隰则有泮⑭。
总角之宴，言笑晏晏⑮。
信誓旦旦，不思其反⑯。
反是不思，亦已焉哉⑰！

品味探究

1.《氓》塑造了一位与氓恋爱结婚最终被厌弃的女子形象。试分析这名女子形象，并说说作者是怎样运用对比手法刻画这一形象的。

2.“桑之未落，其叶沃若……女之耽兮，不可说也”和“桑之落矣，其黄而陨”暗示了什么？这里用桑叶来打比方，好在哪里？

3. 熟读并背诵这首诗。

---

① ［其黄而陨（yǔn）］桑树的叶子枯黄，纷纷掉落了。陨，坠落。 ② ［徂（cú）尔］嫁往你家。徂，往。 ③ ［三岁食贫］多年过着贫苦的日子。三岁，泛指多年。 ④ ［淇水汤（shāng）汤，渐（jiān）车帷裳（cháng）］淇水波涛滚滚，水花打湿了车上的布幔。汤汤，水多的样子。渐，沾湿。帷裳，女子车上的布幔。 ⑤ ［女也不爽，士贰其行］女子没有什么差错，男子行为却前后不一致了。爽，差错。贰，不专一，有二心。行，行为。 ⑥ ［罔（wǎng）极］没有准则，行为不端。罔，无。极，准则。 ⑦ ［二三其德］三心二意，朝三暮四。二三，有时二，有时三，经常改变。德，品德、德行。
⑧ ［靡（mǐ）室劳矣］家里劳苦活儿没有不干的。靡，无，没有。室劳，家里的劳苦活儿。 ⑨ ［夙（sù）兴夜寐，靡有朝（zhāo）矣］起早晚睡，日日如此。夙，早。兴，起身。靡有朝矣，不止一日。朝，日。 ⑩ ［言既遂矣，至于暴矣］（你的心愿）已经满足了，就对我粗暴，虐待我。言，助词。 ⑪ ［咥（xì）］大笑的样子。 ⑫ ［静言思之，躬自悼矣］静下来想想，只有独自悲伤。言，语助词。躬，自己，自身。悼，伤心。 ⑬ ［及尔偕老］与你共同到老。 ⑭ ［淇则有岸，隰（xí）则有泮（pàn）］淇水（再宽）总有个岸，低湿的洼地（再大）也有个边。意即什么事物都有一定的限度，反衬男子变化无常。隰，低湿的地方。泮，通“畔”，边岸。 ⑮ ［总角之宴，言笑晏晏］少年时一起愉快地玩耍，尽情地说笑。总角，古时儿童两边梳辫，后指代少年时代。宴，欢聚，或指小孩的游戏。晏晏，欢乐的样子。 ⑯ ［信誓旦旦，不思其反］誓言是真挚诚恳的，没想到你竟会变心。旦旦，诚恳的样子。反，违反，指违背誓言。 ⑰ ［反是不思，亦已焉哉］你违背誓言，不念旧情，那就算了吧！是，这，在这里指誓言。已，止、了结。焉哉，相当于“了吧”。

1. 下边加点的字注音有误的一项是(　　)

A. 氓之蚩蚩(máng)　　靡室劳矣(mí)　　犹可说也(tuō)

B. 匪来贸丝(fēi)　　乘彼垝垣(guǐ)　　自我徂尔(cú)

C. 夙兴夜寐(sù)　　隰则有泮(pàn)　　无食桑葚(shèn)

D. 载笑载言(zài)　　无与士耽(dān)　　渐车帷裳(cháng)

2. 解释下边诗句中加点的词,并将诗句译成现代汉语。

(1) 匪来贸丝,来即我谋。

(2) 夙兴夜寐,靡有朝矣。

(3) 信誓旦旦,不思其反。

3. 对下列四句诗艺术手法的分析不正确的一项是(　　)

A."桑之落矣,其黄而陨":用比和兴的手法,意指女子的憔悴和被弃。

B."于嗟鸠兮,无食桑葚;于嗟女兮,无与士耽":用比兴的手法,桑葚虽甜,但多吃易醉,爱情是美好的,但太痴情易上当。

C."士也罔极,二三其德":用兴的手法,直接抒发男子感情反复无常,感情不专一。

D."淇则有岸,隰则有泮":兴中有比,言下之意为水有岸,泽有边,我的痛苦为何没尽头。

4. 选出运用了借代手法的一句(　　)

A. 桑之落矣,其黄而陨。　　B. 桑之未落,其叶沃若。

C. 不见复关,泣涕涟涟。　　D. 及尔偕老,老使我怨。

《诗经》是我国第一部诗歌总集,最初称《诗》,汉代儒者奉为经典,乃称《诗经》。《诗经》共收入自西周初期至春秋中叶约五百年间的诗歌305篇,按体裁分为风、雅、颂三部分,其中"风"160篇,"雅"105篇,"颂"40篇。《诗经》与中原关系密切,里面的诗篇许多都产生于中原。如《邶风》、《鄘风》、《卫风》产生于今河南省黄河以北地区;《王风》产生于今河南洛阳一带;《郑风》产生于今河南省中部;《陈风》产生于今河南东部和安徽西北部;《桧风》产生于河南省中部密县带;《周南》、《召南》中有一部分产生于今河南南部地区;《商颂》是宋国的作品。产生于中原的诗篇占《诗经》总篇目的三分之一以上。

陈情表[1]

李　密

臣密言[2]：臣以险衅[3]，夙遭闵凶[4]。生孩[5]六月，慈父见背[6]；行年四岁，舅夺母志[7]。祖母刘愍臣孤弱，躬亲抚养。臣少多疾病，九岁不行[8]，零丁[9]孤苦，至于成立[10]。既无伯叔，终鲜[11]兄弟，门衰祚薄[12]，晚有儿息[13]。外无期功强近之亲[14]，内无应门五尺之僮[15]，茕茕孑立[16]，形影相吊。而刘夙婴[17]疾病，常在床蓐[18]，臣侍汤药，未曾废离[19]。

逮奉圣朝[20]，沐浴清化[21]。前[22]太守臣逵[23]察[24]臣孝廉[25]，后刺史[26]臣荣举臣秀才[27]。臣以供养无主[28]，辞不赴命。诏书特下，拜臣郎中[29]，寻蒙国恩，除[30]臣洗马[31]。猥以微贱[32]，当侍东宫[33]，非臣陨首所能上报[34]。臣具以表闻，辞不就职。诏书切峻[35]，责臣逋慢[36]；郡县逼迫，催臣上道；州司[37]临门，急于星火[38]。臣欲奉诏奔驰，则刘病日笃[39]，欲苟顺[40]私情，则告诉不许[41]。臣之进退，实为狼狈。

伏惟圣朝以孝治天下，凡在故老[42]，犹蒙矜育[43]，况臣孤苦，特为尤甚。且臣少仕伪

---

① 选自《文选》卷三十七（中华书局，1977年版）。标题原为“陈情事表”。李密（224～287），字令伯，三国时武阳（今四川彭山）人。由于父亲早死，母亲何氏改嫁，自幼由祖母刘氏抚养，与刘氏感情深厚。表，奏表，古代臣属给君王的上书。这是李密写给晋武帝（司马炎）的一篇表文。 ② ［臣密言］古代表文开头的格式，先写明上表人的姓名。 ③ ［险衅（xìn）］灾难祸患。指命运不好。险，艰难，坎坷。衅，灾祸。 ④ ［夙遭闵凶］早年遭到不幸。夙，早年，指年幼的时候。闵，通“悯”，此指所忧愁的事。凶，不幸，指丧父。 ⑤ ［生孩］生下来，还是婴儿的时候。 ⑥ ［见背］背离我。指死亡。 ⑦ ［舅夺母志］舅父逼母改嫁。古代称妇女在丈夫死后不再嫁为“守志”。 ⑧ ［不行］不能行走。 ⑨ ［零丁］通“伶仃”，孤独的样子。 ⑩ ［成立］成人自立。 ⑪ ［终鲜（xiǎn）］最终没有。鲜，少。 ⑫ ［门衰祚（zuò）薄］门庭衰微，福分浅薄。祚，福气，福分。 ⑬ ［儿息］儿子。息，子。 ⑭ ［外无期（jī）功强（qiǎng）近之亲］没有近亲。期功，指关系近的亲属。期，周年，这里指穿一周年丧服的人；功，服丧九个月为大功，服丧五个月为小功。强近，比较近。 ⑮ ［应门五尺之僮］应门，照应门户。五尺之僮，五尺高的小孩。汉代的五尺相当于现在的三市尺。僮，童仆。 ⑯ ［茕（qióng）茕孑（jié）立］孤孤单单。茕茕，孤单的样子。孑，孤单。 ⑰ ［婴］缠绕。 ⑱ ［蓐（rù）］坐卧时铺在床椅上面的垫子。 ⑲ ［废离］停止侍奉，离开。废，废止。 ⑳ ［逮奉圣朝］意思是到了晋朝。逮，及至，等到。奉，恭奉。圣朝，指晋朝。 ㉑ ［沐浴清化］蒙受当朝的清明教化。清化，清明的政治教化。 ㉒ ［前］先，先是。与下句的“后”对应。 ㉓ ［太守臣逵］名叫逵的太守。太守，郡的地方长官。 ㉔ ［察］考察。这里是推举的意思。 ㉕ ［孝廉］指在孝敬父母和保持操守方面表现突出的人。这是当时荐举人员的科目之一，与明清科举称举人为孝廉不同。汉代开始命令州郡考察当地人物，每年察举孝廉、秀才。 ㉖ ［刺史］州的最高行政长官。 ㉗ ［秀才］当时荐举人员的科目之一，与明清科举经过考试的秀才不同。 ㉘ ［供养无主］没有人供养祖母。 ㉙ ［拜臣郎中］任命我为郎中。拜，授官。郎中，官名。 ㉚ ［除］任命官职。 ㉛ ［洗（xiǎn）马］官名。太子的属官，在宫中服役，掌管图书。 ㉜ ［猥以微贱］我又鄙陋，身份又低微轻贱。猥，谦词。 ㉝ ［东宫］太子居住的地方，这里指太子。 ㉞ ［非臣陨首所能上报］（皇帝的恩遇）不是我用死能报答得过来的。陨首，掉脑袋，丧命。 ㉟ ［切峻］急切严厉。 ㊱ ［逋（bū）慢］有意回避，怠慢上命。逋，逃避。慢，怠慢。 ㊲ ［州司］州官。 ㊳ ［急于星火］比流星的坠落还要急。星火，流星的光。 ㊴ ［日笃］一天比一天重。笃，病重。 ㊵ ［苟顺］姑且迁就。 ㊶ ［告诉不许］向上官申诉（不做官的苦衷），却不被允许。 ㊷ ［故老］泛指老年人。 ㊸ ［矜育］怜惜养育。

朝[1]，历职郎署[2]，本图宦达[3]，不矜名节[4]。今臣亡国贱俘，至微至陋，过蒙拔擢[5]，宠命优渥[6]，岂敢盘桓[7]，有所希冀[8]。但以刘日薄西山，气息奄奄，人命危浅，朝不虑夕。臣无祖母，无以至今日；祖母无臣，无以终余年。母、孙二人，更相为命[9]，是以区区[10]不能废远[11]。

臣密今年四十有四，祖母刘今年九十有六，是臣尽节于陛下之日长，报养刘之日短也。乌鸟私情[12]。愿乞终养[13]。臣之辛苦[14]，非独蜀之人士及二州牧伯[15]所见明知[16]，皇天后土实所共鉴[17]。愿陛下矜悯[18]愚诚[19]，听[20]臣微志[21]，庶刘侥幸，保卒余年。臣生当陨首，死当结草[22]。臣不胜犬马怖惧之情[23]，谨拜表[24]以闻。

品味探究

1. 有感情地朗读课文，体会其语言流畅、整齐而有变化的特点。

2. 本文是李密陈述“辞不就职”理由的奏章。陆机《文赋》说：“立片言而居要，乃一篇之警策。”文章是围绕哪句话叙述情理的？

3. 前人评论本文说：“历叙情事，俱从天真写出。无一字虚言驾饰……至性之言，自尔悲恻动人。”晋武帝阅后也说：“士之有名，不虚然哉！”结合课文内容，具体分析作者是如何打动皇帝的。

课后练习

1. 下列加点字注音正确的一组是（　　）

A. 险衅（xìn）　祚薄（zuò）　床蓐（rù）　茕茕孑立（qióng）

B. 洗马（xǐ）　逋慢（bū）　拔擢（zhuó）　终鲜兄弟（xiǎn）

C. 优渥（wò）　期功（qī）　闵凶（mǐn）　逮奉圣朝（dài）

D. 伪朝（wèi）　矜悯（jīn）　郎署（shǔ）　猥以微贱（wèi）

---

① ［伪朝］指蜀汉。 ② ［历职郎署］曾经在郎官的衙署里做官。李密在蜀汉政权中曾做过郎中和尚书郎。 ③ ［本图宦达］本来就追求官职显达。图，希图，希望。 ④ ［不矜名节］并不想自命清高（择主而事）。矜，矜持，爱惜。名，名誉。节，节操。 ⑤ ［过蒙拔擢（zhuó）］受到过分的提拔。过，过分。擢，拔。 ⑥ ［优渥（wò）］优厚。 ⑦ ［盘桓］徘徊不进的样子。 ⑧ ［希冀］指非分之想。 ⑨ ［更（gēng）相为命］彼此互相依靠着过日子。更，交互。 ⑩ ［区区］形容感情恳切。 ⑪ ［废远］废止奉养祖母而远离。 ⑫ ［乌鸟私情］乌鸦反哺之情（乌鸦长大后会反过来像父母曾喂养自己一样喂养父母）。比喻孝心。 ⑬ ［愿乞终养］想请求把祖母奉养到最后。 ⑭ ［辛苦］辛酸苦楚。 ⑮ ［二州牧伯］梁州和益州的刺史。二州，梁州、益州，大致相当于蜀汉所统治的范围。牧伯，刺史。古代州的长官称牧或伯。 ⑯ ［所见明知］所看见的，明明白白知道的。 ⑰ ［皇天后土实所共鉴］天地神明也确实共同看得清清楚楚的。皇天后土，天地神明。鉴，察。 ⑱ ［矜悯（mǐn）］怜惜。 ⑲ ［愚诚］谦指自己的诚心。 ⑳ ［听］同意，任从。这里指准许。 ㉑ ［微志］小小的心愿。指供养祖母以终余年的想法。 ㉒ ［死当结草］《左传·宣公十五年》记载，晋国大夫魏武子有爱妾，武子病中嘱咐其子魏颗（huǒ）死后令妾改嫁，但病危时又令妾殉葬。武子死后，魏颗嫁其父之妾，并说这是遵循父亲清醒时的遗命。后来，魏颗与秦将杜回作战，见一老人结草绊倒杜回。夜间老人托梦，自称是武子爱妾之父，结草绊回是为了报答魏颗不以女儿为殉的恩情。李密用这个典故来表示如果许他终养，他死后也要报答。 ㉓ ［犬马怖惧之情］惶恐不安的心情。犬马，作者自比，表示谦卑。 ㉔ ［拜表］呈上表章。

2. 翻译下列句子。

(1) 逮奉圣朝,沐浴清化。

(2) 前太守臣逵察臣孝廉,后刺史臣荣举臣秀才。臣以供养无主,辞不赴命。

(3) 诏书特下,拜臣郎中,寻蒙国恩,除臣洗马。

(4) 猥以微贱,当侍东宫,非臣陨首所能上报。

3. 下列各句中加点的词与现代汉语意思相同的一项是(　　)

A. 欲苟顺私情,则告诉不许。

B. 臣欲奉诏奔驰,则刘病日笃。

C. 臣之辛苦,非独蜀之人士及二州牧伯所见明知。

D. 庶刘侥幸,保卒余年。

"孝"这个观念,其实从常识方面讲,是人类最原始的要求传宗接代,要求生命能够延续、能够正常繁衍的观念的哲学体现。在儒家伦理中,最基本的关系是父子(引申而为双亲与子女),这是从传宗接代的连续性上,把它的价值提得很高。在这个基础上,要维系政治制度,于是有君臣;要拓展文化价值,于是有朋友……不过,儒家的五伦,每一伦都有其内在的逻辑性,不可能为另一伦所取代。你不能把父子关系和君臣关系交换,因为"君臣以义合,不合则去",就是说,在某些情况下,比如君主成了独夫,那么君臣关系就可以取消;然而,父子关系不能取消,手足之情也不能取消,在这上面你永远没有选择的余地,因为无君之臣是可以想见的,而且事实上也存在,但没有父母的子女是不可能的。这是一个非常原始、非常直觉的感情,而它又正巧变成了儒家传统中最高深的哲学思考的基础。有人甚至用现代语言来表达,认为这是把生物性的密码和最高的哲学密码融会在一起的思维方法,也就是儒家所体现出来的一个很独特的思考模式。它一方面和现实人生所碰到的世界有千丝万缕的联系,另一方面又有非常深远的而且可以普遍化的理想境界,并且把这理想境界提升到天人合一、万物一体的高度。

孔雀东南飞（并序）[①]

汉末建安中[②]，庐江[③]府小吏[④]焦仲卿妻刘氏，为仲卿母所遣[⑤]，自誓不嫁。其家逼之，乃投水而死。仲卿闻之，亦自缢[⑥]于庭树。时人伤之，为诗云尔[⑦]。

孔雀东南飞，五里一徘徊[⑧]。

"十三能织素[⑨]，十四学裁衣，十五弹箜篌[⑩]，十六诵诗书[⑪]。十七为君妇，心中常苦悲。君既为府吏，守节情不移[⑫]。贱妾[⑬]留空房，相见常日稀。鸡鸣入机织，夜夜不得息。三日断[⑭]五匹，大人故嫌迟[⑮]。非为织作迟，君家妇难为[⑯]！妾不堪驱使，徒留无所施[⑰]。便可白公姥[⑱]，及时相遣归。"

府吏得闻之，堂上启[⑲]阿母："儿已薄禄相[⑳]，幸复得此妇，结发同枕席，黄泉共为友[㉑]。共事二三年，始尔未为久[㉒]。女行无偏斜，何意致不厚[㉓]？"

阿母谓府吏："何乃太区区[㉔]！此妇无礼节，举动自专由[㉕]。吾意久怀忿[㉖]，汝岂得自由[㉗]！东家有贤女，自名秦

（清）虞沅　玉堂富贵图

---

① 选自南朝陈徐陵（507～583）编《玉台新咏》卷一（中华书局，1985年版），原题为"古诗为焦仲卿妻作"。作者不详。《孔雀东南飞》是保存下来的我国古代最早的一首长篇叙事诗，也是古乐府民歌的代表作之一，与北朝的《木兰辞》并称"乐府双璧"。 ② ［建安中］建安年间（196～219）。建安，汉献帝年号。 ③ ［庐江］汉代郡名，在现在安徽潜山一带。 ④ ［府小吏］太守府衙里的小官吏。 ⑤ ［遣］休。旧时女子被夫家离弃，送回娘家。 ⑥ ［缢（yì）］上吊。 ⑦ ［时人伤之，为诗云尔］当时的人哀悼他们，写了一首诗。伤，哀悼。为，写。云尔，句末语气助词。 ⑧ ［孔雀东南飞，五里一徘徊］孔雀向东南飞，每飞五里，就流连一阵。徘徊，流连往复。汉代诗常以鸿鹄徘徊比喻夫妇惜别。古代民歌中常用这两句诗引起下边的故事。 ⑨ ［十三能织素］十三岁就能织精美的白绢。下面是仲卿妻对仲卿说的话。 ⑩ ［箜篌（kōnghóu）］古代的一种拨弦乐器，弦数最少五根，最多二十五根，分卧式、竖式两种。 ⑪ ［诗书］《诗经》和《尚书》。这里泛指一般经书。 ⑫ ［守节情不移］遵守府里的规则，专心不移。移，改变。 ⑬ ［贱妾］仲卿妻自称。妾，封建社会妇女谦称。 ⑭ ［断］指把织成的布截下来。 ⑮ ［大人故嫌迟］婆婆总是嫌我织得慢。大人，婆婆。故，总是，仍旧。 ⑯ ［非为织作迟，君家妇难为］（其实）并不是织得慢，你家的媳妇难做啊！ ⑰ ［妾不堪驱使，徒留无所施］我既然不能胜任你家使唤，白白地留着也没有什么用。不堪，不能胜任。驱使，使唤。徒，白白地。施，用。 ⑱ ［便可白公姥（mǔ）］你就可以禀告婆婆。白，告诉、禀告。公姥，公公婆婆，这里是偏义复词，专指婆婆。 ⑲ ［启］告诉、禀告。 ⑳ ［儿已薄禄相］我已经没有做高官、享厚禄的福相。相，相貌。古人迷信，常常从相貌来断定一个人的命运。 ㉑ ［结发同枕席，黄泉共为友］年少时结为夫妇，死后也要相依为伴。结发，古人到了一定的年龄（一般是男子20岁，女子15岁）就把头发结起来，表示成年，可以结婚了。黄泉，指人死后埋葬的地方。 ㉒ ［共事二三年，始尔未为久］（我们）在一起生活不过两三年，（婚姻）才开始，还不算很久。尔，助词。 ㉓ ［女行无偏斜，何意致不厚］这个女子的行为并没有什么不当，为什么招致苛责呢？何意，何故。致，招致，得到。 ㉔ ［区区］愚拙，凡庸。 ㉕ ［举动自专由］一举一动完全凭（她）自己的意思。 ㉖ ［吾意久怀忿］我早就憋了一肚子气。忿，怒。 ㉗ ［自由］自作主张。

罗敷。可怜体无比①，阿母为汝求。便可速遣之，遣去慎莫留②！”

府吏长跪告：“伏惟启阿母③，今若遣此妇，终老不复取④！”

阿母得闻之，槌床⑤便大怒：“小子无所畏，何敢助妇语！吾已失恩义，会不相从许⑥！”

府吏默无声，再拜还入户⑦。举言谓新妇，哽咽不能语⑧：“我自不驱卿⑨，逼迫有阿母。卿但暂还家，吾今且报府⑩。不久当归还，还必相迎取⑪。以此下心意⑫，慎勿违吾语。”

新妇谓府吏：“勿复重纷纭⑬。往昔初阳岁⑭，谢家来贵门⑮。奉事循公姥，进止敢自专⑯？昼夜勤作息⑰，伶俜萦苦辛⑱。谓言⑲无罪过，供养卒大恩⑳；仍更被驱遣，何言复来还？妾有绣腰襦㉑，葳蕤自生光㉒；红罗复斗帐，四角垂香囊㉓；箱帘六七十，绿碧青丝绳㉔，物物各自异，种种在其中。人贱物亦鄙，不足迎后人㉕，留待作遗施㉖，于今无会因㉗，时时为安慰，久久莫相忘！”

鸡鸣外欲曙，新妇起严妆㉘。著我绣夹裙，事事四五通㉙。足下蹑丝履，头上玳瑁光㉚。腰若流纨素，耳著明月珰㉛。指如削葱根，口如含朱丹㉜。纤纤作细步，精妙世无双。

上堂拜阿母，阿母怒不止。“昔作女儿时，生小出野里㉝，本自无教训，兼愧贵家子㉞。受母钱帛㉟多，不堪母驱使。今日还家去，念母劳家里㊱。”却与小姑别㊲，泪落连珠子㊳：“新妇初来时，小姑始扶床㊴；今日被驱遣，小姑如我长。勤心养公姥，好自相扶将㊵。初

---

① ［可怜体无比］体态可爱无比。可怜，可爱。体，体态，姿态。 ② ［遣去慎莫留］打发（她）走，千万不要留（她）。慎莫，千万不要。 ③ ［伏惟启阿母］启禀母亲。伏惟，字面意思是“伏在地上想”，这里是晚辈对长辈说话表示恭敬的套词。 ④ ［终老不复取］终身不再娶妻。取，通“娶”。 ⑤ ［槌床］用拳头敲着坐具。床，古代的坐具。 ⑥ ［吾已失恩义，会不相从许］我（对她）已经没有恩情了，一定不能答应你的要求。会，一定。 ⑦ ［再拜还入户］对母亲拜了两拜，回到自己房里。再，两次。 ⑧ ［举言谓新妇，哽咽不能语］张嘴对妻子说话，却哽咽得连话也说不成。举言，发言。新妇，这里指刘兰芝。语，说话。 ⑨ ［卿］丈夫对妻子的爱称。 ⑩ ［报府］赴府，到庐江太守府里去办事。 ⑪ ［迎取］迎接你回家。 ⑫ ［以此下心意］为了这个，你就受些委屈吧。下心意，忍耐委屈。 ⑬ ［勿复重（chóng）纷纭］不必再提接回来的话了。 ⑭ ［初阳岁］冬至以后，立春以前。 ⑮ ［谢家来贵门］离开自己的家，嫁到你家。谢，辞别。 ⑯ ［奉事循公姥，进止敢自专］一切行事都顺着婆婆的意思，一举一动哪里敢自作主张？ ⑰ ［勤作息］勤劳地工作。作息，原意是工作和休息，这里专指劳作。 ⑱ ［伶俜（pīng）萦（yíng）苦辛］孤孤单单，受尽辛苦折磨。伶俜，孤单的样子。萦，缠绕。 ⑲ ［谓言］总认为。 ⑳ ［供养卒大恩］终生侍奉婆婆，报答她的恩情。卒，尽、终。 ㉑ ［绣腰襦］绣花的齐腰短袄。 ㉒ ［葳蕤（wēiruí）自生光］（袄上的刺绣）鲜亮美丽，自然发出光彩。葳蕤，草木繁盛的样子。这里形容刺绣鲜亮美丽。自，自然。 ㉓ ［红罗复斗帐，四角垂香囊］双层红色沙罗做的帐子，四角挂着香袋。复，双层。斗帐，像倒置的斗一样的帐子。 ㉔ ［箱帘六七十，绿碧青丝绳］放衣物的箱子有六七十只，都用碧绿的青丝绳捆着。帘，通“奁（lián）”，盛梳妆用品的匣子。 ㉕ ［不足迎后人］不配送给后来的人。后人，指焦仲卿将来再娶的妻子。 ㉖ ［留待作遗（wèi）施］留着做纪念吧。遗施，赠送，施与。 ㉗ ［于今无会因］从此以后再没有见面的机会了。 ㉘ ［严妆］仔细地梳妆打扮。 ㉙ ［事事四五通］每穿一件衣饰，都要更换四五次。通，遍。 ㉚ ［足下蹑丝履，头上玳瑁（dàimào）光］脚上穿着绸鞋，头上戴着闪闪发光的玳瑁首饰。蹑，踩，这里指穿（鞋）。玳瑁，一种在海中的爬行动物，形状像龟。甲壳，黄黑色，有黑斑，有光泽，可制装饰品。 ㉛ ［腰若流纨素，耳著明月珰（dāng）］腰间束着洁白的绸子，光彩像水一样流动，耳朵上戴着夜明珠耳坠。纨素，洁白的绸子。流，是说纨素的光像水流动。著，戴。明月珰，夜明珠做的耳坠，因珠光晶莹似月光，故称明月。 ㉜ ［指如削葱根，口如含朱丹］手指白嫩纤细，像削尖的葱白；嘴唇红润，像含着朱砂。朱丹，朱砂。 ㉝ ［生小出野里］从小生长在乡下。 ㉞ ［兼愧贵家子］同您家少爷结婚，更感到惭愧。 ㉟ ［钱帛］指聘礼。 ㊱ ［念母劳家里］记挂婆婆在家里操劳。 ㊲ ［却与小姑别］退出来再同妹妹告别。却，退出来。小姑，丈夫的妹妹。 ㊳ ［泪落连珠子］眼泪像串串珍珠般落下来。 ㊴ ［始扶床］刚能扶着床走。这里是夸张的写法，极言日子过得快。 ㊵ ［好自相扶将］好好服侍老人家。扶将，服侍。

七及下九[①]，嬉戏莫相忘。”出门登车去，涕落百余行。

府吏马在前，新妇车在后，隐隐何甸甸[②]，俱会大道口。下马入车中，低头共耳语：“誓不相隔卿，且暂还家去；吾今且赴府，不久当还归，誓天不相负[③]！”

新妇谓府吏：“感君区区[④]怀！君既若见录[⑤]，不久望君来。君当作磐石[⑥]，妾当作蒲苇，蒲苇纫[⑦]如丝，磐石无转移。我有亲父兄[⑧]，性行[⑨]暴如雷，恐不任我意，逆以煎我怀[⑩]。”举手长劳劳[⑪]，二情同依依。

入门上家堂，进退无颜仪[⑫]。阿母大拊掌[⑬]，不图子自归[⑭]：“十三教汝织，十四能裁衣，十五弹箜篌，十六知礼仪，十七遣汝嫁，谓言无誓违[⑮]。汝今无罪过，不迎而自归？”兰芝惭阿母[⑯]：“儿实无罪过。”阿母大悲摧[⑰]。

还家十余日，县令遣媒来。云有第三郎[⑱]，窈窕世无双，年始十八九，便言多令才[⑲]。

阿母谓阿女：“汝可去应之[⑳]。”

阿女含泪答：“兰芝初还时，府吏见丁宁[㉑]，结誓不别离。今日违情义，恐此事非奇[㉒]。自可断来信，徐徐更谓之[㉓]。”

阿母白媒人：“贫贱有此女，始适还家门[㉔]。不堪[㉕]吏人妇，岂合令郎君？幸可广问讯[㉖]，不得便相许。”媒人去数日，寻遣丞请还，说有兰家女，承籍有宦官[㉗]。云有第五郎，娇逸[㉘]未有婚。遣丞为媒人，主簿通语言[㉙]。直说太守家，有此令郎君，既欲结大义[㉚]，故遣来贵门。

阿母谢媒人：“女子先有誓，老姥岂敢言！”

阿兄得闻之，怅然心中烦，举言谓阿妹：“作计何不量[㉛]！先嫁得府吏，后嫁得郎君，否泰如天地[㉜]，足以荣汝身。不嫁义郎体，其往欲何云[㉝]？”

---

① ［初七及下九］七月七日和每月的十九日。初七，指农历七月七日，又称“乞巧节”。下九，古人以农历每月的二十九为上九，初九为中九，十九为下九；在汉代，每月十九日是妇女欢聚的日子。 ② ［隐隐何甸甸］隐隐、甸甸，都是车声。何，助词，相当于“啊”字。 ③ ［誓天不相负］指天发誓，决不会对不起你。 ④ ［区区］真情挚爱，与上文“何乃太区区”的“区区”不同。 ⑤ ［君既若见录］你既然如此记着我。录，记。见，此处指“我”。 ⑥ ［磐(pán)石］厚而大的石头。 ⑦ ［纫］通“韧”，柔软而结实。 ⑧ ［亲父兄］同胞哥哥，亲哥哥。 ⑨ ［性行］性情和行为。

⑩ ［逆以煎我怀］想到将来，我心里像煎熬一般。逆，预料、想到将来。 ⑪ ［举手长劳劳］举手告别，忧伤不止。劳劳，忧愁伤感的样子。 ⑫ ［进退无言仪］上前后退都觉得没脸面。不论怎样都觉得惭愧。仪，容貌。 ⑬ ［拊(fǔ)掌］拍手，表示惊异。拊，拍。 ⑭ ［不图子自归］想不到女儿自己回来了。没料到女儿竟被驱遣回家。古时女子出嫁以后，一定要母亲得到婆家的同意，派人迎接，才能回娘家。子，指女儿。 ⑮ ［谓言无誓违］总以为你不会有什么过失。誓，似应作“諐”(qiān)。古“諐”字，过失。 ⑯ ［兰芝惭阿母］兰芝面对母亲很惭愧。 ⑰ ［悲摧］悲痛。摧，伤心，断肠。 ⑱ ［云有第三郎］(媒人)说有个三少爷。 ⑲ ［便(pián)言多令才］口才很好，又多才能。便言，能言善辩。便，口才敏捷。令，美好。 ⑳ ［应之］答应他。 ㉑ ［见丁宁］嘱咐我。见，指代我。丁宁，也作“叮咛”。 ㉒ ［恐此事非奇］恐怕这件事这样做不合适。奇，似应为“宜”。非奇，不宜。 ㉓ ［自可断来信，徐徐更谓之］可以回绝媒人，以后慢慢再谈吧。断，回绝。信，使者，指媒人。之，它，指改嫁的事。 ㉔ ［始适还家门］刚出嫁不久就被送回娘家。适，出嫁。 ㉕ ［不堪］不配做。堪，胜任。 ㉖ ［幸可广问讯］希望你多方面打听打听。幸，希望。 ㉗ ［媒人去数日……承籍有宦官］这里可能有文字脱漏或错误。有人认为“说有兰家女，承籍有宦官”两句当在“阿母谢媒人”之后，是阿母辞谢媒人的话。意思是有兰家之女，出身于官人家，可配太守之子，而自己的女儿出身微贱，不能相配。但这两句后边，恐仍有遗漏。寻，接着、不久。丞，郡丞，辅助太守的官。宦官，做官的人。 ㉘ ［娇逸］娇美文雅。 ㉙ ［遣丞为媒人，主簿通语言］派郡丞去做媒人，(这是)主簿传达(太守)的话。主簿，太守的属官。 ㉚ ［结大义］结为婚姻。

㉛ ［作计何不量］(你)打这样的主意，多么缺乏考虑啊！量，思量，考虑。 ㉜ ［否(pǐ)泰如天地］运气的好坏，相差像天上地下一样。否，坏运气。泰，好运气。 ㉝ ［不嫁义郎体，其往欲何云］不嫁给仁义的人，往后(你)打算怎么样呢？义郎，仁义的郎君，指太守的儿子。其往，其后，将来。何云，何如。

兰芝仰头答："理实如兄言。谢家事夫婿，中道还兄门①。处分适兄意②，那得自任专！虽与府吏要③，渠会永无缘④。登即相许和⑤，便可作婚姻。"

媒人下床去⑥，诺诺复尔尔⑦。还部白府君⑧："下官奉使命，言谈大有缘⑨。"府君得闻之，心中大欢喜。视历复开书，便利此月内⑩，六合⑪正相应⑫。良吉⑬三十日，今已二十七，卿可去成婚⑭。交语速装束，络绎如浮云⑮。青雀白鹄舫，四角龙子幡⑯，婀娜⑰随风转。金车玉作轮，踯躅青骢马⑱，流苏金镂鞍⑲。赍⑳钱三百万，皆用青丝穿。杂彩㉑三百匹，交广市鲑珍㉒。从人㉓四五百，郁郁登郡门㉔。

阿母谓阿女："适㉕得府君书，明日来迎汝。何不作衣裳？莫令事不举㉖！"

阿女默无声，手巾掩口啼，泪落便如泻。移我琉璃榻㉗，出置前窗下。左手持刀尺，右手执绫罗。朝成绣夹裙，晚成单罗衫。晻晻日欲暝㉘，愁思出门啼。

府吏闻此变，因求假暂归。未至二三里，摧藏马悲哀㉙。新妇识马声，蹑履相逢迎。怅然遥相望，知是故人来。举手拍马鞍，嗟叹使心伤："自君别我后，人事不可量㉚。果不如先愿，又非君所详㉛。我有亲父母㉜，逼迫兼弟兄㉝，以我应他人，君还何所望！"

府吏谓新妇："贺卿得高迁！磐石方且厚，可以卒千年；蒲苇一时纫，便作旦夕间㉞。卿当日胜贵㉟，吾独向黄泉！"

新妇谓府吏："何意出此言！同是被逼迫，君尔妾亦然㊱。黄泉下相见，勿违今日言！"执手分道去，各各还家门。生人作死别，恨恨那可论㊲？念与世间辞，千万不复全㊳！

府吏还家去，上堂拜阿母："今日大风寒，寒风摧树木，严霜结庭兰㊴。儿今日冥冥㊵，

---

① ［中道还兄门］半中间又回到哥哥家里。 ② ［处分适兄意］怎样处理，完全照哥哥的主意吧。处分，处理，安排。适，适合、依照。 ③ ［要(yāo)］约。 ④ ［渠会永无缘］同他永远没机会见面了。渠，他。 ⑤ ［登即相许和］立刻就答应这门亲事吧。登，立刻。许和，应许。 ⑥ ［下床去］从座位上起来走了。去，离去。 ⑦ ［诺诺复尔尔］是，是，就这样办，就这样办。尔尔，如此如此。 ⑧ ［还部白府君］回到府里报告太守。部，府署。白，禀报。府君，太守。 ⑨ ［言谈大有缘］说起来，他们两人大有缘分。 ⑩ ［视历复开书，便利此月内］反复翻看历书，婚期定在这个月内就很吉利。 ⑪ ［六合］旧时结婚要选好日子，要年、月、日的干支(干，甲、乙、丙、丁……；支，子、丑、寅、卯……。年、月、日的干支合起来共六个字，例如甲子年，丙寅日)都相合适，这叫"六合"。 ⑫ ［相应］合适。 ⑬ ［良吉］良辰吉日。 ⑭ ［卿可去成婚］这是太守叫郡丞去刘家定好结婚日期。 ⑮ ［交语速装束，络绎如浮云］大家纷纷传告，"赶快收拾，准备吧"，人来人往，像天上的浮云一样接连不断。装束，收拾，准备。交语，互相传告。络绎，接连不断。 ⑯ ［青雀白鹄舫，四角龙子幡］画着青雀、白鹄的船，四角挂着龙子的幡。舫，船。龙子幡，旗帜名。 ⑰ ［婀娜］形容旗帜轻柔飘动的样子。这里是指龙子幡。 ⑱ ［踯躅(zhīzhú)青骢马］毛色青白相杂的马缓缓地走。踯躅，徘徊不进，这里指缓慢前进。 ⑲ ［流苏金镂鞍］马鞍周围垂着缨子，上面有镂刻的金饰。流苏，下垂的缨子。 ⑳ ［赍(jī)］赠送。 ㉑ ［杂彩］各色绸子。 ㉒ ［交广市鲑(xié)珍］从交州、广州(现在广东、广西一带)采办的山珍海味。市，买，购买。鲑，鱼类菜肴的总称。珍，美味。 ㉓ ［从人］仆人。 ㉔ ［郁郁登郡门］热热闹闹地走到庐江郡门。郁郁，繁盛的样子。 ㉕ ［适］刚才。 ㉖ ［莫令事不举］别让婚事办得不像样！举，成功。 ㉗ ［琉璃榻］镶嵌着琉璃的榻。榻，坐具，床。 ㉘ ［晻(yǎn)晻日欲暝］昏昏暗暗天色将晚。晻，昏暗无光。暝，日暮。 ㉙ ［摧藏(zàng)马悲哀］人伤心，马也悲哀。摧藏，摧折心肝，伤心。藏，同"脏"，脏腑。 ㉚ ［不可量］料想不到。 ㉛ ［详］(事情)清楚。 ㉜ ［父母］偏义复词，这里指母 ㉝ ［逼迫兼弟兄］逼迫我的还有哥哥。弟兄，偏义复词，指兄。 ㉞ ［便作旦夕间］就只能保持很短的时间。旦夕，形容时间短。 ㉟ ［卿当日胜贵］你将会一天比一天富贵起来。 ㊱ ［君尔妾亦然］你这样，我也这样。尔、然，都是"这样"的意思。 ㊲ ［恨恨那可论］心里的愤恨哪里说得尽呢？恨恨，愤恨到极点。 ㊳ ［念与世间辞，千万不复全］想到他们将要永远离开人世，无论如何不能再保全了。这两句和前面两句都是作者叙述的话。 ㊴ ［严霜结庭兰］院子里的兰花结满了浓霜。 ㊵ ［儿今日冥冥］你的儿子将不久于人世。日冥冥，日暮，这里拿太阳下山来比喻生命即将结束。

令母在后单①。故作不良计②，勿复怨鬼神！命如南山石，四体康且直③！”

阿母得闻之，零泪应声落：“汝是大家子，仕宦于台阁④，慎勿为妇死，贵贱情何薄⑤！东家有贤女，窈窕艳城郭⑥，阿母为汝求，便复在旦夕。”

府吏再拜还，长叹空房中，作计乃尔立⑦。转头向户里，渐见愁煎迫。

其日牛马嘶⑧，新妇入青庐⑨。奄奄黄昏后⑩，寂寂人定初⑪。“我命绝今日，魂去尸长留！”揽裙脱丝履，举身赴清池。

府吏闻此事，心知长别离，徘徊庭树下，自挂东南枝。

两家求合葬，合葬华山傍⑫。东西植松柏，左右种梧桐。枝枝相覆盖，叶叶相交通⑬。中有双飞鸟，自名为鸳鸯，仰头相向鸣，夜夜达五更。行人驻足⑭听，寡妇起彷徨⑮。多谢后世人，戒之慎勿忘⑯！

品味探究

1. 诵读全诗，理清故事的叙述线索，给每个情节拟一个标题。
2. 这首诗叙述了一个爱情悲剧故事。试问，这场悲剧是怎样产生的？
3. 谈谈刘兰芝、焦仲卿、焦母及刘兄的性格特点。
4. 结合具体诗句，说说课文刻画人物的方法。
5. 背诵“鸡鸣外欲曙”至“二情同依依”，“府吏闻此变”至“千万不复全”。

课后练习

1. 指出加点字的读音及解释完全正确的一组（　　）

A. 箜篌(kōng hóu)　公姥(mǔ)：公婆，这里偏指婆婆　伶俜(líng pīng)：孤单的样子

B. 腰襦(rú)　葳蕤(wēi ruí)：草木繁盛貌　遗施(yí)：赠送、施与

C. 玳瑁(dài mào)　磐石(pán)：厚重巨大的石头　誓违(qiān)：违背，违反

---

① [令母在后单]让母亲今后很孤单。 ② [故作不良计]我是有意作这不好的打算，指自杀。故，故意。 ③ [命如南山石，四体康且直](愿您的)寿命像南山的石头一样长久，(愿您的)身体永远健康。四体，身体。直，身子骨硬朗。 ④ [仕宦于台阁]在大官府任官职。仕宦，任官职。台阁，泛指大的官府。 ⑤ [贵贱情何薄](你和她)贵贱不同，(离弃了她)哪里就算薄情呢！贵，指仲卿。贱，指兰芝。何薄，何薄之有。 ⑥ [窈窕艳城郭](她的)美丽在这城内外是出名的。郭，外城。 ⑦ [作计乃尔立](自杀的)主意就这样打定了。乃尔，就这样。 ⑧ [其日牛马嘶](结婚)这一天牛马乱叫的时候。嘶，马叫。 ⑨ [新妇入青庐]新妇进了青布帐篷。青庐，用青布搭成的篷帐，举行婚礼的地方，东汉至唐有这种风俗。 ⑩ [奄奄黄昏后]天黑了以后。奄奄，日落昏暗的样子。黄昏，十二时辰之一，戌(xū)时，相当于现在的19时至21时。 ⑪ [寂寂人定初]静悄悄的，人们开始安歇了。人定，亥时，相当于现在的21时到23时。这里指夜深人静的时候。 ⑫ [合葬华山傍]一起葬在华山旁边。合葬，把两人葬在同一个坟墓里。华山，庐江境内的一座小山。 ⑬ [交通]交互连接。 ⑭ [驻足]停步。 ⑮ [寡妇起彷徨]寡妇(听见了)从床上起来，心里很不安定。 ⑯ [多谢后世人，戒之慎勿忘]反复嘱咐后世的人，要以此为戒，千万不要忘记。谢，嘱咐，劝告。戒，告诫。

D. 踯躅(zhízhú)　赍钱(jī)：赠送钱财　鲑珍(guī)：鱼类菜肴，各种美味。

E. 青骢马(zōng)　白鹄舫(hú fǎng)：舫，船　龙子幡(fān)：旗帜名

2. 下列句中加点字读音完全正确的一组是(　　)

(1) 供养卒大恩(gōng)　　(2) 慎勿违吾语(wéi)

(3) 著我绣夹裙(jiā)　　(4) 耳著明月珰(zhuó)

(5) 纤纤作细步(qiān)　　(6) 受母钱帛多(bó)

(7) 隐隐何甸甸(tián)　　(8) 且暂还家去(zhǎn)

(9) 阿母大拊掌(fǔ)　　(10) 汝可去应之(yìng)

(11) 恐此事非奇(jī)　　(12) 作计何不量(liàng)

(13) 处分适兄意(chǔ)　　(14) 交语速装束(yù)

(15) 移我琉璃榻(tà)　　(16) 左右种梧桐(wú)

A. (1) (4) (5) (7) (9) (11) (14) (16)

B. (1) (3) (6) (9) (10) (12) (14) (15)

C. (2) (4) (7) (8) (10) (12) (15) (16)

D. (2) (4) (6) (9) (10) (12) (13) (16)

3. 下列句中不含代词的一项是(　　)

A. 阿母为汝求　B. 我自不驱卿　C. 吾今且赴府

D. 汝今何罪过　E. 渠会永无缘　F. 还部白府君　G. 以我应他人

4. 下列加点的词语的意义，古今相同的一项是(　　)

A. 昼夜勤作息　嬉戏莫相忘　　B. 共事二三年　可怜体无比

C. 处分适兄意　不久当还归　　D. 叶叶相交通　千万不复全

5. "相"作副词，常用以表示两者之间的关系：一是表示"互相"，如"相依为命"；一是表示"递相"，如"代代相传"。此外，"相"还可以用来称代"你"、"我"、"他"；还可用作名词等。请根据语言环境，解释下边句子中"相"的含义。

(1) 及时相遣归

(2) 会不相从许

(3) 儿已薄禄相

(4) 相见常日稀

(5) 还必相迎取

(6) 好自相扶将

(7) 嬉戏莫相忘

(8) 不得便相许

(9) 登即相许和

(10) 蹑履相逢迎

6. 分析下边诗句的含义，选择最恰当的答案。

(1) "妾不堪驱使，徒留无所施，便可白公姥，及时相遣归。"这里，兰芝自请遣归的原因是(　　)

A. 不堪凌虐，深知被遣乃形势所趋，毅然以此维护自己人格的尊严。

B. 不能承受繁重的劳动，深知自己与婆婆的矛盾不可能得到缓解，愤然以此作为对婆婆的反抗。

C. 不堪凌虐，深知婆婆与自己水火不能相容，只能以此作为脱离苦海的方法。

D. 不能忍受孤苦的处境，深感在焦家当媳妇的艰难，于是以此警告丈夫和婆婆，表明自己的愤懑。

(2) "著我绣夹裙，事事四五通。足下蹑丝履，头上玳瑁光。腰若流纨素，耳著明月珰。指如削葱

根，口如含朱丹。纤纤作细步，精妙世无双。”这些诗句着力铺陈的作用是（ ）

A. 表明兰芝恋恋难舍，强作精神，掩饰内心的哀怨。

B. 表明兰芝不甘示弱，有意在婆婆面前示威。

C. 写出兰芝的美丽，突出她坚忍刚强、从容自如的性格。

D. 写出兰芝有意装饰，绝不肯受别人歧视的心理。

7. 在古代汉语中，有一些由两个意义相关或相反的单音词组成的合成词，这种合成词的意义只偏重于其中的一个单音词上，另一个单音词只起陪衬作用，这种合成词就叫偏义复词。比如，“今天下三分，益州疲敝，此诚危急存亡之秋也”（《出师表》），联系上下文看，这里的“存亡”，重点应该是说“亡”，“存”只是陪衬。对偏义复词的理解，须结合上下文来琢磨。请从本课中找出三例予以说明。

木兰辞

唧唧复唧唧，木兰当户织。不闻机杼声，惟闻女叹息。

问女何所思，问女何所忆。女亦无所思，女亦无所忆。昨夜见军帖，可汗大点兵。军书十二卷，卷卷有爷名。阿爷无大儿，木兰无长兄。愿为市鞍马，从此替爷征。

东市买骏马，西市买鞍鞯，南市买辔头，北市买长鞭。旦辞爷娘去，暮宿黄河边。不闻爷娘唤女声，但闻黄河流水鸣溅溅。旦辞黄河去，暮至黑山头。不闻爷娘唤女声，但闻燕山胡骑鸣啾啾。

万里赴戎机，关山度若飞。朔气传金柝，寒光照铁衣。将军百战死，壮士十年归。

归来见天子，天子坐明堂。策勋十二转，赏赐百千强。可汗问所欲，木兰不用尚书郎，愿驰千里足，送儿还故乡。

爷娘闻女来，出郭相扶将；阿姊闻妹来，当户理红妆；小弟闻姊来，磨刀霍霍向猪羊。开我东阁门，坐我西阁床。脱我战时袍，著我旧时裳。当窗理云鬓，对镜贴花黄。出门看伙伴，伙伴皆惊忙：同行十二年，不知木兰是女郎。

雄兔脚扑朔，雌兔眼迷离；双兔傍地走，安能辨我是雄雌？

我的母亲①

老　舍

母亲的娘家是在北平德胜门外，土城儿外边，通大钟寺的大路上的一个小村里。村里一共有四五家人家，都姓马。大家都种点不十分肥美的地，但是与我同辈的兄弟们，也有当兵的，作木匠的，作泥水匠的，和当巡察的。他们虽然是农家，却养不起牛马，人手不够的时候，妇女便也须下地作活。

对于姥姥家，我只知道上述的一点。外公外婆是什么样子，我就不知道了，因为他们早已去世。至于更远的族系与家史，就更不晓得了；穷人只能顾眼前的衣食，没有功夫谈论什么过去的光荣；"家谱"这字眼，我在幼年就根本没有听说过。

母亲生在农家，所以勤俭诚实，身体也好。这一点事实却极重要，因为假若我没有这样的一位母亲，我以为我恐怕也就要大大的打个折扣了。

母亲出嫁大概是很早，因为我的大姐现在已是六十多岁的老太婆，而我的大甥女还长我一岁啊。我有三个哥哥、四个姐姐，但能长大成人的，只有大姐、二姐、三姐、三哥与我。我是"老"儿子。生我的时候，母亲已有四十一岁，大姐二姐已都出了阁。

由大姐与二姐所嫁人的家庭来推断，在我生下之前，我的家里，大概还马马虎虎的过得去。那时候订婚讲究门当户对，而大姐丈是作小官的，二姐丈也开过一间酒馆，他们都是相当体面的人。

可是，我，我给家庭带来了不幸：我生下来，母亲晕过去半夜，才睁眼看见她的老儿子——感谢大姐，把我揣在怀中，致未冻死。

一岁半，我把父亲"克"死了。

兄不到十岁，三姐十二三岁，我才一岁半，全仗母亲独力抚养了。父亲的寡姐跟我们一块儿住，她吸鸦片，她喜摸纸牌，她的脾气极坏。为我们的衣食，母亲要给人家洗衣服，缝补或裁缝衣裳。在我的记忆中，她的手终年是鲜红微肿的。白天，她洗衣服，洗一两大绿瓦盆。她作事永远丝毫也不敷衍，就是屠户们送来的黑如铁的布袜，她也给洗得雪白。晚间，她与三姐抱着一盏油灯，还要缝补衣服，一直到半夜。她终年没有休息，可是在忙

---

① 选自《老舍散文选》(百花文艺出版社，1984年版)，有改动。老舍(1899～1966)，原名舒庆春，字舍予，北京人，现代作家。著有《骆驼祥子》、《四世同堂》、《龙须沟》、《茶馆》等。

碌中她还把院子屋中收拾得清清爽爽。桌椅都是旧的，柜门的铜活①久已残缺不全，可是她的手老使破桌面上没有尘土，残破的铜活发着光。院中，父亲遗留下的几盆石榴与夹竹桃，永远会得到应有的浇灌与爱护，年年夏天开许多花。

哥哥似乎没有同我玩耍过。有时候，他去读书；有时候，他去学徒；有时候，他也去卖花生或樱桃之类的小东西。母亲含着泪把他送走，不到两天，又含着泪接他回来。我不明白这都是什么事，而只觉得与他很生疏。与母亲相依为命的是我与三姐。因此，她们作事，我老在后面跟着。她们浇花，我也张罗着取水；她们扫地，我就撮②土……从这里，我学得了爱花，爱清洁，守秩序。这些习惯至今还被我保存着。

有客人来，无论手中怎么窘，母亲也要设法弄一点东西去款待。舅父与表哥们往往是自己掏钱买酒肉食，这使她脸上羞得飞红，可是殷勤的给他们温酒作面，又给她一些喜悦。遇上亲友家中有喜丧事，母亲必把大褂洗得干干净净，亲自去贺吊③——份礼也许只是两吊小钱。到如今如我的好客的习性，还未全改，尽管生活是这样清苦，因为自幼儿看惯了的事情是不易改掉的。

姑母时常闹脾气。她单在鸡蛋里找骨头。她是我家中的阎王。直到我入了中学，她才死去，我可是没有看见母亲反抗过。“没受过婆婆的气，还不受大姑子的吗？命当如此！”母亲在非解释一下不足以平服别人的时候，才这样说。是的，命当如此。母亲活到老，穷到老，辛苦到老，全是命当如此。她最会吃亏。给亲友邻居帮忙，她总跑在前面：她会给婴儿洗三④——穷朋友们可以因此少花一笔“请姥姥”钱——她会刮痧⑤，她会给孩子们剃头，她会给少妇绞脸⑥……凡是她能作的，都有求必应。但是，吵嘴打架，永远没有她。她宁可吃亏，不逗气。当姑母死去的时候，母亲似乎把一世的委屈都哭了出来，一直哭到坟地。不知道哪里来的一位侄子，声称有承继权，母亲便一声不响，教他搬走那些破桌子烂板凳，而且把姑母养的一只肥母鸡也送给他。

可是，母亲并不软弱。父亲死在庚子闹“拳”⑦的那一年。联军入城，挨家搜索财物鸡鸭，我们家被搜两次。母亲拉着哥哥与三姐坐在墙根，等着“鬼子”进门，街门是开着的。“鬼子”进门，一刺刀先把老黄狗刺死，而后入室搜索。他们走后，母亲把破衣箱搬起，才发现了我。假若箱子不空，我早就被压死了。皇上跑了，丈夫死了，鬼子来了，满城是血光火焰，可是母亲不怕，她要在刺刀下，饥荒中，保护着儿女。北平有多少变乱啊，有时候兵变了，街道整条的烧起，火团落在我们院中。有时候内战了，城门紧闭，铺店关门，昼夜响着枪炮。这惊恐，这紧张，再加上一家饮食的筹划，儿女安全的顾虑，岂是一个软弱的老寡妇所能受得起的？可是，在这种时候，母亲的心横起来，她不慌不哭，要从无办法中想出办法来。她的泪会在心中落！这点软而硬的性格，也传给了我。我对一切人与事，都取和平的态度，把吃亏看作是当然的。但是，在做人上，我有一定的宗旨与基本的法则，什么事都可将就，而不能超过自己划好的界限。我怕见生人，怕办杂事，怕出头露面；但是到了非我去不可的时候，我便不得不去，正像我的母亲。从私塾到小学，到中学，

---

① ［铜活］铜制品。 ② ［撮］聚起，多指用簸箕状的器具铲起东西。 ③ ［贺吊］恭贺，吊唁。 ④ ［洗三］给出生后第三天的婴儿洗澡。 ⑤ ［刮痧(shā)］民间治疗某些疾病的方法。 ⑥ ［绞脸］妇女美容时用绞在一起的细线一张一合去掉脸上的细毛。 ⑦ ［庚(gēng)子闹“拳”］指义和团运动。

我经历过起码有二十位教师吧，其中有给我很大影响的，也有毫无影响的，但是我的真正的教师，把性格传给我的，是我的母亲。母亲并不识字，她给我的是生命的教育。

当我在小学毕了业的时候，亲友一致的愿意我去学手艺，好帮助母亲。我晓得我应当去找饭吃，以减轻母亲的勤劳困苦。可是，我也愿意升学。我偷偷的考入了师范学校——制服、饭食、书籍、宿处，都由学校供给，只有这样，我才敢对母亲提升学的话。入学，要交十元的保证金。这是一笔巨款！母亲作了半个月的难，把这巨款筹到，而后含泪把我送出门去。她不辞劳苦，只要儿子有出息。当我由师范毕业，而被派为小学校长，母亲与我都一夜不曾合眼。我只说了句："以后，您可以歇一歇了！"她的回答只有一串串的眼泪。我入学之后，三姐结了婚。母亲对儿女都是一样疼爱的，但是假若她也有点偏爱的话，她应当偏爱三姐，因为父亲死后，家中一切的事情都是母亲和三姐共同撑持的。三姐是母亲的右手。但是母亲知道这右手必须割去，她不能为自己的便利而耽误了女儿的青春。当花轿来到我们的破门外的时候，母亲的手就和冰一样的凉，脸上没有血色——那是阴历四月，天气很暖。大家都怕她晕过去。可是，她挣扎着，咬着嘴唇，手扶着门框，看花轿徐徐的走去。不久，姑母死了。三姐已出嫁，哥哥不在家，我又住学校，家中只剩母亲自己。她还须自晓至晚的操作，可是终日没人和她说一句话。新年到了，正赶上政府倡用阳历，不许过旧年。除夕，我请了两个小时的假，由拥挤不堪的街市回到清炉冷灶的家中。母亲笑了。及至听说我还须回校，她愣住了。半天，她才叹出一口气来。到我该走的时候，她递给我一些花生，"去吧，小子！"街上是那么热闹，我却什么也没看见，泪遮迷了我的眼。今天，泪又遮住了我的眼，又想起当日孤独的过那凄惨的除夕的慈母。可是，慈母不会再盼着我了，她已入土！

儿女的生命是不依顺着父母所设下的轨道一直前进的，所以老人总免不了伤心。我二十三岁，母亲要我结了婚，我不要。我请来三姐给我说情，老母含泪点了头。我爱母亲，但是我给了她最大的打击。时代使我成为逆子。二十七岁，我上了英国。为了自己，我给六十多岁的老母以第二次打击。在她七十大寿的那一天，我还远在异域。那天，据姐姐们后来告诉我，老太太只喝了两口酒，很早的便睡下。她想念她的幼子，而不便说出来。

"七七"抗战后，我由济南逃出来。北平又像庚子那年似的被鬼子占据了，可是母亲日夜惦念的幼子却跑西南来。母亲怎样想念我，我可以想象得到，可是我不能回去。每逢接到家信，我总不敢马上拆看，我怕，怕，怕，怕有那不祥的消息。人，即使活到八九十岁，有母亲便可以多少还有点孩子气。失了慈母便像花插在瓶子里，虽然还有色有香，却失去了根。有母亲的人，心里是安定的。我怕，怕，怕家信中带来不好的消息，告诉我已是失了根的花草。

去年一年，我在家信中找不到关于老母的起居情况。我疑虑，害怕。我想象得到，如有不幸，家中念我流亡孤苦，或不忍相告。母亲的生日是在九月，我在八月半写去祝寿的信，算计着会在寿日之前到达。信中嘱咐千万把寿日的详情写来，使我不再疑虑。十二月二十六日，由文化劳军的大会上回来，我接到家信。我不敢拆读。就寝前，我拆开信，母亲已去世一年了！

生命是母亲给我的。我之能长大成人，是母亲的血汗灌养的。

我之能成为一个不十分坏的人，是母亲感化的。我的性格，习惯，是母亲传给的。她一世未曾享过一天福，临死还吃的是粗粮。唉，还说什么呢？心痛！心痛！

1. 反复诵读课文，把握文章内容。

2. 文章表现了母亲的哪些美德？

3. 作者在文章中写道："母亲并不识字，她给我的是生命的教育。"母亲对"我"进行了什么样的"生命教育"呢？

4. 细节描写是刻画人物、表现人物的一个重要手法，说说作者在文中通过哪些细节描写来表达母亲对儿女们的感情。

5. 品读下面的句子，谈谈自己的感受。

(1) 在我的记忆中，她的手终年是鲜红微肿的。

(2) 桌椅都是旧的，柜门的铜活久已残缺不全，可是她的手老使破桌面上没有灰土，残破的铜活发着光。

(3) 母亲含着泪把他送走，不到两天，又含着泪接他回来。

(4) 人，即使活到八九十岁，有母亲便可以多少还有点孩子气。失了慈母便像花插在瓶子里，虽然还有色有香，却失去了根。

(5) 我之能长大成人，是母亲的血汗灌养的。我之能成为一个不十分坏的人，是母亲感化的。

1. 给下列加点的字注音。

敷衍　　忙碌　　秩序　　殷勤

筹划　　嘱咐　　惦念　　撑持

2. 根据拼音写汉字。

①野 mán(　　)　②xī(　　)戏　③chóu(　　)备　④牢 sāo(　　)　⑤严 lì(　　)

⑥宽 yù(　　)　⑦宽 shù(　　)

3. 下列各组词语全部正确的一项是(　　)

A. 勤俭诚实　　干干净净　　聚精会神

B. 有求必应　　斩钉截铁　　一文不直

C. 清清爽爽　　温故知新　　专心至志

D. 马马虎虎　　迎刃而解　　奇耻大辱

游子吟

慈母手中线，游子身上衣。
临行密密缝，意恐迟迟归。
谁言寸草心，报得三春晖。

《游子吟》是唐代诗人孟郊最为脍炙人口的诗作。全诗共六句三十字，采用白描的手法，通过回忆一个看似平常的临行前缝衣的场景，凸显并歌颂了母爱的伟大与无私，表达了诗人对母爱的感激以及对母亲深深的爱与尊敬。这首诗情感真挚自然，千百年来一直广为传诵。

罗密欧与朱丽叶(选场)[①]

［英］莎士比亚

第 三 场 同前。凯普莱特家坟茔所在的墓地。

帕里斯及侍童携鲜花火炬上。

帕 里 斯 孩子，把你的火把给我；走开，站在远远的地方；还是灭了吧，我不愿给人看见。你到那边的紫杉树底下直躺下来，把你的耳朵贴着中空的地面，地下挖了许多墓穴，土是松的，要是有跟跄的脚步走到坟地上来，你准听得见；要是听见有什么声息，便吹一个唿哨通知我。把那些花给我。照我的话做去，走吧。

侍 童 （*旁白*）我简直不敢独自一个人站在墓地上，可是我要硬着头皮试一下。（*退后*）

帕 里 斯 这些鲜花替你铺盖新床；
惨啊，一朵娇红[②]永萎沙尘！
我要用沉痛的热泪淋浪，
和着香水浇溉你的芳坟；
夜夜到你墓前散花哀泣，
这一段相思啊永无消歇！（*侍童吹口哨*）

这孩子在警告我有人来了。哪一个该死的家伙在这晚上到这儿来打扰我在爱人墓前的凭吊？什么！还拿着火把来吗？——让我躲在一旁看看他的动静。（*退后*）

罗密欧及鲍尔萨泽持火炬铁锄等上。

罗 密 欧 把那锄头跟铁钳给我。且慢，拿着这封信；等天一亮，你就把它送给我的父亲。把火把给我。听好我的吩咐，无论你听见什么瞧见什么，都只好远远地站着不许动，免得妨碍我的事情；要是动一动，我就要你的命。我所以要跑下这个坟墓里去，一部分的原因是要探望探望我的爱人，可是主要的理由却是要从她的手指上取下一个宝贵的指环，因为我有一个很重要的用途。所以你赶快给我走开吧；要是你不相信我的话，胆敢回来窥伺我的行动，那么，我可以对天发誓，我要把你的骨骼一节一节扯下

① 节选自《莎士比亚全集》（人民文学出版社，2001年版），有改动。莎士比亚（1564～1616），欧洲文艺复兴时期英国伟大的诗人、戏剧家。剧本有《李尔王》、《哈姆莱特》、《奥赛罗》、《罗密欧与朱丽叶》、《威尼斯商人》等。《罗密欧与朱丽叶》是莎士比亚早期创作的五幕悲剧。 ② ［娇红］指朱丽叶。

来，让这饥饿的墓地上散满了你的肢体。我现在的心境非常狂野，比饿虎或是咆哮的怒海都要凶猛无情，你可不要惹我性起。

鲍尔萨泽 少爷，我走就是了，决不来打扰您。

罗密欧 这才像个朋友。这些钱你拿去，愿你一生幸福。再会，好朋友。

鲍尔萨泽 （旁白）虽然这么说，我还是要躲在附近的地方看着他；他的脸色使我害怕，我不知道他究竟打算做出什么事来。（退后）

罗密欧 你无情的泥土，吞噬了世上最可爱的人儿，我要掰开你的馋吻，（将墓门掘开）索性让你再吃一个饱！

帕里斯 这就是那个已经放逐出去的骄横的蒙太古①，他杀死了我爱人的表兄，据说她就是因为伤心他的惨死而夭亡的。现在这家伙又要来盗尸发墓了，待我去抓住他。（上前）万恶的蒙太古！停止你的罪恶的工作，难道你杀了他们还不够，还要在死人身上发泄你的仇恨吗？该死的凶徒，赶快束手就捕，跟我见官去！

罗密欧 我果然该死，所以才到这儿来。年轻人，不要激怒一个不顾死活的人，快快离开我走吧；想想这些死了的人，你也该胆寒了。年轻人，请你不要激动我的怒气，使我再犯一次罪；啊，走吧！我可以对天发誓，我爱你远过于爱我自己，因为我来此的目的，就是要跟自己作对。别留在这儿，走吧；好好留着你的性命，以后也可以对人家说，是一个疯子发了慈悲，叫你逃走的。

帕里斯 我不听你这种鬼话；你是一个罪犯，我要逮捕你。

罗密欧 你一定要激怒我吗？那么好，来，朋友！（二人格斗）

侍童 哎哟，主啊！他们打起来了，我去叫巡逻的人来！（下）

帕里斯 （倒下）啊，我死了！——你倘有几分仁慈，打开墓门来，把我放在朱丽叶的身旁吧！（死）

罗密欧 好，我愿意成全你的志愿。让我瞧瞧他的脸；啊，茂丘西奥的亲戚，尊贵的帕里斯伯爵！当我们一路上骑马而来的时候，我的仆人曾经对我说过几句话，那时我因为心绪烦乱，没有听得进去；他说些什么？好像他告诉我说帕里斯本来预备娶朱丽叶为妻；他不是这样说吗？还是我做过这样的梦？或者是我神经错乱，听见他说起朱丽叶的名字，所以发生了这一种幻想？啊！把你的手给我，你我都是登录在厄运的黑册上的人，我要把你葬在一个胜利的坟墓里；一个坟墓吗？啊，不！被杀害的少年，这是一个灯塔，因为朱丽叶睡在这里，她的美貌使这一个墓窟变成一座充满着光明的欢宴的华堂。死了的人，躺在那儿吧，一个死了的人把你安葬了。（将帕里斯放入墓中）人们临死的时候，往往反会觉得心中愉快，旁观的人便说这是死前的一阵回光返照；啊！这也就是我的回光返照吗？啊，我的爱人！我的妻子！死虽然已经吸去了你呼吸中的芳蜜，却还没

---

① ［蒙太古］这里指罗密欧。

有力量摧残你的美貌；你还没有被他征服，你的嘴唇上、面庞上，依然显着红润的美艳，不曾让灰白的死亡进占。提伯尔特，你也裹着你的血淋淋的殓衾[①]躺在那儿吗？啊！你的青春葬送在你仇人的手里，现在我来替你报仇来了，我要亲手杀死那杀害你的人。原谅我吧，兄弟！啊！亲爱的朱丽叶，你为什么依然这样美丽？难道那虚无的死亡，那枯瘦可憎的妖魔，也是个多情的种子，所以把你藏匿在这幽暗的洞府里做他的情妇吗？为了防止这样的事情，我要永远陪伴着你，再不离开这漫漫长夜的幽宫；我要留在这儿，跟你的侍婢，那些蛆虫们在一起；啊！我要在这儿永久安息下来，从我这厌倦人世的凡躯上挣脱厄运的束缚。眼睛，瞧你的最后一眼吧！手臂，作你最后一次的拥抱吧！嘴唇，啊！你呼吸的门户，用一个合法的吻，跟网罗一切的死亡订立一个永久的契约吧！来，苦味的向导，绝望的领港人，现在赶快把你的厌倦于风涛的船舶向那巉岩[②]上冲撞过去吧！为了我的爱人，我干了这一杯！（饮药）啊！卖药的人果然没有骗我，药性很快地发作了。我就这样在这一吻中死去。（死）

劳伦斯神父持灯笼、锄、锹自墓地另一端上。

劳伦斯 圣芳济[③]保佑我！我这双老脚今天晚上怎么老是在坟堆里绊来跌去的！那边是谁？

鲍尔萨泽 是一个朋友，也是一个跟您熟识的人。

劳伦斯 祝福你！告诉我，我的好朋友，那边是什么火把，向蛆虫和没有眼睛的骷髅浪费着它的光明？照我辨认起来，那火把亮着的地方，似乎是凯普莱特家里的坟茔。

鲍尔萨泽 正是，神父；我的主人，您的好朋友，就在那儿。

劳伦斯 他是谁？

鲍尔萨泽 罗密欧。

劳伦斯 他来多久了？

鲍尔萨泽 足足半点钟。

劳伦斯 陪我到墓穴里去。

鲍尔萨泽 我不敢，神父。我的主人不知道我还没有走；他曾经对我严辞恐吓，说要是我留在这儿窥伺他的动静，就要把我杀死。

劳伦斯 那么你留在这儿，让我一个人去吧。恐惧降临到我的身上。啊！我怕会有什么不幸的祸事发生。

鲍尔萨泽 当我在这株紫杉树底下睡了过去的时候，我梦见我的主人跟另外一个人打架，那个人被我的主人杀了。

劳伦斯 （趋前）罗密欧！哎哟！哎哟！这坟墓的石门上染着些什么血迹？在这安静的地方，怎么横放着这两柄无主的血污的刀剑？（进墓）罗密欧！

---

① ［殓衾（liànqīn）］把死人装进棺材时盖尸体的东西。 ② ［巉（chán）岩］又高又险的山岩。巉，形容山势高而险。 ③ ［圣芳济（1506～1552）］西班牙巴斯克人，基督徒，东方传教的先驱。

啊，他的脸色这么惨白！还有谁？什么！帕里斯也躺在这儿，浑身浸在血泊里？啊！多么残酷的时辰，造成了这场凄惨的意外！那小姐醒了。（朱丽叶醒）

朱丽叶　啊，善心的神父！我的夫君呢？我记得很清楚我应当在什么地方，现在我正在这地方。我的罗密欧呢？（内喧声）

劳伦斯　我听见有什么声音。小姐，赶快离开这个密布着毒氛腐臭的死亡的巢穴吧；一种我们所不能反抗的力量已经阻挠了我们的计划。来，出去吧。你的丈夫已经在你的怀中死去；帕里斯也死了。来，我可以替你找一处地方出家做尼姑。不要耽误时间盘问我，巡夜的人就要来了。来，好朱丽叶，去吧。（内喧声又起）我不敢再等下去了。

朱丽叶　去，你去吧！我不愿意走。（劳伦斯下）这是什么？一只杯子，紧紧地握在我的忠心的爱人的手里？我知道了，一定是毒药结果了他的生命。唉，冤家！你一起喝干了，不留下一滴给我吗？我要吻着你的嘴唇，也许这上面还留着一些毒液，可以让我当作兴奋剂服下而死去。（吻罗密欧）你的嘴唇还是温暖的！

巡丁甲　（在内）孩子，带路。在哪一个方向？

朱丽叶　啊，人声吗？那么我必须快一点了结。啊，好刀子！（攫住罗密欧的匕首）这就是你的鞘子；（以匕首自刺）你插了进去，让我死了吧。（扑在罗密欧身上死去）

巡丁及帕里斯侍童上。

侍　童　就是这儿，那火把亮着的地方。

巡丁甲　地上都是血；你们几个人去把墓地四周搜查一下，看见什么人就抓起来。（若干巡丁下）好惨！伯爵被人杀了躺在这儿，朱丽叶胸口流着血，身上还是热热的好像死得不久，虽然她已经葬在这里两天了。去，报告亲王，通知凯普莱特家里，再去把蒙太古家里的人也叫醒了，剩下的人到各处搜搜。（若干巡丁续下）我们看见这些惨事发生在这个地方，可是在没有得到人证以前，却无法明了这些惨事的真相。

若干巡丁率鲍尔萨泽上。

巡丁乙　这是罗密欧的仆人，我们看见他躲在墓地里。

巡丁甲　把他好生看押起来，等亲王来审问。

若干巡丁率劳伦斯神父上。

巡丁丙　我们看见这个教士从墓地旁边跑出来，神色慌张，一边叹气一边流泪，他手里还拿着锄头铁锹，都给我们拿下来了。

巡丁甲　他有很重大的嫌疑；把这教士也看押起来。

亲王及侍从上。

亲　王　什么祸事在这样早的时候发生，打断了我的清晨的安睡？

凯普莱特、凯普莱特夫人及余人等上。

凯普莱特 外边这样乱叫乱喊，是怎么一回事？

凯普莱特夫人 街上的人们有的喊着罗密欧，有的喊着朱丽叶，有的喊着帕里斯；大家沸沸扬扬地向我们家里的坟上奔去。

亲　　王 这么许多人为什么发出这样惊人的叫喊？

巡 丁 甲 王爷，帕里斯伯爵被人杀死了躺在这儿；罗密欧也死了；已经死了两天的朱丽叶，身上还热着，又被人重新杀死了。

亲　　王 用心搜寻，把这场万恶的杀人命案的真相调查出来。

巡 丁 甲 这儿有一个教士，还有一个被杀的罗密欧的仆人，他们都拿着掘墓的器具。

凯普莱特 天啊！——啊，妻子！瞧我们的女儿流着这么多的血！这把刀弄错了地方了！瞧，它的空鞘子还在蒙太古家小子的背上，它却插进了我的女儿的胸前！

凯普莱特夫人 哎哟！这些死的惨象就像惊心动魄的钟声，警告我这风烛残年，快要不久于人世了。

蒙太古及余人等上。

亲　　王 来，蒙太古，你起来虽然很早，可是你的儿子倒下得更早。

蒙 太 古 唉！殿下，我的妻子因为悲伤小儿的远逐，已经在昨天晚上去世了；还有什么祸事要来跟我这老头子作对呢？

亲　　王 瞧吧，你就可以看见。

蒙 太 古 啊，你这不孝的东西！你怎么可以抢在你父亲的前面，自己先钻到坟墓里去呢？

亲　　王 暂时停止你们的悲恸，让我把这些可疑的事情审问明白，知道了详细的原委以后，再来领导你们放声一哭吧；也许我的悲哀还要远远胜过你们呢！——把嫌疑犯带上来。

劳 伦 斯 时间和地点都可以作不利于我的证人；在这场悲惨的血案中，我虽然是一个能力最薄弱的人，但却是嫌疑最重的人。我现在站在殿下的面前，一方面要供认我自己的罪过，一方面也要为我自己辩解。

亲　　王 那么快把你所知道的一切说出来。

劳 伦 斯 我要把经过的情形尽量简单地叙述出来，因为我的短促的残生还不及一段冗繁的故事那么长。死了的罗密欧是死了的朱丽叶的丈夫，她是罗密欧的忠心的妻子，他们的婚礼是由我主持的。就在他们秘密结婚的那天，提伯尔特死于非命，这位才做新郎的人也从这城里被放逐出去；朱丽叶是为了他，不是为了提伯尔特，才那样伤心憔悴。你们因为要替她解除烦恼，把她许婚给帕里斯伯爵，还要强迫她嫁给他，她就跑来见我，神色慌张地要我替她想个办法避免这第二次的结婚，否则她要在我的寺院里自杀。所以我就根据我的医药方面的学识，给她一服安眠的药水；它果然发生了我所预期的效力，她一服下去就像死了一样昏沉过去。同时我写信给罗密欧，叫他就在这一个悲惨的晚上到这儿来，帮助把她搬出她寄寓的坟墓，因为药性一到时候便会过去。可是替我带信的约翰神父却因遭到意外，不能脱身，昨天晚上才把我的信依然带了回来。那时我只好按照预先算定她醒来的时间，一个人前去把她从她家族的墓茔里带出来；预备把她藏匿在我的寺院里，等有方便再去叫罗密欧来；不料我在她醒来以前几分钟到这儿来的时候，尊贵的帕里斯和忠诚的罗密欧已经双双惨死了。她一醒过来，我就请她出去，劝她安心忍受这一种出自天意的变故；可是那时我听见了纷纷的人声，吓得逃出了墓穴，她在万分绝望之中不肯跟我去，看样子她是自杀了。这是我所知道的一切，至于他们两人的结婚，她的乳母也是与闻的。要是这一场不幸的惨祸，是由我的疏忽所造成，那么我这条老命愿受最严厉的法律的制裁，请您让它提早几点钟牺牲了吧。

亲　王　我一向知道你是一个道行高尚的人。罗密欧的仆人呢？他有什么话说？

鲍尔萨泽　我把朱丽叶的死讯通知了我的主人，因此他从曼多亚[①]急急地赶到这里，到了这座坟茔的前面。这封信他叫我一早送去给我家老爷；当他走进墓穴里的时候，他还恐吓我，说要是我不离开他赶快走开，他就要杀死我。

亲　王　把那封信给我，我要看看。叫巡丁来的那个伯爵的侍童呢？喂，你的主人到这地方来做什么？

侍　童　他带了花来散在他夫人的坟上，他叫我站得远远的，我就听他的话；不一会儿工夫，来了一个拿着火把的人把坟墓打开了。后来我的主人就拔剑跟他打了起来，我就奔去叫巡丁。

亲　王　这封信证实了这个神父的话，讲起他们恋爱的经过和她的去世的消息；他还说他从一个穷苦的卖药人手里买到一种毒药，要把它带到墓穴里来准备和朱丽叶长眠在一起。这两家仇人在哪里？——凯普莱特！蒙太古！瞧你们的仇恨已经受到了多大的惩罚，上天借手于爱情，夺去了你们心爱的人；我因为忽视你们的争执，也已经丧失了一双亲戚[②]，大家都受到惩罚了。

凯普莱特　啊，蒙太古大哥！把你的手给我；这就是你给我女儿的一份聘礼，我不能再作更大的要求了。

蒙太古　但是我可以给你更多的；我要用纯金替她铸一座像，只要维洛那一天不改变它的名称，任何塑像都不会比忠贞的朱丽叶那一座更为卓越。

凯普莱特　罗密欧也要有一座同样富丽的金像卧在他情人的身旁，这两个在我们的仇恨下惨遭牺牲的可怜的人儿！

亲　王　清晨带来了凄凉的和解，
太阳也惨得在云中躲闪。

---

① ［曼多亚］地名。罗密欧被放逐后，生活在曼多亚。② ［一双亲戚］茂丘西奥和帕里斯都是亲王的亲戚。

大家先回去发几声感慨，
该恕的、该罚的再听宣判。
古往今来多少离合悲欢，
谁曾见这样的哀怨辛酸！(同下)

1. 选择自己喜欢的段落，与同学合作，分角色朗读《罗密欧与朱丽叶》。

2. “有一千个读者就有一千个哈姆莱特”，依据文本，口头描述你心中的朱丽叶。

3.《孔雀东南飞》和《罗密欧与朱丽叶》所讲述的爱情故事都是悲剧结局，但结尾写法不同，对此我们应如何看待？请搜集资料，就此问题组织一次讨论，谈谈自己的看法。

4. 爱情是人类最美好的情感之一。一个人拥有真正的爱情，是一件幸福的事。苏霍姆林斯基说：“我的小女儿，这就是爱情！世上各种有生命的东西生活、繁殖，成千上万地延续自己的有生命的后代。但是，只有人类懂得爱。而且说实在的，只有在他善于像人那样去爱的时候，他才是一个真正的人。如果他不懂得爱，不能提到人性美的高度，那就是说他只是一个能够成为人的人，但是还没有成为真正的人。”请以“爱”为话题，自选角度，自定立意，自拟标题，写一篇文章。

1. 下列句子中加点字的读音正确的一组是(　　)

① 让这饥饿的土墓地上散满了你的肢体。

② 这就是那个已经放逐出去的骄横的蒙太古。

③ 这就是你的鞘子。

A. ①sǎn　②héng　③qiào　　B. ①sǎn　②hèng　③shāo

C. ①sàn　②heng　③qiào　　D. ①sàn　②héng　③shāo

2. 下列词语没有错别字的一组是(　　)

A. 踉跄　　呗哨　　浇概　　芳坟

B. 哀泣　　铁钳　　凭吊　　防碍

C. 窥伺　　狂野　　咆哮　　吞篮

D. 墓窟　　藏匿　　蛆虫　　侍婢

3. 依次填入下列各句横线上的词语，正确的一组是(　　)

① 想想这些死了的人，你也该________了。

② 我的仆人曾经对我说过几句话，那时我因为________烦乱，没有听得进去。

③ 我要在这儿永久安息下来，从我这________人世的凡躯上挣脱厄运的束缚。

A. ①胆寒　②心绪　③厌倦　　B. ①胆寒　②心思　③厌烦

C. ①心寒　②心思　③厌倦　　D. ①心寒　②心绪　③厌烦

莎士比亚名言

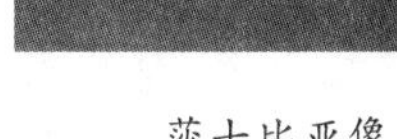
莎士比亚像

1. 你甜蜜的爱，就是珍宝，我不屑把处境跟帝王对调。

2. 在命运的颠沛中，最可以看出人们的气节。

3. 爱，和炭相同，烧起来，得想办法叫它冷却。让它任意着，那就要把一颗心烧焦。

4. 不要只因一次失败，就放弃你原来决心想达到的目的，豁达者长寿。

5. 勤劳一天，可得一日安眠；勤奋一生，可永远长眠。

6. 放弃时间的人，时间也会放弃他。

7. 书籍是全人类的营养品。

8. 时间会刺破青春的华丽精致。会把平行线刻上美人的额角；会吃掉稀世之珍，天生丽质，什么都逃不过他横扫的镰刀。

9. 黑夜无论怎样悠长，白昼总会到来。

10. 发闪光的不全是黄金。

11. 当我们胆敢作恶，来满足卑下的希冀，我们就迷失了本性，不再是我们自己。

12. 美德是勇敢的，为善永远无所畏惧。

13. 生存还是死亡，这是一个值得思考的问题。

14. 多听，少说，接受每一个人的责难，但是保留你的最后裁决。

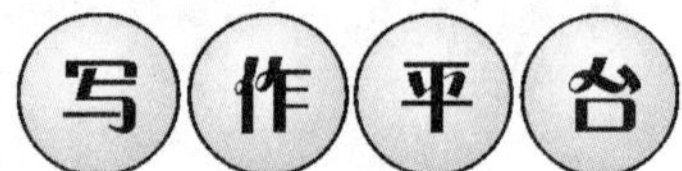

讴歌亲情　学习情景交融

话题探讨

世间有真情，人间有真爱。在浓浓的真情中最令人刻骨的还是那血浓于水的亲情。亲情，一个永恒的主题，陪伴着我们走过每一个难忘的日子，谱写着我们多彩的人生。

亲情，是木兰替父的故事；亲情，是孟母三迁的佳话；亲情，是孟郊慈母手中的针线；亲情，是朱自清父亲的背影；亲情，是阿尔勃·丢勒的《祈求的手》。我们无时无刻不沐浴在亲情的阳光里。在这里也许是一次深情的凝望，也许是一声关切的问候，都给了我们继续前行的动力和勇气。

在物质发达的今天，亲情教育却成为社会要共同面对的一个话题，甚至出现了"亲情危机"一词。有人用一个比喻直白地道破了现代社会亲情所遭遇的危机：如果一天要完成10件紧要的事情，那么给亲人打个电话表示问候一定会被放在最后一件。全国政协委员李汉秋与45位全国政协委员联名吁请设置中华母亲节。这是一个不错的建议。同时，我们要意识到靠一个节日来维护亲情并不能从根本上来达到目的。

只有父母对儿女的爱和奉献，没有儿女对父母的孝敬和感恩，亲情就不可谓完整。打开生活中关于亲情的点滴记忆，思考如何表达人世间最质朴的情感。

写法借鉴

王国维说："文学中有二元质焉：曰情，曰景。"因此在写文章时采用情景交融法，做到景中含情，寓情于景，可以使文章内容更丰富，感情浓烈，文采斐然。

作者由于心境的不同而产生欢乐、悲哀、苦闷、烦恼等不同的思想感情，这些情感在寄托于客观景物时，景物的选取也是有不同的。我们通过这些讴歌亲情的名篇看如何在行文中做到情景交融。

冰心的《荷叶与红莲》：

那一朵红莲，昨夜还是菡萏的，今晨却开满了，亭亭地在绿叶中间立着。

仍是不适意，徘徊了一会子，窗外雷声大作了，大雨接着就来，愈下愈大。那朵红莲，被那繁密的雨点，打得左右欹侧。在无遮蔽的天空之下，我不敢下阶去，也无法想象。

对面屋里母亲唤着，我连忙走过去，坐在母亲旁边，回头忽然看见红莲旁边的一个大荷叶，慢慢地倾侧了来，正覆盖在红莲上面……我不宁的心绪散尽了！

雨势并不减退，红莲却毫不动摇了。雨点不住地打着，只能在勇敢慈怜的荷叶上面，聚了些流转无力的水珠。

我心中深深地受了感动。

母亲啊！你是荷叶，我是红莲，心中的雨点来了，除了你，谁是我在无遮拦天空下的荫蔽？

因为看到雨中的红莲，作者想到了母亲。正是荷叶对红莲的遮挡，作者感受到了母爱的唯一与伟大。这就是我们常说的借景抒情。作者在写景时把荷叶说成“勇敢慈怜的荷叶”采用拟人的修辞手法，贴切表现了母爱的无私、勇毅。在写作中我们要学会仔细观察，抓住景物特点，寻找情、景的最佳结合点。

情景交融的另一种表现形式寓情于景，即作者强烈的主观情感熔铸在作品的景物描写中，使外在景物附着了作者强烈的主观情感色彩，如王国维所言“一切景语皆情语也”。

史铁生在《合欢树》中写到：

获奖之后，登门采访的记者就多。大家都好心好意，认为我不容易。但是我只准备了一套话，说来说去就觉得心烦。我摇着车躲出去，坐在小公园安静的树林里，想：母亲为什么早早地走了呢？迷迷糊糊中，我似乎听见回答：“她心里太苦了，老天爷可怜她，就召她回去了。”这让我心里得到一点安慰，睁开眼睛，风正在树林里吹过。

“风正在树林里吹过”虽是写景，却更是“树欲静而风不止，子欲养而亲不待”痛彻心扉的真情流露。景是外在的，情是内在的，情是景的灵魂，景是情的依托。

借助不同的景物刻画的方法，通过传神生动的景物描写营造意境，进而表达深挚的情感，这种情景交融的写法，能够使文章意蕴悠长，读来回味无穷。

写作练习

1. 有人说，牵挂是思念，有如高飘的风筝挣不脱细长的绳线。请以“牵挂”为题，写一篇表达对亲人的思念的文章。

2. 阅读以下材料，按要求作文

当我们遇到坎坷时，总会有一双手伸向我们的面前；当我们感到伤心时，总会有一颗心贴在我们心上。父母给了我们无私的爱，然而有时这种爱也会成为一种负担。

请以“________，我想对你说”为题，写一篇文章。

3. 阅读下面的文字，根据要求写一篇作文。

2012 年 12 月 28 日，第十一届全国人大常委会第三十次会议全票表决通过修改后的《老年人权益保障法》。新的《中华人民共和国老年人权益保障法》第 18 条明确规定“家庭成员应当关心老年人的精神需求，不得忽视、冷落老年人。与老年人分开居住的家庭成员，应当经常看望或者问候老年人。用人单位应当按照国家有关规定保障赡养人探亲休假的权利。”这项规定被称作“常回家看看”条款。

将“常回家看看”正式写入法律，引起了各方热议。你如何看待这项规定。

第六单元　异域奇葩

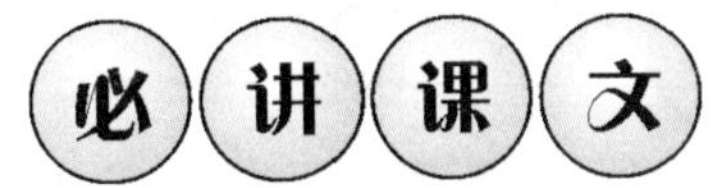

迷娘曲[①]

[德]歌　德[②]

你可知道那地方，柠檬花儿盛开，
香橙在绿阴深处闪着金光，
从蓝天吹来和煦的微风，
桃金娘悄然无语，月桂高耸，
你可知道那地方？
走呵！走呵！
亲爱的人，我愿和你同去。

你可知道那所房子，屋顶下排列着圆柱，
厅堂辉煌，房间宽敞明亮，
大理石像凝视着我：
可怜的姑娘，你有什么忧伤？
你可知道那地方？
走呵！走呵！
我的保护人，我愿随你前往。

你可知道那地方，那高山？那云径？
骡子在浓雾中觅路前行，
岩洞里出没着早先的古龙，
悬崖欲坠，瀑布飞泻，
你可知道那地方？
走呵！走呵！
动身吧，父亲！我愿和你前往！

---

①　选自《世界抒情短诗选》（春风文艺出版社，1991年版），陆苇译，有改动。②　[歌德（1749～1832）]德国诗人、剧作家、思想家。代表作有诗剧《浮士德》等。所作抒情诗语言优美、内涵深广，是德国诗歌的瑰宝。其作品对德国和世界文学有很大影响。

品味探究

1.《迷娘曲》各节的开头和结尾使用的句式基本相同，这种复沓的表现手法在表达上的作用是什么？

2.《迷娘曲》中有哪些意象？有什么含义，表达了什么样的情感？

3.《迷娘曲》这首诗在情感上和艺术上达到完美的是诗歌中三种不同称呼的呼唤，它是以对知心人倾诉的形式完成的。那么，诗中“亲爱的人”、“我的保护人”和“父亲”这三个被倾诉对象是同一个人还是三个人？这种称呼的改变有什么深刻含义？表达什么感情？

4. 传统上，抒情诗一般很少使用对话。但在《迷娘曲》中，对话却成为最基本的场景。这种对话场景对表达思念故乡、向往美好事物的主题有什么益处？假如这首诗中，迷娘始终以独白的方式说她如何思念故乡，她的故乡如何美丽，其表达效果与使用对话形式会有什么差别？

课后练习

1. 歌德(1749～1832)是________国伟大诗人，代表性作品有中篇小说________、长篇诗剧________。《迷娘曲》是歌德的自传性长篇小说________的第一部《威廉·麦斯特的学习时代》中的一首诗歌。

2. 下列句子中，标点符号使用正确的一项是(　　)

A. 杜甫称赞李白只说两句话——“清新庾开府，俊逸鲍参军”，还有人硬说这是“贬”词——真是以小人之心度君子之腹了。

B. 在海边他写浪花，写礁石；在山顶他写青松，写老藤；在田野他写春花，写秋月。真可谓“远水近山皆有情”。

C. 庚子年前后(公元 1900 年)，四川连年旱灾。

D. 你是坐汽车来呢？还是坐火车来呢？或者索性坐飞机呢？赶快给我个准信儿。

3. 下列各句中加点的成语，不能用括号中的熟语替换的一项是(　　)

A. 情况十分紧急，险情就是命令，李刚当机立断，顾不上向连部报告，就跳进了汹涌的江水中。(不管三七二十一)

B. 两个单位有点矛盾，可以坐下来心平气和地交换意见，总这么针锋相对、寸土不让的，对双方都没好处。(针尖对麦芒)

C. 办事情要有个轻重缓急，有的事虽然是好事，但是时机不对，只凭一厢情愿，即使办成了，也会招来不少意见。(剃头挑子一头热)

D. 张主任本以为问题不大，调解一下就解决了，谁知道他们两个各执一词，怎么也谈不拢。(公说公有理，婆说婆有理)

4. 下列各句没有语病的一项是(　　)

A. 这位政协委员关于环保问题的见解不无道理。

B. 现在许多小学允许学生上课时喝水、上厕所，甚至在老师讲课中插嘴，这些历来被看作违反纪律的行为已经得到纠正。

C. 海湾战争初期，伊拉克通过设置大量假目标，迷惑了多国部队的飞机和侦察卫星的侦察效果，最终使部分飞机保留了下来。

D. 植树节这天，几个学校的领导都来到了植树现场。

知识延展

歌德像

约翰·沃尔夫冈·歌德(1749～1832)，德国伟大的诗人、剧作家、思想家和自然科学家。恩格斯称为“最伟大的德国人”。《迷娘曲》是歌德创作的自传体长篇小说《威廉·麦斯特》的第一部《威廉·麦斯特的学习时代》中的人物迷娘歌唱的一首插曲。迷娘是马戏团里一个走钢丝的演员，后来被主人公威廉·麦斯特赎买，收留在身边，是小说中最动人的人物。她是一位性格内向、身体瘦弱的少女，却有着迷一样的性格魅力。她出生于意大利，是一个贵族与自己的妹妹私通生下的孩子。她很小的时候就被人诱拐到德国，过着饥寒交迫、颠沛流离的生活。他的父亲后来流落街头，以弹琴卖艺为生，后来也被威廉·麦斯特收留。迷娘自从遇到麦斯特，便过上了最美好最幸福的日子，并且强烈地爱上了麦斯特。可是由于疾病，她不久就去世了。《迷娘曲》就是在这样的背景下产生的一首委婉优美的诗歌。

帆①

［俄］莱蒙托夫②

那大海上淡蓝色的云雾里
有一片孤帆儿在闪耀着白光！……
它寻求什么、在遥远的异地？
它抛下什么、在可爱的故乡？……

波涛在汹涌——海风在呼啸，
桅杆在弓起了腰轧轧地作响……
唉！它不是在寻求什么幸福，
也不是逃避幸福而奔向他方！

下面是比蓝天还清澄的碧波，
上面是金黄色的灿烂的阳光……
而它，不安的，在祈求风暴，
仿佛是在风暴中才有着安详！

莱蒙托夫像

品味探究

1. 这首诗着力创设了几组意象，这些意象在不同层面上有什么特有的意蕴？

2. 作者通过这样的意象，寄寓了怎样的思想感情？

3. 哪些地方运用了对比手法，这种对比手法有什么作用？

4. 任何时代，大海都是诗人钟爱的自然物象。在《帆》这首诗中，“大海”和“风暴”象征着什么？《帆》的主题是什么？读过《帆》之后，你觉得生活的态度对生活本身会产生什么样的影响？说说你的看法和理由。

---

① 选自《莱蒙托夫诗选》（上海译文出版社，1980年版），余振译。 ② ［莱蒙托夫（1814～1841）］俄国诗人。著有《浮云》、《祖国》等四百多首抒情诗，《恶魔》等二十余部长诗。1840年，诗人遭到沙皇政府的谋杀，身受重伤。1841年7月15日，诗人在决斗中被杀害。

（一）阅读莱蒙托夫的《祖国》，回答问题。

祖国

连我的理智也不能把它制胜。
无论是鲜血换来的光荣，
无论是充满了高傲的虔诚的宁静，
无论是那远古时代的神圣的传言，
都不能激起我心中的慰藉的幻梦。
但是我爱——自己不知道为什么
它那草原上凄清冷漠的沉静，
它那随风晃动的无尽的森林，
它那大海似地汹涌的河水的奔腾，
我爱乘着车奔上那村落间的小路，
用缓慢的目光透过那苍茫的夜色，
惦念着自己夜间住宿之处，迎接着
道路旁点点微微颤动的灯火。
我爱那野火冒起的轻烟，
草原上过夜的大队车马，
苍黄的田野中小山头上，
那一对闪着微光的白桦。
我怀着人所不知的快乐，
望着堆满谷物的打谷场，
覆盖着稻草的农家草房，
镶嵌着浮雕窗板的小窗，
而在有露水的节日夜晚，
在那醉酒的农人笑谈中，
观看那伴着口哨的舞蹈，
我可以直看到夜半更深。

1. 如何理解《祖国》这首诗中“我爱祖国，但却用的是奇异的爱情”一句中的“奇异”的含义？

2.《祖国》一诗中的中心句是哪一句？

3. 在《祖国》一诗的第一节中，作者连用了“无论……”这样表示让步的句子，它表现了作者怎样的情感？

4.《祖国》一诗中，写法上有什么特点？这种特点有什么好处？

米哈伊尔·尤列维奇·莱蒙托夫(1814～1841年),俄国作家、诗人,被视为普希金的后继者。

莱蒙托夫创作于18岁的《帆》是一首有名的咏物抒情诗,也是西方咏物诗中的名篇。莱蒙托夫是在十二月党人的影响下成长起来的青年,他热情地憧憬着法国启蒙思想所描绘的社会蓝图,十二月党人的行动又让他看到在俄国实现这些理想的希望,他满怀着干一番事业的雄心壮志,希望改变俄罗斯沙皇专制下黑暗的现实。他厌恶自己周围那些贵族纨袴子弟所过的空虚和懒散的生活,追求一种活跃的创造,渴望到生活的暴风雨中去经受考验,以激发出自己更大的人生热情和力量。在碌碌无为、苟且偷安而不求上进的贵族纨绔子弟中间,他感到孤独,但他的贵族教养和习惯使他很难冲破周围庸俗的环境。在《帆》中作者以明快、质朴的语言和丰富的意蕴表达了这种矛盾的心情。

信天翁[1]

[法]波德莱尔[2]

波德莱尔像

水手们常常是为了开心取乐，
捉住信天翁，这些海上的飞禽，
它们懒懒地追寻陪伴着旅客，
而船是在苦涩的深渊上滑进。

一当水手们将其放在甲板上，
这些青天之王，既笨拙又羞惭，
就可怜地垂下了雪白的翅膀，
仿佛两只桨拖在它们的身边。

这有翼的旅行者多么地靡萎！
往日何其健美，而今丑陋可笑！
有的水手用烟斗戏弄它的嘴，
有的又跛着脚学这残废的鸟！

诗人啊就好像这位云中之君，
出没于暴风雨，敢把弓手笑看；
一旦落地，就被嘘声围得紧紧，
长羽大翼，反而使它步履艰难。

品味探究

1. 诗人在这一诗节中刻画了哪些物象？物象之间的行为过程是如何描述的？物象之间的关系是怎样的？

2. 诗节第二句说“捉住信天翁”，为什么还要补上一句“这些海上的飞禽”？

---

① 选自《恶之花》(漓江出版社，1992年版)，郭宏安译。② [波德莱尔(1821～1867)]法国诗人。其诗作歌咏死亡，描写病态心理，充满悲观厌世情绪，反映了作者对当时社会的不满。代表作有《恶之花》、《巴黎的忧郁》等。

3. 波德莱尔写信天翁，没有直接从正面写，而是从水手们写起，这样写有什么作用？

4. 本诗旨在表现诗人在那个社会中的命运和感受，为什么不直写，以信天翁为抒情对象，有什么作用？

1. 将下面这首咏蝉诗与《信天翁》进行对比，分析一下中外诗歌艺术手法和艺术风格的异同。

蝉

(唐)虞世南

垂緌饮清露，流响出疏桐。
居高声自远，非是藉秋风。

2. 研读《信天翁》的第三节。

(1) 前两句叙述完以后用了感叹号，作者叹什么？在诗节的末尾，作者对水手们的表现也用了叹号，意在表达什么情感？

(2) “诗人啊就好像这位云中之君”，点出诗人与信天翁二者之间具有相似点，作者对这些相似点是从哪个角度来概括的？

3. 仿照下面这首以“蛇”为题的寓言诗，以“鼠”、“蜗牛”或其他某种动物名称为题，另写一首寓言诗，行数与例诗相同即可。

蛇

再笔直的路，
也会留下曲折的足迹。
让你总结教训，
你却总是抱怨，
行程不按自己的思路设计。

《信天翁》一诗最初发表于1859年4月10日的《法国评论》。诗中描述的是1841年航海至毛里求斯岛途中所见的情景。诗人从搏击风暴的信天翁一旦被放在甲板上所露出的笨拙痛苦之态，想到了诗人在尘世间的苦难。落在甲板上的信天翁正是波德莱尔当时处境的写照。1857年6月25日，波德莱尔的《恶之花》初版问世以后，立即掀起了轩然大波。不仅教会等对此进行恶毒攻击，说它伤风败俗，“呼唤恶魔，反对圣徒”；连当时著名的文艺批评家朗松和布伦言埃尔也指责这部诗集，布吕纳介认为：波德莱尔对法国诗歌产生了极坏的影响。诗人甚至受到了开庭审讯，被罚款二百法郎，并被勒令从诗集中删去六首“伤风败俗”的诗。诗人对此感到极大的痛苦和悲愤。表现诗人的痛苦以及诗人同现实的矛盾,是浪漫主义诗人常写的主题。信天翁这一象征更为悲壮,它表现了诗人的两重性:一方面驰骋在崇高的精神领域,另一方面却脱离不了世俗的生活,不得不忍受世人的嘲弄。

我独自漫游，犹如一朵云[①]

[英]华兹华斯[②]

华兹华斯像

我独自漫游，犹如一朵云，
高高地飞越峡谷和山峦；
忽然间我望见金黄的水仙——
密密麻麻，连成一大片；
在湖边，在树阴下，
在阵阵微风中起舞翩翩。

辉映着，闪烁着，连绵不断
就像银河里的星星，
这些水仙沿湖湾的边缘
伸向望不到尽头的远方；
仅仅是一瞥，就望见了千万朵，
在欢快的舞姿里频频点头。

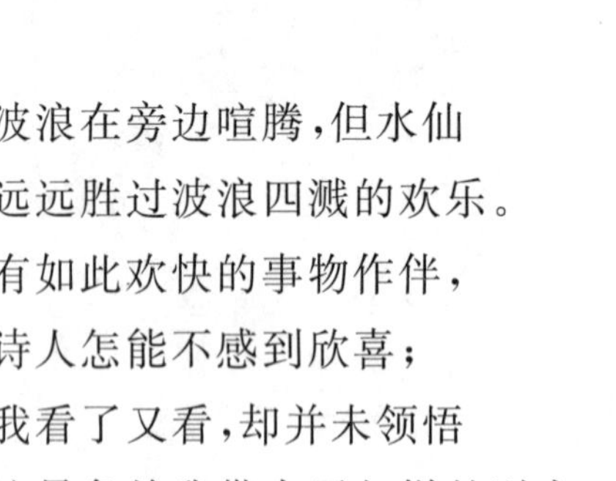

波浪在旁边喧腾，但水仙
远远胜过波浪四溅的欢乐。
有如此欢快的事物作伴，
诗人怎能不感到欣喜；
我看了又看，却并未领悟
这景象给我带来了怎样的财富。

经常地，当我心神恍惚
或是躺在床上陷入沉思，

① 选自《英国浪漫主义诗选》（南海出版社，2001年版），张莉译。 ② [华兹华斯（1770～1850）]英国浪漫主义诗人。主张以自然清新的诗风、日常质朴的语言发掘人的内心世界。与柯勒律治合著有《抒情歌谣集》。

水仙就会映现在我的内心——
给寂寞中的我带来安慰；
于是我的灵魂满怀欢愉，
伴随着水仙翩然起舞。

品味探究

1. “独自漫游”，是关于人的成长的一个古老的命题。在中国的文化传统中，学子成长的一个重要环节，就是要游学四方。西方的浪漫主义文化赋予它新的含义，即对人生理想的独立不羁的追寻。诗人用“独自”来修饰“漫游”，你觉得其中的深意何在？

2. 在《我独自漫游，犹如一朵云》中，诗人为什么说他最初看见水仙时，“并未领悟/这景象给我带来了怎样的财富”？多年过去，当诗人感到寂寞的时候，水仙给诗人带来的又是什么呢？

3. 对比的手法在呈现《我独自漫游，犹如一朵云》的主题方面起着很重要的作用。一开始，诗人展示的画面仿佛表明他要到远离大地的天界去寻找人生的真谛，彻底摆脱人间的烦恼和世俗的羁绊。但“忽然间”，灿烂夺目的水仙引起了他的关注。金黄的水仙所隐喻的成熟、欢欣与美好，似乎更能触动诗人的内心世界。说一说诗人是如何运用对比手法的，诗人在内心深处发生了哪些转变？

1. 威廉·华兹华斯(1770～1850)，________国19世纪重要的浪漫主义诗人，“________”的代表人物。他与柯勒律治合作出版了一本小诗集________，标志着英国浪漫主义文学的真正崛起。华兹华斯崇尚自然，主要作品有长诗________、________，组诗________等，________是他描写自然最有名的一首。

2. 下列拼音全对的一项是(　　)

A. 曙光(shǔ)　禀性(bǐn)　漂泊(bó)　哀婉(wǎng)

B. 悄然(qiāo)　辉煌(huáng)　漫游(màn)　频频(píng)

C. 和煦(xù)　恍惚(huǎng)　柠檬(níng)　山峦(luán)

D. 凝视(nín)　闪烁(shuò)　峡谷(xiá)　翩然(piān)

3. 下列词语有错别字的一项是(　　)

A. 飞泻　悬崖　灿烂　真谛

B. 狭谷　骡子　寂寞　开掘

C. 伴随　一瞥　映现　喧腾

D. 内涵　宽敞　慰藉　陶冶

4. 下列词语填空，最恰当的一项是(　　)

追求成熟，已成为当今社会的一种________，尤其是________不深的年轻人，更想以老到、________、成熟的面孔引起别人对自己的注意和重视，甚至有的年轻人尽管还很不成熟，却________于自我认定的成熟状态。

A. 时髦　　涉世　　深刻　　沉迷
B. 时尚　　人世　　深刻　　陶醉
C. 时髦　　人世　　深沉　　沉迷
D. 时尚　　涉世　　深沉　　陶醉

5. 下列诗句中修辞手法不同于其他三项的是(　　)

A. 大理石凝视着我。
B. 忽然间我望见金黄的水仙/在阵阵微风中起舞翩翩。
C. 你永远是个无情的建筑/蹲踞在荒莽的山巅/冷眼看人间恩怨。
D. 乡愁是一棵没有年轮的树/永不老去。

威廉·华兹华斯(1770～1850),英国浪漫主义诗人。1802 年 4 月的一天,华兹华斯访友归来,在乌尔华特湖畔散步,微风吹皱了湖面。他先是发现了几株水仙,越往前走,水仙越多,连成了一大片,"仅仅是一瞥,就望见了千万朵,在欢快的舞姿里频频点头"。诗人面对美景,如痴如醉。但他当时并没有写诗,直到两年后才写下了《我独自漫游,犹如一朵云》这首名诗。华兹华斯说:"诗歌是强烈情感的自然流露——并在平静中追忆。"这首诗就是"平静追忆"的结晶,仿佛藏了多年的醇酒。

华兹华斯把自然奉为人生的导师,认为人类的灵魂可以从自然中获得最大的欢愉和慰藉("伴随着水仙翩然起舞")。他主张向自然寻求理想的人格,用自然美陶冶人类的灵魂。《我独自漫游,犹如一朵云》又名《黄水仙》,可谓很好地体现了诗人的这一主张。

啊，船长，我的船长哟！①

［美］惠特曼

惠特曼像

啊，船长，我的船长哟！我们可怕的航程已终了，
我们的船渡过了每一个难关，我们追求的锦标已经得到，
港口就在前面，我已经听见钟声，听见了人们的欢呼，
千万双眼睛在望着我们的船，它坚定，威严而且勇敢；
只是，啊！心哟！心哟！心哟！
啊，鲜红的血滴，
就在那甲板上，我的船长躺下了，
他已浑身冰凉，停止了呼吸。

啊，船长，我的船长哟！起来听听这钟声，
起来吧，——旌旗正为你招展，——号角为你长鸣，
为你，人们准备了无数的花束和花环，——为你，人群挤满了海岸，
为你，这晃动着的群众在欢呼，转动着他们殷切的脸面；
这里，船长，亲爱的父亲哟！
让你的头枕着我的手臂吧！
在甲板上，这真是一场梦——
你已浑身冰凉，停止了呼吸。

我的船长不回答我的话，他的嘴唇惨白而僵硬，
我的父亲，感觉不到我的手臂，他已没有脉搏，也没有了生命，
我们的船已经安全地下锚了，它的船程已经终了，
从可怕的旅程归来，这胜利的船，目的已经达到；
啊，欢呼吧，海岸，鸣响吧，钟声！
只是我以悲痛的步履，
漫步在甲板上，那里我的船长躺着，

---

① 选自《草叶集选》（人民文学出版社，1955年版），楚图南译。惠特曼（1819～1892），美国诗人。作品有《草叶集》等。这首诗悼念的是为了维护国家统一、废除奴隶制而献身的林肯总统。

他已浑身冰凉，停止了呼吸。

品味探究

1. “他已浑身冰凉，停止了呼吸”、“你已浑身冰凉，停止了呼吸”采用了什么手法？起什么效果？第三人称“他”为什么转为第二人称“你”？

2. 全诗采用象征手法，船长掌舵的那条“巨轮”象征什么？“可怕的航程”、“安全地下锚”的具体意义又是什么？

3. 在这首诗中，“船”、“船长”、“航程”以及“锦标”分别象征什么？

4. 你认为这首诗歌抒发诗人怎样的思想感情？

1. 给下列加点字注音。

旌（　　）旗　　晃（　　）动　　殷（　　）切　　枕（　　）着　　下锚（　　）

2. 下列词语中书写有误的一项是（　　）

A. 锦标　威严　浑身　　B. 招展　惨白　僵硬

C. 手臂　脉膊　终了　　D. 鸣响　步履　漫步

3. 下列词语填空，最恰当的一项是（　　）

（1）深秋，看风卷枯叶，听雨打残荷，看板桥晨霜，听孤雁哀鸣，心中不免有些________。

（2）经过半年的反思、总结与调整，该公司终于扭亏为盈，________了一个直接关系到存亡的难关。

A. 冰凉　度过　　B. 凄凉　渡过

C. 冰凉　渡过　　D. 凄凉　度过

4. 下列叙述不符合诗歌意思的一项是（　　）

A. 第一节，沸腾的港口和“鲜红的血滴”、“已浑身冰凉，停止了呼吸”形成强烈的对比。诗人从心底发出了悲鸣：“只是心哟，心哟，心哟！”

B. 第二节，诗人呼唤着船长，也写出了人民对总统的拥护，在这里深情地喊出“船长，亲爱的父亲哟”，表现了人民对总统高尚人格的敬重。

C. 第三节，诗人不能不正视船长“没有了生命”的现实。船长的愿望已经实现，而全诗也在海岸的欢呼声与鸣响的钟声中结束。

D. 诗人用象征的手法，把美国比作一艘航船，把林肯总统比作船长，在万众欢腾之中，吟唱起一曲悲歌，塑造了一位伟大人物的形象。

5. 下列各句中没有语病的一句是（　　）

A. 我们完全没有必要为不能带着一路走一路欣赏的心境好好享受人生而作出放弃追求的损失。

B. 好书好比慢慢品味上品的牛肉干，要仔细咀嚼，才得其妙。

C. 经过高中三年的勤奋学习，你一定能昂首走进久违的大学城。

D. 国务院决定在农村进行的税费改革，是为了切实减轻农民的负担。

1855 年，《草叶集》第 1 版问世，共收诗 12 首，最后出第 9 版时共收诗 383 首。《草叶集》是惠特曼最重要的著作，得名于诗集中这样的一句诗：“哪里有土，哪里有水，哪里就长着草。”诗集中的诗歌像是长满美国大地的芳草，生气蓬勃并散发着诱人的芳香。

草叶象征着一切平凡、普通的东西和平凡的普通人。它们是世界闻名的佳作，开创了美国民族诗歌的新时代。作者在诗歌形式上有大胆的创新，创造了“自由体”的诗歌形式，打破了传统的诗歌格律，以断句作为韵律的基础，节奏自由奔放，汪洋恣肆，舒卷自如，具有一泻千里的气势和无所不包的容量。

拥抱四季　学习形散而神不散

话题探讨

说起春夏秋冬这四个季节，人人都有发言权，每个人都有关于季节的感悟和体会，也有发生在某个季节的令人难忘的经历，所以，四季是个多感的话题。春水满池泽，夏云多奇峰，秋月扬明晖，冬岭秀孤松。这其中的哪个季节是你的最爱，或者让你最有感触呢?不同的人会有不同的答案。

其实，即便是同一个季节，人们的感触也各不相同。说一说那个撩人心绪的秋天吧，既有欧阳修《秋声赋》"其色惨淡，烟霏云敛；其容清明，天高日晶；其气栗冽，砭人肌骨；其意萧条，山川寂寥"，写尽了秋的肃杀和清冷；也有杜甫《登高》"无边落木萧萧下，不尽长江滚滚来"，展现的是秋天景物的空阔壮丽；当然也有刘禹锡的"自古逢秋悲寂寥，我言秋日胜春朝"，写出了秋天的生机和活力；更有毛泽东《沁园春·长沙》"看万山红遍，层林尽染；漫江碧透，百舸争流。鹰击长空，鱼翔浅底，万类霜天竞自由"的恢宏豪迈。

一个季节引发的思绪，就像天边的云朵一样飘忽不定，它的表达无法像小说叙述故事一样，有开端，有发展，有高潮和结局。思绪的表达只是随意点染，信笔勾勒。时而写景叙事，时而抒情议论。这样"自由"和"随便"的文章写出来又算什么呢？聪明的读者知道，这就是"散文"。对于四季的喜爱，我们就可以借助散文的形式挥洒自如地表达出来。

写法借鉴

散文，顾名思义，其特点就在于"散"，但这并不意味着随意或者随便。它需要的是"形散而神不散"。

所谓"形散"主要指取材广泛、形式灵活。散文所涉及的内容可以囊括宇宙人生的各个方面，风花雪月、山水鱼虫，乃至一声鸟鸣蝉嘶、一道闪电、一滴水。散文的形式不拘成法，时而勾勒描绘，时而倒叙联想，时而感情迸发，时而侃侃议论。散文是最自由灵活的一种文学形式，它无拘无束，行止自由，具有行云流水般的风致。

所谓"神不散"，是指在散文的自由潇洒行文之中，文章的"神"，也就是主旨，将形散的材料组织为统一的整体，把人、景、情联结在一起，使其脉络分明，结构严谨。

朱自清的散文名篇《春》从内容上可以分为盼春、画春、赞春三部分，下面我们一起来赏析其中画春部分的内容：

一切都像刚睡醒的样子，欣欣然张开了眼。山朗润起来了，水涨起来了，太阳的脸红起来了。

小草偷偷地从土地里钻出来，嫩嫩的，绿绿的。园子里，田野里，瞧去，一大片一大片满是的。坐着，躺着，打两个滚，踢几脚球，赛几趟跑，捉几回迷藏。风轻悄悄的，草软绵绵的。

桃树，杏树，梨树，你不让我，我不让你，都开满了花赶趟儿。红的像火，粉的像霞，白的像雪。花里带着甜味；闭了眼，树上仿佛已经满是桃儿，杏儿，梨儿。花下成千成百的蜜蜂嗡嗡的闹着，大小的蝴蝶飞来飞去。野花遍地是：杂样儿，有名字的，没名字的，散在草丛里像眼睛像星星，还眨呀眨的。

"吹面不寒杨柳风"，不错的，像母亲的手抚摸着你，风里带着些新翻的泥土的气息，混着青草味儿，还有各种花的香，都在微微润湿的空气里酝酿。鸟儿将巢安在繁花嫩叶当中，高兴起来了，呼朋引伴的卖弄清脆的歌喉，唱出婉转的曲子，跟清风流水应和着。牛背上牧童的短笛，这时候也成天嘹亮的响着。

雨是最寻常的，一下就是三两天。可别恼。看，像牛毛，像花针，像细丝，密密地斜织着，人家屋顶上全笼着一层薄烟。树叶却绿得发亮，小草也青得逼你的眼。傍晚时候，上灯了，一点点黄晕的光，烘托出一片安静而和平的夜。在乡下，小路上，石桥边，有撑着伞慢慢走着的人，地里还有工作的农民，披着蓑戴着笠。他们的房屋稀稀疏疏的，在雨里静默着。

天上的风筝渐渐多了，地上的孩子也多了。城里乡下，家家户户，老老小小，也赶趟似的，一个个都出来了。舒活舒活筋骨，抖擞抖擞精神，各做各的一份事儿去。"一年之计在于春"，刚起头儿，有的是功夫，有的是希望。

为了描画春天这幅美丽的图景，作者通过细致的观察选取了多个能够凸显春天气息的景物。从山水写到太阳，从花草写到风雨，从景写到人，从天写到地，从小草出土写到春耕大忙。无论空间、时间或者描写对象，都是比较广阔的。但所有的这些内容都是紧紧围绕着春天的特点或者春天对于人生的意义来描写的，所以尽管描绘了春天的各种景物，但都服务于相同的主旨，所以文章散而不乱，缜密严谨而又跌宕多姿，这就做到了"形散而神不散"。

郁达夫的《故都的秋》堪称散文经典之作，文章开篇一句"北国的秋，却特别地来得清，来得静，来得悲凉"已经点出了作者对这故都深秋的整体感受，下文的描写中作者选取了多个场景及景物来表达这种感受，我们看其中对秋天院落中晨景的一段描写：

不逢北国之秋，已将近十余年了。在南方每年到了秋天，总要想起陶然亭的芦花，钓鱼台的柳影，西山的虫唱，玉泉的夜月，潭柘寺的钟声。在北平即使不出门去吧，就是在皇城人海之中，租人家一椽破屋来住着，早晨起来，泡一碗浓茶，向院子一坐，你也能看得到很高很高的碧绿的天色，听得到青天下驯鸽的飞声。从槐树叶底，朝东细数着一丝一丝漏下来的日光，或在破壁腰中，静对着像喇叭似的牵牛花(朝荣)的蓝朵，自然而然地也能够感觉到十分的秋意。说到了牵牛花，我以为以蓝色或白色者为佳，紫黑色次之，淡红色最下。最好，还要在牵牛花底，教长着几根疏疏落落的尖细且长的秋草，使作陪衬。

作者在这一段中的描写看似无意，但其实处处都在体现着故都的秋的清、静、悲凉。住在皇城人海之中的一椽破屋之中，驯鸽的飞声中细数着一丝一丝漏下来的日光，静对着牵牛花的兰朵，认为牵牛花的颜色蓝色、白色最佳，花底长着稀稀落落的秋草……这所有描写或者叙述，看起来很随意，但随意之中无不蕴含着故都的秋清、静、悲凉的特点，看似无意为之，其实却是作者的匠心独具之处。

综上所述，四季景物各具特色，通过散文这一文体形式，可以自由灵活地选取富有特色的景物和事件来表达你对季节的情感体验。要做到形散而神不散，最关键的是文章的主旨要明确，材料的取舍安排以为主旨服务为原则，让材料拥抱主旨，这样就不失为一篇形散而神不散的好文章。

写作练习

1. 四季轮回，春华秋实，登高望远，临风把酒。自然的造化总是带给人们丰富的情感体验。请你以某种自然景物为对象，展开联想，写一篇文章。

2. 阅读下列文字，根据要求作文。

春暖花开，许多花选择在春天开放，然而，也有些花会在其他季节开放。“接天莲叶无穷碧，映日荷花别样红”，荷花开放于夏天；“冲天香阵透长安，满城尽带黄金甲”，菊花盛开在秋天；“墙角数枝梅，凌寒独自开”，一枝寒梅，傲立雪中。是的，不是所有的花只在春天开放，花开四季。自然如此，社会、人生又何尝不是如此？

请你结合上述材料的内容和自己的生活体验，自选角度，自拟题目，写一篇文章，文体不限。

第七单元　直面困境

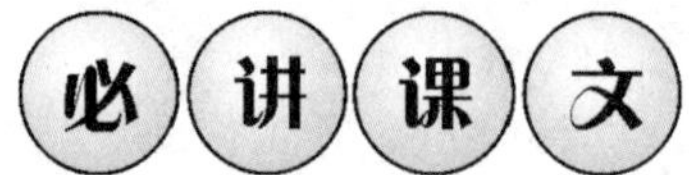

一碗清汤荞麦面

[日本]栗良平[1]

对于面馆来说，生意最兴隆的日子，就是大年除夕了。

北海亭每逢这一天，总是从一大早就忙得不可开交。不过，平时到夜里12点还熙攘[2]热闹的大街，临到除夕，人们也都匆匆赶紧回家，所以一到晚上10点左右，北海亭的食客也就骤然稀少了。当最后几位客人走出店门就要打烊[3]的时候，大门又发出无力的"吱吱"响声，接着走进来一位带着两个孩子的妇人。两个都是男孩，一个6岁，一个10岁的样子。孩子们穿着崭新、成套的运动服，而妇人却穿着不合季节的方格花呢裙装。

"欢迎！"女掌柜连忙上前招呼。妇人嗫嚅地说："那个……清汤荞麦面……就要一份……可以吗？"躲在妈妈身后的两个孩子也担心会遭到拒绝，胆怯地望着女掌柜。"噢，请吧，快请里边坐。"女掌柜边忙着将母子三人让到靠暖气的第二张桌子旁，边向柜台后面大声吆喝："清汤荞麦面一碗——！"当家人探头望着母子，也连忙应道："好咧，一碗清汤荞麦面——！"他随手将一把面条丢进汤锅。

随后，又额外多加了半把面条。煮好盛在一个大碗里，让女掌柜端到桌子上。于是母子三人几乎是头碰头地围着一碗面吃将起来，"噝噝"的吃吸声伴随着母子的对话，不时传至柜台内外。

"妈妈，真好吃呀！"兄弟俩说。"嗯，是好吃，快吃吧。"妈妈说。不大功夫，一碗面就被吃光了。妇人在付饭钱时，低头施礼说："承蒙关照，吃得很满意。"这时，当家人和女掌柜几乎同声答说："谢谢您的光临，预祝新年快乐！"

迎来新的一年的北海亭，仍然和往年一样，在繁忙中打发日子，不觉又到了大年除夕。

夫妻俩这天又是忙得不亦乐乎，10点刚过，正要准备打烊时，忽听见"吱吱"的轻微开门声，一位领着两个男孩的妇人轻轻走进店里。女掌柜从她那身不合时令的花格呢旧裙装上，一下就回忆起一年前除夕夜那最后的一位客人。"那个……清汤面……就要一份……可以吗？""请，请，这边请。"女掌柜和去年一样，边将母子三人让到第二张桌旁，边

① 选自《一碗清汤荞麦面》（漓江出版社，2005年版）。栗良平，本名伊藤贡，日本著名作家、演讲家。② [熙攘] 形容人来人往，非常热闹拥挤。③ [打烊]商店晚上关门停止营业。

开腔叫道:“清汤荞麦面一碗——!”桌子上,娘儿仨在吃面中的小声对话,清晰地传至柜台内外。“真好吃呀!”“我们今年又吃上了北海亭的清汤面啦。”“但愿明年还能吃上这面。”吃完,妇人付了钱,女掌柜也照例用一天说过数百遍的套话向母子道别:“谢谢光临,预祝新年快乐!”

在生意兴隆中,不觉又迎来了一年一度的除夕夜。北海亭的当家人和女掌柜虽没言语,但9点一过,二人都心神不宁①,时不时地倾听门外的声响。在那第二张桌上,早在半个钟头前,女掌柜就已摆上了“预约席”的牌子。终于挨到10点了,就仿佛一直在门外等着最后一个客人离去才进店堂一样,母子三人悄然②进来了。哥哥穿一身中学生制服,弟弟则穿着去年哥哥穿过的大格运动衫。兄弟俩这一年长高了许多,简直认不出来了,而母亲仍然是那身褪了色的花格呢裙装。

“欢迎您!”女掌柜满脸堆笑地迎上前去。“那个……清汤面……要两份……可以吗?”“嗳。请,请,呵,这边请!”女掌柜一如既往,招呼他们在第二张桌子边就座,并若无其事地顺手把那个“预约席”牌藏在背后,对着柜台后面喊道:“面,两碗——!”“好咧,两碗面——!”可是,当家人却将三把面扔进了汤锅。于是,母子三人轻柔的话语又在空气中传播开来。“昕儿,淳儿……今天妈妈要向你们兄弟二人道谢呢。”“道谢?……怎么回事呀?”“因为你们父亲而发生的交通事故,连累人家8个人受了伤,我们的全部保险金也不够赔偿的,所以,这些年来,每个月都要积攒些钱帮助受伤的人家。”“噢,是吗,妈妈?”“嗯,是这样,昕儿当送报员,淳儿又要买东西,又要准备晚饭,这样妈妈就可以放心地出去做工了。因为妈妈一直勤奋工作,今天从公司得到了一笔特别津贴,我们终于把所欠的钱都还清了。”“妈妈,哥哥,太棒了!放心吧,今后,晚饭仍包在我身上好了。”“我还继续当业余送报员!小淳,我们加油干哪!”“谢谢……妈妈实在感谢你们。”

这天,娘儿仨在一餐饭中说了很多话,哥哥进行了“坦白”:他怎样担心母亲请假误工,自己代母亲去出席弟弟学校家长座谈会,会上听小淳如何朗读他的作文《一碗清汤荞麦面》。这篇曾代表北海道参加了“全国小学生作文竞赛”的作文写道,父亲因交通事故逝世后留下一大笔债务;妈妈怎样起早贪黑拼命干活;哥哥怎样当送报员;母子三人在除夕夜吃一碗清汤面,面怎样好吃;面馆的叔叔和阿姨每次向他们道谢,还祝福他们新年快乐。小淳朗读的劲头,就好像在说:我们不泄气,不认输,坚持到底!弟弟在作文中还说,他长大以后,也要开一家面馆,也要对客人大声说:“加油干哪,祝你幸福。”刚才还站在柜台里静听一家人讲话的当家人和女掌柜不见了。原来他们夫妇已躲在柜台后面,两人扯着条毛巾,好像拔河比赛各拉着一头,正在拼命擦拭满脸的泪水。

又过去了一年。在北海亭面馆靠近暖气的第二张桌子上,9点一过就摆上了“预约席”的牌子,老板和老板娘等呵、等呵,始终也未见母子三人的影子。

转过一年,又转过一年,母子三人再也没有出现。北海亭的生意越做越兴旺,店面进行了装修,桌椅也更新了,可是,靠暖气的第二张桌子,还是原封不动地摆在那儿。

光阴荏苒③,北海亭夫妻面馆在不断迎送食客的百忙中,又迎来了一个除夕之夜。

---

① [心神不宁]宁,安宁。形容心情不平静。 ② [悄然]形容声音很低或者没有声音。 ③ [光阴荏苒]指时间或光阴渐渐过去。

手臂上搭着大衣，身着西装的两个青年走进北海亭面馆，望着座无虚席①、热闹非常的店堂，下意识地叹了口气。“真不凑巧，都坐满了……”女掌柜面带歉意，连忙解释说。这时，一位身着和服的妇人，谦恭地深深低着头走进来，站在两个青年中间。店内的客人一下子肃静下来，都注视着这几位不寻常的客人。只听见妇人轻柔地说：“那个……清汤面，要三份，可以吗？”一听这话，女掌柜猛然想起了那恍如隔世②的往事——在那年除夕夜，娘儿仨吃一碗面的情景。

“我们是 14 年前在除夕夜，三口人吃一碗清汤面的母子三人。”妇人说道，“那时，承蒙贵店一碗清汤面的激励，母子三人携手努力生活过来了。”这时，模样像是兄长的青年接着介绍说：“此后我们随妈妈搬回外婆家住的滋贺县。今年我已通过国家医师考试，现在是京都医科大学医院的医生，明年就要转往札幌综合医院。之所以要回札幌，一是向当年抢救父亲和治疗因父亲而受伤的人的医院表示敬意；再者是为父亲扫墓，向他报告我们是怎样奋斗的。我和没有开成面馆而在京都银行工作的弟弟商量，我们制订了有生以来最奢侈的计划——在今年的除夕夜，我们陪母亲一起访问札幌的北海亭，再要上三份清汤面。”一直在静听说话的当家人和女掌柜，眼泪刷刷刷地流了下来。“欢迎，欢迎，……呵，快请。喂，当家的，你还愣在那儿干嘛！2 号桌，三碗清汤荞麦面——！”当家人一把抹去泪水，欢悦地应道：“好咧，清汤荞麦面三碗——！”

品味探究

1. 小说一共写了四次吃面的场面。分别是一碗、一碗、两碗和三碗。照理小说该以“清汤荞麦面”为题才是，但却名之为“一碗清汤荞麦面”，为什么？

2. 兄弟俩对妈保密的那件事，跟清汤荞麦面似乎没有多大关系，为什么要安排这个情节？

3. 有一位记者因为拍摄一枝红玫瑰而名声大振。是因为这枝玫瑰开得特别鲜艳吗？是因为记者的拍摄技巧高超、拍摄角度独特吗？都不是！真正的原因在于这枝鲜花盛开在第二次世界大战后到处是一片废墟的德国、一个破败不堪的地下室里，这里正居住着一户饱受战争伤害的普通居民。

请思考：这一枝红玫瑰与文中的一碗清汤荞麦面有何异曲同工之妙？并联系中国的社会现实，谈谈你的感想，写一段三百字的短文。

1. 给下面加点的字注音。

香喷喷（　　）	承蒙（　　）	忙忙碌碌（　　）
打烊（　　）	抚恤（　　）	奢侈（　　）

① ［座无虚席］虚，空。座位没有空着的，形容出席的人很多。 ② ［恍如隔世］比喻事物变化发展很快，变化很大。

摇曳(　　)　　　　白皑皑(　　)　　　轶事(　　)

2. "一碗清汤荞麦面"是小说的__________,同时也象征了__________________________的精神。

3. 小说采用__________描写的手法,在母子三人身上表现了团结奋进的精神,也从老板夫妇及店内其他人身上表现了____________________的思想品格。

4.《一碗清汤荞麦面》的题目,有实写和虚写双重含义,实写是指__________,虚写指__________。这篇小说的主题是________________________。

《一碗清汤荞麦面》这个在日韩广为流传的真实故事,感动了亿万人,成为在逆境中奋起、决不向命运低头的精神象征。在日本,该书的出版被形容为掉进了"一亿滴泪的海";韩国三星集团会长李健熙更是一再向员工大力推荐,号召大家学习《一碗清汤荞麦面》中母子三人面对逆境坚忍不拔的精神,和面馆老板夫妇经商的人情之美。在中国,1989 年,《一碗清汤荞麦面》曾经被《读者》缩写后刊载,"所引发的反响几乎是一场静悄悄的'革命'",至今仍被《读者》总编彭长城认为是该刊创刊以来最感人的作品之一。

栗良平 ,本名伊藤贡,日本著名作家、演讲家。1943 年 5 月生于日本北海道。曾经从事过十多种职业。在综合医院任职十年,高中时代翻译安徒生童话,因而引起对口述童话的创作兴趣。他利用业余时间搜集四百多篇民间故事,以各地方言亲自巡回讲述。栗良平的主要作品有《纺织公主》、《又听到二号汽笛》、《穿越战国时代的天空》,他以《一碗清汤荞麦面》成为儿童类畅销作家。

苏武传[①](节选)

班　固

武,字子卿。少以父任,兄弟并为郎[②]。稍迁至栘中厩监[③]。时汉连伐胡,数通使相窥观[④]。匈奴留汉使郭吉、路充国等,前后十余辈[⑤]。匈奴使来,汉亦留之以相当[⑥]。天汉元年[⑦],且鞮侯单于[⑧]初立,恐汉袭之,乃曰:“汉天子我丈人行也[⑨]。”尽归汉使路充国等。武帝嘉其义[⑩],乃遣武以中郎将使持节送匈奴使留在汉者[⑪],因厚赂[⑫]单于,答其善意[⑬]。武与副中郎将张胜及假吏常惠等募士斥候百余人俱[⑭],既至匈奴,置币遗单于[⑮];单于益骄[⑯],非汉所望也[⑰]。

方欲发使送武等,会缑王与长水虞常等谋反匈奴中[⑱]。缑王者,昆邪王[⑲]姊子也,与昆邪王俱降汉;后随浞野侯没胡中,及卫律所将降者[⑳],阴相与谋劫单于母阏氏归汉[㉑]。会武等至匈奴,虞常在汉时,素与副张胜相知[㉒],私候胜[㉓]曰:“闻汉天子甚怨卫律,常能为汉伏弩射杀之[㉔],吾母与弟在汉,幸蒙其赏赐[㉕]。”张胜许之,以货物与常。

后月余,单于出猎,独阏氏子弟在[㉖]。虞常等七十余人欲发[㉗],其一人夜亡[㉘],告之。

---

① 节选自《汉书·李广苏建传》(中华书局,1962年版)。《汉书》是我国第一部纪传体断代史。《汉书》全书主要记述了上起西汉的汉高祖元年(公元前206年),下至新朝王莽地皇四年(公元23年),共229年的史事。班固(建武八年32年—永元四年92年),东汉史学家、文学家。史学家班彪之子,字孟坚,汉族,扶风安陵人(今陕西咸阳东北)。

② [少以父任,兄弟并为郎]年轻时凭借父亲的职位而做官,兄弟都做了皇帝的侍从官。并,全,都。 ③ [稍迁至栘(yí)中厩监]渐渐升迁到栘中厩监。稍,渐渐。迁,升迁。 ④ [时汉连伐胡,数通使相窥观]当时汉朝不断征伐匈奴,屡次互派使者彼此窥探侦察。伐,征讨。 ⑤ [十余辈]十余人。 ⑥ [当(dàng)]抵押。 ⑦ [天汉元年]公元前100年。天汉,汉武帝年号。 ⑧ [且鞮(jūdī)侯单于]且鞮侯,单于名。单于,匈奴的最高首领。 ⑨ [汉天子我丈人行也]汉皇帝是我的长辈啊。丈人,对老人和长辈的尊称。行(háng),辈。 ⑩ [嘉其义]称赞他这种通晓情理的做法。义,做事合乎情理。 ⑪ [乃遣武以中郎将使持节送匈奴使留在汉者](武帝)于是就派苏武以中郎将的身份,让他持使节出使匈奴,送回(那些)留在汉朝的匈奴使者。节,旄(máo)节,以竹为竿,上缀以旄牛尾,是使者所持的信物(即凭证)。 ⑫ [厚赂(lù)]赠送了丰厚的财物。 ⑬ [答其善意]答谢他的好意。 ⑭ [武与副中郎将张胜及假吏常惠等募士斥候百余人俱]苏武与副中郎将张胜以及临时充任使臣属吏的常惠等招募士卒和侦察人员一百多人,一同(前往)。假吏,指临时充任使臣属吏。募,招募。士,士卒。斥候,侦察兵。俱,一同。 ⑮ [置币遗单于]备办财物赠送给单于。 ⑯ [益骄]越发倨傲。 ⑰ [非汉所望也]不是汉朝所期望的(那样)。 ⑱ [会缑(gōu)王与长水虞常等谋反匈奴中]适逢匈奴国内缑王与原长水校尉虞常等人在匈奴内部谋反。长水虞常,指汉朝投降匈奴的原长水校尉虞常。长水校尉,官名。 ⑲ [昆邪(húnyé)王]匈奴的一个王,其部落在现在甘肃省西北部。 ⑳ [及卫律所将降者]在卫律带领的投降者中。卫律,长水胡人,生长于汉,曾任汉使出使匈奴,后因事株连,畏罪逃亡投降匈奴,封为丁灵王,成为单于的亲信。丁灵,匈奴的一个部落。将,领。降者,投降匈奴的人。 ㉑ [阴相与谋劫单于母阏氏(yānzhī)归汉]暗中密谋绑架单于的母亲阏氏归附汉朝。阴,暗地里。与,一起。 ㉒ [相知]有交情。 ㉓ [私候胜]私下拜访张胜。 ㉔ [常能为汉伏弩射杀之]我虞常能为汉朝暗中用弩弓将他(指卫律)射死。 ㉕ [幸蒙其赏赐]希望得到皇帝的赏赐。幸,希望。蒙,蒙受、得到。其,代词,指汉天子。 ㉖ [独阏氏子弟在]只有阏氏和单于的子弟在家。
㉗ [欲发]准备发动(事)。 ㉘ [其一人夜亡]他们中有一个人夜里逃跑了。

单于子弟发兵与战。缑王等皆死，虞常生得①。单于使卫律治其事②，张胜闻之，恐前语发③，以状语武。武曰：“事如此，此必及我④，见犯乃死，重负国⑤。”欲自杀，胜、惠共止之。虞常果引张胜⑥。单于怒，召诸贵人议，欲杀汉使者。左伊秩訾曰：“即谋单于，何以复加⑦？宜皆降之。”

单于使卫律召武受辞⑧。武谓惠等：“屈节辱命⑨，虽生⑩，何面目以归汉！”引佩刀自刺。卫律惊，自抱持武，驰召医⑪。凿地为坎，置煴火⑫，覆武其上⑬，蹈⑭其背以出血。武气绝，半日复息⑮。惠等哭，舆⑯归营。单于壮其节⑰，朝夕遣人候问⑱武，而收系⑲张胜。

武益愈⑳，单于使使晓武，会论虞常㉑，欲因㉒此时降武。剑斩虞常已，律曰：“汉使张胜谋杀单于近臣，当死。单于募降者赦罪。”举剑欲击之，胜请降。律谓武曰：“副有罪，当相坐㉓。”武曰：“本无谋㉔，又非亲属，何谓相坐？”复举剑拟之㉕，武不动。律曰：“苏君，律前负汉归匈奴，幸蒙大恩，赐号称王。拥众数万，马畜弥山㉖，富贵如此！苏君今日降，明日复然㉗。空以身膏草野㉘，谁复知之！”武不应。律曰：“君因我降，与君为兄弟。今不听吾计，后虽欲复见我，尚可得乎？”武骂律曰：“汝为人臣子，不顾恩义，畔主背亲，为降虏于蛮夷，何以汝为见㉙？且单于信汝，使决人死生，不平心持正，反欲斗两主，观祸败㉚。若知我不降明㉛，欲令两国相攻，匈奴之祸，从我始矣。”

律知武终不可胁，白㉜单于。单于愈益欲降之。乃幽武置大窖中㉝，绝不饮食㉞。天雨雪㉟，武卧啮雪，与旃毛并咽之，数日不死。匈奴以为神。乃徙武北海㊱上无人处，使牧羝㊲，羝乳乃得归㊳。别其官属常惠等各置他所㊴。武既至海上，廪食不至，掘野鼠去草实而食之㊵。仗汉节牧羊，卧起操持，节旄尽落。积五六年，单于弟於靬王弋射海上。武能网纺缴，檠弓弩，於靬王爱之，给㊶其衣食。三岁余，王病，赐武马畜、服匿、穹庐。王死后，人众徙去。其冬，丁令盗武牛羊，武复穷厄㊷。

---

① [生得]被活捉。 ② [治其事]审处这一案件。 ③ [恐前语发]担心以前(与虞常)的谈话被揭发。 ④ [此必及我]这样一定会牵连到我。及，动词，牵连到。 ⑤ [见犯乃死，重(zhòng)负国]等受到(匈奴)侮辱以后才死，更对不起国家。见犯，受到侵犯、侮辱。重，更加。 ⑥ [果引张胜]果然招出张胜。引，牵攀、招供。 ⑦ [即谋单于，何以复加]假如是谋杀单于，又用什么更严的刑法呢？意思是说，因为谋劫阏氏杀卫律就把汉使处死，处罚太重。 ⑧ [受辞]受审讯。 ⑨ [屈节辱命]屈辱了使命。 ⑩ [虽生]即使活了下来。 ⑪ [驰召医](派人)骑马找医生来。 ⑫ [煴(yūn)火]微火，无焰的火。 ⑬ [覆武其上]把苏武背朝上放在坑上。 ⑭ [蹈]通“搯(tāo)”，轻轻敲打。 ⑮ [复息]又能呼吸。息，气息。 ⑯ [舆]用车载运。 ⑰ [壮其节]钦佩苏武的气节。壮，形容词的意动用法，“以……为壮”。 ⑱ [候问]问候。 ⑲ [收系]逮捕并监禁。 ⑳ [益愈]渐渐痊愈。 ㉑ [会论虞常]共同判定虞常的罪。论，判罪。 ㉒ [因]就，趁。 ㉓ [相坐]连带(治罪)。一个人犯了罪，有关的人连带治罪，叫“连坐”或“相坐”。 ㉔ [本无谋]本来没有参加谋划。 ㉕ [举剑拟之]举起剑来做要砍的样子。拟，比划。 ㉖ [弥山]满山。 ㉗ [复然]也会这样。 ㉘ [空以身膏草野]白白地把身体给野草做肥料。指被杀身死。膏，肥。膏草野，使野草滋润肥美，也就是做肥料的意思。 ㉙ [何以汝为见]我为什么要见你？为，语气助词。 ㉚ [斗两主，观祸败]挑拨汉天子和单于的关系，旁观两国的灾祸和损失。 ㉛ [若知我不降明]你明知道我决不会投降。若，你。 ㉜ [白]告诉、禀告。 ㉝ [乃幽武置大窖中]就把苏武囚禁起来，安置在大地窖里面。幽，禁闭。 ㉞ [绝不饮食]断绝供应，不给吃喝。 ㉟ [天雨(yù)雪]天下雪。雨，动词，下。 ㊱ [北海]今俄罗斯境内的贝加尔湖。 ㊲ [羝(dī)]公羊。
㊳ [羝乳乃得归](等到)公羊生了小羊才能回去。乳，生子。公羊不能生子，说明苏武永远没有回国的希望。
㊴ [别其官属常惠等各置他所]分开他的随从官吏常惠等人，分别安置到另外的地方。别，分别隔离。官属，所属官吏、部下。他所，别的处所。 ㊵ [掘野鼠去草实而食之]掘取野鼠所储藏的野生果实来吃。去，通“弆”(jǔ)，收藏。草实，野生果实。 ㊶ [给(jǐ)]供给。 ㊷ [穷厄(è)]陷于困境。穷，失意。厄，困窘。

初，武与李陵俱为侍中①。武使匈奴，明年②，陵降，不敢求③武。久之④，单于使陵至海上，为武置酒设乐⑤。因谓武曰："单于闻陵与子卿素厚⑥，故使陵来说足下，虚心欲相待。终不得归汉，空自苦亡人之地⑦，信义安所见乎⑧？前长君为奉车⑨，从至雍棫阳宫，扶辇下除⑩，触柱折辕，劾大不敬⑪，伏剑自刎，赐钱二百万以葬。孺卿从祠河东后土⑫，宦骑与黄门驸马争船⑬，推堕驸马河中溺死，宦骑亡，诏使孺卿逐捕，不得，惶恐饮药而死。来时太夫人已不幸⑭，陵送葬至阳陵。子卿妇年少，闻已更嫁矣。独有女弟⑮二人，两女一男，今复十余年，存亡不可知。人生如朝露，何久自苦如此⑯！陵始降时，忽忽如狂，自痛负汉，加以老母系保宫⑰。子卿不欲降，何以过陵？且陛下春秋高⑱，法令亡常⑲，大臣亡罪夷灭者数十家，安危不可知，子卿尚复谁为乎⑳？愿听陵计，勿复有云㉑。"武曰："武父子亡功德，皆为陛下所成就㉒，位列将，爵通侯，兄弟亲近㉓，常愿肝脑涂地。今得杀身自效，虽蒙斧钺汤镬㉔，诚甘乐之。臣事君，犹子事父也，子为父死，无所恨，愿勿复再言！"

昭帝即位，数年，匈奴与汉和亲。汉求武等，匈奴诡言㉕武死。后汉使复至匈奴，常惠请其守者与俱，得夜见汉使，具自陈道㉖。教使者谓单于，言"天子射上林中，得雁，足有系帛书，言武等在某泽中。"使者大喜，如惠语以让单于㉗。单于视左右而惊，谢㉘汉使曰："武等实在㉙。"

单于召会武官属，前以降及物故，凡㉚随武还者九人。武以始元六年春至京师。武留匈奴凡十九岁，始以强壮出，及还，须发尽白。

品味探究

1. 课文是怎样从环境和细节描写入手来挖掘人物性格特征的？

2. 探讨：文章记事有详有略，对卫律和李陵劝降部分详细描写，作者为什么要这样处理，有什么用

---

① [武与李陵俱为侍中]苏武与李陵都做皇帝的侍从。李陵，字少卿，汉代名将李广的孙子，汉武帝时为骑都尉（官名），天汉二年（公元前 99 年），兵败投降匈奴。侍中，汉时在其本官职外的加衔。 ② [明年]第二年。 ③ [求]访求。 ④ [久之]时间过了很久。之，助词，无实在意义。 ⑤ [置酒设乐]备办酒宴，安排歌舞。 ⑥ [素厚]（关系）一向深厚。 ⑦ [空自苦亡人之地]白白地在这荒无人烟的地方受苦。亡，同"无"。 ⑧ [信义安所见（xiàn）乎]你对汉廷的信义又怎能有所表现呢？安，何。见，同"现"。 ⑨ [前长君为奉车]以前您的大哥做奉车都尉。长君，大哥，指苏武的哥哥苏嘉。奉车，奉车都尉，皇帝出行时的侍从，掌管皇帝的车马。 ⑩ [扶辇（niǎn）下除]扶着皇帝的车驾下殿阶。除，殿阶。 ⑪ [劾大不敬]被弹劾为大不敬。劾，弹劾。 ⑫ [孺卿从祠河东后土]你弟弟孺卿跟随皇上去祭祀河东土神。孺卿，苏武的弟弟苏贤的字。祠，祀。后土，相对皇天而言，指地神。 ⑬ [宦骑与黄门驸马争船]一个骑马的宦官和黄门驸马抢着上船。宦骑，侍卫皇帝的骑马的宦官。黄门驸马，宫中掌管车辆马匹的官。 ⑭ [太夫人已不幸]您的母亲已去世。太夫人，称苏武的母亲。不幸，对去世的委婉说法。 ⑮ [女弟]妹妹。 ⑯ [人生如朝露，何久自苦如此]人生像早晨的露水（一下子就消失了），何必长久地像这样折磨自己？ ⑰ [系保宫]拘禁在保宫。保宫，汉代囚禁大臣及其眷属的处所。 ⑱ [春秋高]年纪大了。 ⑲ [法令亡常]法令随意变更。 ⑳ [尚复谁为乎]你还为谁（守节）呢？ ㉑ [勿复有云]不要再说什么了。 ㉒ [成就]栽培，提拔。 ㉓ [亲近]指皇上的亲近之臣。 ㉔ [虽蒙斧钺（yuè）汤镬]即使受到极刑。斧钺，古代军法用以杀人的斧子。斧钺、汤镬，这里泛指刑戮。
㉕ [诡言]欺骗说。 ㉖ [具自陈道]自己详细地陈说情况。具，详尽。陈道，陈述说明。 ㉗ [如惠语以让单于]（汉使）依照常惠的话去责备单于。让，责问。 ㉘ [谢]道歉、谢罪。 ㉙ [实在]确实存在。 ㉚ [凡]共，副词。

意？

3. 苏武在被囚禁流放以前两度要自杀，后来又想方设法要活下去。这是否矛盾？

4. 本文里各种人物对苏武起了对比的作用，请把文中多个人物的性格和苏武作对比，看看对塑造苏武形象有什么作用。

1.《汉书》是我国第一部__________体__________史，记叙了自汉高祖刘邦元年至王莽地皇四年共229年的历史。《汉书》体例上全承《史记》，只是改“__________”为“志”，取消“世家”并入“__________”，全书有十二本纪、八表、十志、七十列传，共一百篇，八十余万字。其中，八表和十志中的“天文志”是__________死后由他的妹妹班昭、马续续写的。

2. 给加点字注音。

昆邪王（　　）（　　）　　且鞮侯（　　）（　　）　　阏氏（　　）（　　）

煴火（　　）　　左伊秩訾（　　）（　　）　　浞野侯（　　）

丈人行（　　）　　缑王（　　）

3. 选出加点词解释有错误的一项（　　）

A. 前后十余辈。（批）

B. 汉天子，我丈人行也。（行辈）

C. 因厚赂单于。（贿赂）

D. 召苏武受辞。（供词）

4. 选出解释错误的一项（　　）

A. 因泣下沾衿，与武决去。（于是眼泪浸湿了衣襟，与苏武告别而去。）

B. 常惠请其守者与俱。（常惠请求看守自己的人一道去见汉使。）

C. 来时，太夫人已不幸。（我率兵离开长安时，你母亲已去世。）

D. 勿复有云。（不再有什么云了。）

5. 比较下列加点的古今异义词并解释。

(1) 汉亦留之以相当

(2) 皆为陛下所成就

(3) 我丈人行也

(4) 独有女弟二人

(5) 且陛下春秋高

(6) 武等实在

班固，字孟坚，扶风安陵（今陕西咸阳市东）人。东汉著名的史学家。《后汉书·班固传》称他“年

九岁，能属文，诵诗赋。及长，遂博贯载籍，九流百家之言，无不穷究。所学无常师，不为章句，举大义而已”。其父班彪曾续司马迁《史记》作《史记后传》，未成而故。班固立志继承父业，在《后传》基础上，进一步广搜材料，编写《汉书》。后因有人向汉明帝诬告他篡改国史，被捕入狱。其弟班超上书解释，始得获释，被任命为兰台令史，经过二十多年努力，写成了《汉书》。汉和帝永元初年，班固随窦宪出征匈奴，不久窦宪因谋反案被诛，班固也受牵连被捕，死于狱中。《汉书》中的八“表”与“天文志”是由其妹班昭和同郡人马续续成的。

班固像

班固的《汉书》是我国第一部纪传体断代史，体例模仿《史记》，但略有变更。全书有纪十二篇，表八篇，志十篇，传七十篇，共一百篇，起自汉高祖，止于王莽，记西汉一代二百三十年间史实。《汉书》评价历史人物往往从封建正统观念出发，以儒家的伦理道德作为标准，如对陈涉、项羽加以贬抑，即是显例。历来《汉书》与《史记》并称，史学家刘知几说《汉书》“言皆精炼，事甚该密”（《史通·六家》），则是其特色。

老人与海①（节选）

［美］海明威

他们②在海里走得很顺当，老头儿把手泡在咸咸的海水里，想让脑子清醒。头上有高高的积云，还有很多的卷云，所以老头儿知道还要刮一整夜的小风。老头儿不断地望着鱼，想弄明白是不是真有这回事。这时候是第一条鲨鱼朝它扑来的前一个钟头。

鲨鱼的出现不是偶然的。当一大股暗黑色的血沉在一英里深的海里然后又散开的时候，它就从下面水深的地方蹿上来。它游得那么快，什么也不放在眼里，一冲出蓝色的水面就浮现在太阳光下。然后它又钻进水里去，嗅出了踪迹，开始顺着船和鱼所走的航线游来。

海明威像

有时候它也迷失了臭迹。但它很快就嗅出来，或者嗅出一点儿影子，于是它就紧紧地顺着这条航线游。这是一条巨大的鲭鲨，生来就游得跟海里速度最快的鱼一般快。它周身的一切都美，只除了上下颚。它的脊背像剑鱼一样蓝，肚子是银白色的，皮是光滑的，漂亮的。它生得跟旗鱼一样，不同的是它那巨大的两颚，游得快的时候它的两颚是紧闭起来的。它在水面下游，高耸的脊鳍像刀子似的一动也不动地插在水里。在紧闭的双嘴唇里，它的八排牙齿全部向内倾斜着。跟寻常大多数鲨鱼不同，它的牙齿不是角锥形的，它们像爪子一样缩在一起的时候，形状就如同人的手指头。那些牙齿几乎跟老头儿的手指头一般长，两边都有剃刀似的锋利的口子。这种鱼天生地要吃海里一切鱼，它们游得那么快，身子那么强健，战斗的武器那么好，以至于没有别的任何的敌手。现在，当它嗅出了新的臭迹的时候，它就加快游起来，它的蓝色的脊鳍划开了水面。

老头儿看见它来到，知道这是一条毫无畏惧而且为所欲为的鲨鱼。他把鱼叉准备好，用绳子系住，眼眨也不眨地望着鲨鱼向前游来。绳子短了，少了它割掉用来绑鱼的那一段。

---

① 节选自《外国短篇小说选（下）》（湖南人民出版社，1979年版），海观译。选入课文时，根据其他版本做了改动。厄纳斯特·海明威（1899～1961），美国现代作家。1954年获诺贝尔文学奖。代表作有《老人与海》、《太阳照样升起》、《永别了，武器》、《丧钟为谁而鸣》等。《老人与海》的主人公桑地亚歌是位"背运"的老人，连续84天没有捕到鱼，第85天出海，经过三天两夜的搏斗，终于捕获一条一千五百多磅的大马林鱼。归航途中，马林鱼却被鲨鱼吃掉。本文节选的就是从鲨鱼出现到老人回到渔港的部分。 ② ［他们］指老人、渔船及他所捕获的、拴在渔船后的大马林鱼。

老头儿现在的头脑是清醒的，正常的，他有坚强的决心，但是并不抱多大的希望。他想：能够撑下去就太好啦。看见鲨鱼越来越近的时候，他向那条死了的大鱼望上一眼。他想：这也许是一场梦。我不能够阻止它来害我，但是也许我可以捉住它。“Dentuso[①]”，他想。去你妈的吧。

鲨鱼飞快地逼近船后边。它去咬那条死鱼的时候，老头儿看见它的嘴大张着，看见它那双奇异的眼睛，它咬住鱼尾巴上面一点的地方，牙齿咬得嘎吱嘎吱地响。鲨鱼的头伸在水面上，它的脊背也正在露出来，老头儿用鱼叉攮[②]到鲨鱼头上的时候，他听得见那条大鱼身上皮开肉绽的声音。他攮进的地方，是两只眼睛之间的那条线和从鼻子一直往上伸的那条线交叉的一点。事实上并没有这两条线。有的只是那又粗大又尖长的蓝色的头、两只大眼和那咬得格崩崩的、伸得长长的、吞噬一切的两颚。但那儿正是脑子的所在，老头儿就朝那一个地方扎进去了。他鼓起全身的气力，用他染了血的手把一杆锋利无比的鱼叉扎了进去。他向它扎去的时候并没有抱着什么希望，但他抱着无比的决心和十足的恶意。

鲨鱼在海里翻滚过来。老头儿看见它的眼珠已经没有生气了，但是它又翻滚了一下，滚得自己给绳子缠了两道。老头儿知道它是死定了，鲨鱼却不肯承认。接着，它肚皮朝上，尾巴猛烈地扑打着水面，两颚格崩格崩响，像一只快艇一样在水面上破浪而去。海水给它的尾巴扑打得白浪滔天，绳一拉紧，它的身子四分之三都脱出了水面，那绳不住地抖动，然后突然断了。老头儿望着鲨鱼在水面上静静地躺了一会儿，后来它就慢慢地沉了下去。

“它咬去了大约40磅，”老头儿高声说。他想：它把我的鱼叉连绳子都带去啦，现在我的鱼又淌了血，恐怕还有别的鲨鱼会窜来呢。

他不忍朝死鱼多看一眼，因为它已经给咬得残缺不全[③]了。鱼给咬住的时候，他真觉得跟他自个儿身受的一样。

他想：但是我已经把那条咬我的鱼的鲨鱼给扎死啦。我从来没看过这么大“Dentuso”。谁晓得，大鱼我可也看过不少呢。

他想：能够撑下去就太好啦。这要是一场梦多好，但愿我没有钓到这条鱼，独自躺在床上的报纸上面。

“可是一个人并不是生来要给人家打败的，”他说，“你尽可把他消灭掉，可就是打不败他。”他想：不过这条鱼给我弄死了，我倒是过意不去。现在倒霉的时刻就要来到，我连鱼叉也给丢啦。

“Dentuso”这个东西，既残忍，又能干，既强壮，又聪明。可我比它更聪明。也许不吧，他想。也许我只是比它多了个武器吧。

“别想啦，老家伙。”他又放开嗓子说，“还是把船朝这条航线开去，有了事儿就担当[④]下来。”

---

① [Dentuso]西班牙语，意为“牙齿锋利的”，这是当地对凶猛的灰鲭鲨的俗称。 ② [攮（nǎng）]（用刀、叉）使劲儿刺。 ③ [残缺不全]残，残破；缺，缺少；全，完整。残破、缺少，很不完整。 ④ [担当]承担，担负（任务、责任等）。

他想，可是我一定要想。因为我剩下的只有想想了。除了那个，我还要想垒球。我不晓得老狄马吉奥[①]可喜欢我那样击中它的脑子？这不是一桩了不起的事儿。什么人都能办得到。但是，你是不是认为我这双受伤的手跟骨刺一样是个很大的不利条件？我可没法知道。我的脚后跟从来没有出过毛病，只有一次，我在游泳的时候一脚踩在一条海鳐鱼上面，脚后跟给它刺了一下，当时我的小腿就麻木了，痛得简直忍不住。

"想点开心的事吧，老家伙。"他说，"一分钟一分钟过去，离家越来越近了。丢掉了 40 磅鱼肉，船走起来更轻快些。"

他很清楚，把船开到海流中间的时候会出现什么事情。但是现在一点办法也没有。

"得，有主意啦。"他大声说，"我可以把我的刀子绑在一只桨把上。"

他把舵柄夹在胳肢窝里，用脚踩住帆脚绳，把刀子绑在桨把上了。

"啊，"他说。"我照旧是个老头儿。不过我不是赤手空拳[②]罢了。"

这时风大了些，他的船顺利地往前驶去。他只看了看鱼的前面一部分，他又有点儿希望了。

他想：不抱着希望真蠢哪。此外我还觉得这样做是一桩罪过。他想：麻烦已经够多了，还想什么罪过。何况我根本不懂这个。

我不懂得这种事，也不怎么相信。把一条鱼弄死也许是一桩罪过。我猜想一定是罪过，虽然我把鱼弄死是为了养活我自己，也为了养活许多人。不过，那样一来什么都是罪过了。别想罪过了吧。现在想它也太迟啦，有些人是专门来考虑犯罪的事儿的。让那些人去想吧。你生来是个打鱼的，正如鱼生来是条鱼。桑·彼得罗[③]是个打鱼的，跟老狄马吉奥的爸爸一样。

他总喜欢去想一切跟他有关联的事情，同时因为没有书报看，也没有收音机，他就想得很多，尤其是不住地想到罪过。他想：你把鱼弄死不仅仅是为了养活自己，卖去换东西吃。你弄死它是为了光荣，因为你是个打鱼的。它活着的时候你爱它，它死了你还是爱它。你既然爱它，把它弄死了就不是罪过。不然别的还有什么呢？

"你想得太多啦，老头儿。"他高声说。

他想：你倒很乐意把那条鲨鱼给弄死。可是它跟你一样靠着吃活鱼过日子。它不是一个吃腐烂东西的动物，也不像有些鲨鱼似的，只知道游来游去满足食欲。它是美丽的，崇高的，什么也不害怕。

"我弄死它是为了自卫。"老头儿又高声说，"我把它顺顺当当地给弄死啦。"

他想：况且，说到究竟，这一个总要去杀死那一个。鱼一方面养活我，一方面要弄死我。孩子是要养活我的。我不能过分欺骗自己了。

他靠在船边上，从那条死鱼身上给鲨鱼咬过的地方撕下了一块肉。他嚼了一嚼，觉得肉很好，味道也香，像牲口的肉，又结实又有水分，可就是颜色不红。肉里面筋不多，他知道可以在市场上卖大价钱。可是他没法叫肉的气味不散到水里去，他知道倒霉透顶的

---

① [老狄马吉奥]当时的棒球好手，也是渔民的儿子。他脚上虽然长着骨刺，但打起棒球来生龙活虎，桑地亚哥很崇拜他。 ② [赤手空拳]赤手，空手。两手空空，比喻没有任何依靠。 ③ [桑·彼得罗]主人公桑地亚哥的全名。

事儿快要发生了。

风在不住地吹，稍微转到东北方去，他知道，这就是说风不会停息了。老头儿朝前面望了一望，但是他看不见帆，看不见船，也看不见船上冒出来的烟。只有飞鱼从船头那边飞出来，向两边仓皇[①]地飞走，还有就是一簇簇黄色的马尾藻。他连一只鸟儿也看不见。

他已经在海里走了两个钟头，在船梢歇着，有时候嚼嚼从马林鱼身上撕下来的肉，尽量使自己好好休息一下，攒些力气，这时他又看见了两条鲨鱼中首先露面的那一条。

“呀！”他嚷了一声。这个声音是没法表达出来的，或许这就像是一个人觉得钉子穿过他的手，钉进木头时不由自主发出的声音吧。

“星鲨。”他高声说。他看见第二条鱼的鳍随着第一条鱼的鳍冒上来，根据那褐色的三角形的鳍和那摆来摆去的尾巴，他认出这是两条铲鼻鲨。它们嗅出了臭迹以后就兴奋起来，因为饿得发呆了，它们在兴奋中一会儿迷失了臭迹，一会儿又找到了臭迹。但是它们却始终不停地向前逼近。

老头儿系上帆脚绳，把舵柄夹紧。然后他拿起了上面绑着刀子的桨。他轻轻地把桨举起来，尽量轻轻地，因为他的手痛得不听使唤了。然后，他又把手张开，再轻轻地把桨攥住，让手轻松一些。这一次他攥得很紧，让手忍住了疼痛不缩回来，一面注意着鲨鱼的来到。他看得见它们的阔大的、扁平的铲尖儿似的头，以及那带白尖儿的宽宽的胸鳍。这是两条气味难闻的讨厌的鲨鱼，是吃腐烂东西的，又是凶残嗜杀的。饥饿的时候，它们会去咬桨或者船舵。这些鲨鱼会趁海龟在水面上睡觉的时候就把它们的腿和前肢咬掉。它们饥饿的时候会咬在水里游泳的人，即使人身上没有鱼血的气味或者鱼的黏液。

“呀！”老头儿说，“星鲨，来吧，星鲨。”

它们来了。但是它们没有像鲭鲨那样的直接游来。一条鲨鱼转了一个身，就钻到船底下看不见的地方，它把那条死鱼一拉一扯，老头儿感觉到船在晃动。另一条鲨鱼用它裂缝似的黄眼睛望着老头儿，然后飞快地游到船跟前，张着半圆形的大嘴朝死鱼身上被咬过的部分咬去。在它那褐色的头顶和后颈上，在脑子和脊髓相连的地方，清清楚楚地现出了一条纹路，老头儿就用绑在桨上的刀子朝那交切点攮进去，又抽出来，再攮进它的猫似的黄眼睛里。鲨鱼放开了它咬的死鱼，从鱼身上滑下去，死去的时候还吞着它咬下的鱼肉。

由于另一条鲨鱼正在蹂躏死鱼的缘故，船身还在晃荡，老头儿松开了帆脚绳，让船向一边摆动，使鲨鱼从船底下出来。一看见鲨鱼，他就从船边弯着身子把刀子朝它身上扎去。他要扎的只是肉，可是鲨鱼的皮很结实，好不容易才把刀子戳进去。这一下不仅震痛了他的手，也震痛了他的肩膀。鲨鱼又很快地露出头来，当它的鼻子伸出水面来靠在死鱼身上的时候，老头儿对准它的扁平的脑顶中央扎去，然后把刀子拔出，又朝同一个地方扎了一下。它依旧闭紧了嘴咬住鱼，于是老头儿再从它的左眼上戳进去，但它还是缠住死鱼不放。

“怎么啦？”老头儿说着又把刀子扎进它的脊骨和脑子中间去。这一次戳进去很容易，他觉得鲨鱼的软骨断了。老头儿又把桨翻了一个身，把刀放在鲨鱼的两颚中间，想把

---

① ［仓皇］匆忙而慌张。

它的嘴撬开。他把刀子绞了又绞，当鲨鱼嘴一松滑下去的时候，他说："去，去，星鲨。滑到一英里深的水里去。去见你的朋友吧，也许那是你的妈妈呢。"

老头儿擦了一擦他的刀片，把桨放下。然后他系上了帆脚绳，张开了帆，把船顺着原来的航线驶去。

"它们准是把它吃掉四分之一了，而且吃的净是好肉。"他大声说，"我真盼望这是一场梦，但愿我根本没有把它钓上来。鱼啊，这件事可真叫我不好受。从头错到底啦"。他不再说下去，也不愿朝鱼看一眼。它的血已经淌尽了，还在受着波浪的冲击，他望了望它那镜子底似的银白色，它身上的条纹依然看得出来。

"鱼啊，我不应该把船划到这么远的地方去。"他说，"既不是为了你，也不是为了我。我很不好受，鱼啊。"

"好吧。"他又自言自语地说。望一望绑刀的绳子，看看断了没有。然后把你的手弄好，因为还有麻烦的事儿没有来到呢。

"有一块石头磨磨刀子该多好，"老头儿检查了一下绑在桨把上的绳子以后说，"我应该带一块石头来。"他想：好多东西都是应该带来的，但是你没有带来，老家伙。现在不是想你什么东西没带来的时候。想一想用你现有的东西可以做的事儿吧。

"你给我想出了很巧妙的主意，"他敞开了喉咙说，"可是我懒得听下去啦。"

他把舵柄夹在胳肢窝里，双手泡在水里，随着船往前飘去。

"天晓得，最后那一条鲨鱼撕去了我好多鱼肉。"他说，"可是船现在轻松些了。"他不愿去想给撕得残缺不全的鱼肚子。他知道，鲨鱼每次冲上去猛扯一下，就给扯去了好多的死鱼肉，现在死鱼已经成为一切鲨鱼追踪的途径，宽阔得像海面上一条大路一样了。

他想：这是把一个人养活一整个冬天的鱼啊。别那样想吧。歇一歇，把你的手弄好，守住剩下来的鱼肉。水里有了那么多的气味，我手上的血腥味也算不得什么，何况手上的血淌得也不多了。给割破的地方算不了什么。淌血会叫我的左手不抽筋。

他想：我现在还有什么事儿可想呢？没有。什么也别去想它，只等着后边的鲨鱼来到吧。但愿这真是一场梦，他想。但是谁晓得呢？也许结果会很好的。

下一个来到的鲨鱼是一条犁头鲨。它来到的时候就活像一只奔向猪槽的猪，如果一只猪的嘴有它的那么大，大得连你的头也可以伸到它嘴里去的话。老头儿先让它去咬那条死鱼，然后才把绑在桨上的刀扎进它的脑子里去。但是鲨鱼一打滚就往后猛地一挣，那把刀子喀嚓一声折断了。

老头儿只管去掌他的舵，连看也不看那条大鲨鱼，它慢慢地沉到水里去，最初还是原来那么大，然后渐渐小下去，末了只有一丁点儿了。这种情景老头儿一向是要看得入迷的，可是现在他望也不望一眼。

"我还有鱼钩呢，"他说，"但是那没用处。我有两把桨，一个舵把，还有一根短棍。"

他想：这一回它们可把我打败了。我已经上了年纪，不能拿棍子把鲨鱼给打死。但是，只要我有桨，有短棍，有舵把，我一定要想法去揍死它们。

他又把手泡在水里。这时天色渐渐地晚了。除了海和天，什么也看不出来。天上的风刮得比先前大了些，马上他就希望能够看到陆地。

“你累乏啦，老头儿，”他说。“里里外外都累乏啦。”

直到太阳快落下去的时候，鲨鱼才又向他扑来。

老头儿看见两个褐色的鳍顺着死鱼在水里所不得不造成的那条宽阔的路线游着。它们甚至不去紧跟着鱼的气味，就肩并肩地直朝着小船扑来。

他扭紧了舵，把帆脚绳系好，从船梢下面去拿那根短棍。它原来是个浆把，是从一只断桨上锯下来的，大约两英尺半长。因为它上面有个把手，他只能用一只手有效地使用，于是他用右手紧紧地攥住了它，弯着手按在上边，一面望着鲨鱼游过来。两条都是“星鲨”。

他想：我要先让第一条鲨鱼把死鱼咬紧了，然后再朝它的鼻尖儿揍，或者照直朝它的头顶上劈去。

两条鲨鱼一道儿来到跟前，他看见离得最近的一条张开大嘴插进死鱼的银白色的肚皮时，他把短棍高高地举起，使劲儿捶下，朝鲨鱼的宽大的头顶狠狠地劈去。短棍落下的当儿，他觉得好像碰到了一块坚韧的橡皮，同时他也感觉到打在铁硬的骨头上。鲨鱼从死鱼身上滑下去的时候，他又朝它的鼻尖上狠狠地揍了一棍。

另一条鲨鱼原是忽隐忽现[①]的，这时又张开了大嘴扑上来。当它咬住了死鱼、闭紧了嘴的时候，老头儿看见从它嘴角上漏出的一块块白花花的鱼肉。他用棍子对准了它打去，只是打中了它的头，鲨鱼朝他望了一望，然后把它咬住的那块肉撕去了。当它衔着鱼肉逃走的时候，老头儿又揍了它一棍，但是打中的只是橡皮似的又粗又结实的地方。

“来吧，星鲨，”老头儿说，“再来吧。”

鲨鱼又冲上来，一闭上嘴就给老头儿揍了一棍。他把那根棍子举到不能再高的地方，结结实实地揍了它一下。这一回他觉得他已经打中了脑盖骨，于是又朝同一个部位打去，鲨鱼慢慢吞吞地把一块鱼肉撕掉，然后从死鱼身上滑下去了。

老头儿留意望着那条鲨鱼会不会再回来，可是看不见一条鲨鱼。一会儿他看见一条在水面上打着转儿游来游去。他却没有看到另一条的鳍。

他想：我没指望再把它们弄死了。当年年轻力壮的时候，我会把它们弄死的。可是我已经叫它们受到重伤，两条鲨鱼没有一条会觉得好过。要是我能用双手抡起一根棒球棒，保险会把第一条鲨鱼打死。即使现在也能行。

他不愿再朝那条死鱼看一眼。他知道它的半个身子都给咬烂了。在他跟鲨鱼格斗的时候，太阳已经落下去了。

“马上就要天黑，”他说，“一会儿我要看见哈瓦那[②]的灯火了。如果我往东走得更远，我会看见从新海滩上射出来的灯光。”

他想：现在离港口不会太远了。我希望没有人替我担心。只有那孩子，当然，他一定会替我担心的。可是我相信他有信心。好多打鱼的老头儿也会替我担心的。还有好多别的人。我真是住在一个好地方呀。

他不能再跟那条大鱼讲话，因为它给毁坏得太惨啦。这时他脑子里突然想起了一

---

① ［忽隐忽现］灯光等的闪烁时而消失时而出现。 ② ［哈瓦那］古巴首都，是个港口城市，位于墨西哥湾入口处。海明威一生中三分之一的时间都在这里度过。哈瓦那也是小说主人公桑地亚哥的居住地。

件事。

“你这半条鱼啊，”他说，“你原来是条整鱼。我过意不去的是我走得太远，这把你和我都给毁啦。可是我们已经弄死了许多鲨鱼，你和我，还打伤好多条。老鱼，你究竟弄死过多少鱼啊？你头上长着那只长嘴，可不是白长的。”

他总喜欢想到这条死去的鱼，想到要是它能够随意地游来游去，它会怎么样去对付一条鲨鱼。他想：我应该把它的长吻儿砍掉，用它去跟鲨鱼斗。可是船上没有斧头，后来又丢掉了刀子。

话又说回来，当时要是我能够把它的长吻儿砍掉，绑在桨把上的话，那该是多好的武器呀。那样一来，我俩就会一同跟它斗啦。要是它们在夜里蹿来，你该怎么办呢？你有什么办法呢？

“跟它们斗，”他说，“我要跟它们斗到死。”

现在已经天黑了，可是天边还没有红光，也看不见灯火，有的只是风，只是扯得紧紧的帆，他觉得大概自己已经死了。他合上两只手，摸一摸手掌心。两只手没有死，只要把两只手一张一合，他还觉得活活地痛哩。他把脊背靠在船梢上，才知道自己没有死。这是他的肩膀告诉他的。

他想：我许过愿，要是我捉到了这条鱼，我一定把所有的祷告都说一遍。但是我现在累得说不出了。倒不如把麻袋拿过来披在肩膀上。

他躺在船梢，一面掌舵，一面留意天边红光的出现。他想：我还有半条鱼。也许我有运气把前面半条鱼带回去。我应该有点儿运气的。“可是没有呀，”他说，“你走得太远，把运气给败坏啦。”

“别胡说八道啦！”他又嚷起来，“醒着，掌好舵。也许你的运气还不小呢。”

“我倒想买点儿运气，要是有地方卖的话。”他说。

我拿什么去买运气呢？他问自己。能用一把丢掉的鱼叉、一把折断的刀子、一双受了伤的手去买吗？

“可以的，”他说，“你曾经想用海上的 84 天去买它。人家也几乎把它卖给了你。”

他想：别再胡思乱想①吧。运气是各式各样的，谁认得出呢？可是不管什么样的运气我都要点儿，要什么报酬我给什么。他想：但愿我能见到灯光。我的愿望太多，但眼下的愿望我就只有这个了。他想靠得舒服些，好好地去掌舵；因为觉得疼痛，他知道他并没有死。

大约在夜里 10 点钟的时候，他看见了城里的灯火映在天上的红光。最初只是辨认得出，如同月亮初升以前天上的光亮。然后，当渐渐猛烈的海风掀得波涛汹涌的时候，才能把灯光看得更清楚。他已经驶进红光里面，他想，现在他马上就要撞到海流的边上了。

他想：现在一切都过去了。不过，也许它们还要向我扑来吧。可是，一个人在黑夜里，没有一件武器，怎么去对付它们呢？

他现在身体又痛又发僵，他的伤口和身上一切用力过度的部分都由于夜晚的寒冷而痛得厉害。他想：我希望我不必再去跟它们斗啦。我多么希望我不必再跟它们斗呀。

---

① ［胡思乱想］指没有根据、不切实际的瞎想。

可是到了半夜的时候，他又跟它们斗起来，这一回他知道斗也不会赢了。它们是成群结队来的，他只看到它们的鳍在水里划出的纹路，看到它们扑到死鱼身上时所放出的磷光。他用棍棒朝它们的头上打去，只听到上下颚裂开和它们钻到船下面去咬鱼时把船晃动的声音。凡是他能够感觉到的，听见的，他就不顾一切地用棍棒劈去。他觉得有什么东西抓住了他的那根棍子，随着棍子就丢掉了。

他把舵从舵上拽掉，用它去打，去砍，两只手抱住它，一次又一次地劈下去，但是它们已经蹿到船头跟前去咬那条死鱼，一忽儿一个接着一个地扑上来，一忽儿一拥而上，当它们再一次折转身扑来的时候，它们把水面下发亮的鱼肉一块一块地撕去了。

最后，一条鲨鱼朝死鱼的头上扑来，他知道一切都完了。于是他用舵把对准鲨鱼的头打去，鲨鱼的两颚正卡在又粗又重的死鱼头上，不能把它咬碎。他又迎面劈去，一次，两次，又一次。他听到舵把折断的声音，再用那裂开了的桨把往鲨鱼身上戳去。他觉得桨把已经戳进去，他也知道把子很尖，因此他再把它往里面戳。鲨鱼放开鱼头就翻滚着沉下去。那是来到的一大群里最后的一条鲨鱼。它们再也没有什么东西可吃了。

老头儿现在简直喘不过气来，同时他觉得嘴里有一股奇怪的味道。这味儿带着铜腥气，甜滋滋的，他一时间害怕了起来。他担心了一会儿。不过那种味道并不多。

他往海里啐了一口唾沫，说："吃吧，星鲨。做你们的梦去，梦见你们弄死了一个人吧。"

他知道他终于给打败了，而且一点补救的办法也没有，于是他走回船梢，发现舵把的断成有缺口的一头还可以安在舵的榫头①上，让他凑合着掌舵。他又把麻袋围在肩膀上，然后按照原来的路线把船驶回去。现在他在轻松地驶着船了，他的脑子里不再去想什么，也没有感觉到什么。什么事都已过去，现在只要把船尽可能好好地、灵巧地开往他自己的港口去。夜里，鲨鱼又来咬死鱼的残骸，像一个人从饭桌子上捡面包屑似的。老头儿睬也不睬它们，除了掌舵，什么事儿都不睬。他只注意到他的船走得多么轻快，多么顺当，没有其重无比的东西在旁边拖累它了。

船还是好好的，他想。完完整整，没有半点儿损伤，只除了那个舵把。那是容易配上的。

他感觉到他已经驶进海流里面，看得出海滨居住区的灯光。他知道他现在走到什么地方，到家不算一回事儿了。

风总算是我们的朋友，他想。然后他又加上一句：不过也只是有时候。还有大海，那儿有我们的朋友，也有我们的敌人。床呢，他又想。床是我的朋友。正是床啊，他想。床将是样了不起的东西。吃了败仗，上床是很舒服的。他想。我从来不知道竟就这样舒服。可是，是什么把你打败的呢？他又想。

"什么也不是，"他提嗓子说。"是我走得太远啦。"

当他驶进小港的时候，海滨酒店的灯火已经熄灭，他知道人们都已上床睡去。海风越刮越大，现在更是猖狂了。然而港口是静悄悄的。于是他把船向岩石下面的一小块沙滩跟前划去。没有人来帮助他，他只好一个人尽力把船划到岸边。然后他从船里走出，

---

① ［榫头］竹、木、石制器物或构件上利用凹凸方式相接处凸出的部分。

把船系在岩石旁边。

他放下桅杆，卷起了帆，把它捆上，然后把桅杆扛在肩上，顺着堤坡往岸上走去。这时他才知道他已经疲乏到什么程度。他在半坡上歇了一会儿，回头望了一望，借着水面映出的街灯的反光，看见那条死鱼的大尾巴挺立在船梢后面。他看见鱼脊骨的赤条条的白线，黑压压一团的头，伸得很长的吻和身上一切光溜溜的部分。

他再往上爬去，一到堤顶上他就跌倒，把桅杆横在肩上躺了一会儿。他试一试想站起来，可是非常困难，于是他就扛着桅杆坐在那儿，一面望着路上。一只猫从远处跑过去，不知在那儿干什么。老头儿直望着它，过一会儿他才转过来专望着大路。

最后，他放下了桅杆站起来，再把桅杆提起，放在肩上，然后走他的路。在他走到他的茅棚以前，他不得不坐在地上歇了五次。

走进茅棚以后，他把桅杆靠在墙上。他摸黑找到了一个水瓶，喝了一口水就躺到床上去。他把毯子盖到肩上，又裹住脊背和两腿，就脸朝下睡在报纸上，手心朝上，两只胳膊伸得挺直的。

品味探究

阅读课文“他知道他终于给打败了”到“身上一切光溜溜的部分”，回答后面的问题。

1. 文中说“他知道他终于给打败了”，桑地亚哥是不是完全彻底的失败了？

2. 怎样理解“风总算是我们的朋友”“还有大海，那儿有我们的朋友，也有我们的敌人”？

3. 有人说，桑地亚哥只要割断钓丝，放弃捕获物，便可摆脱困境。他为什么不这样做？

1. 下列加点的字注音全都正确的一项是（　　）

A. 嗅出(xiù)　　鲭鲨(jīng)　　下颚(è)

B. 脊鳍(qí)　　攮到(nǎng)　　鳐鱼(yáo)

C. 褐色(hè)　　黏液(nián)　　脊髓(shuǐ)

D. 祷告(dǎo)　　榫头(sǔn)　　残骸(hé)

2. 下列词语字形全都正确的一项是（　　）

A. 臭迹　　眨眼　　戛吱

B. 吞筮　　窜来　　仓皇

C. 攮住　　嗜杀　　蹂躏

D. 振痛　　船梢　　拖累

3. 对下列句子理解有误的一项是（　　）

A. “一个人并不是生来要给人家打败的”，这句话是理解人物思想性格最关键的句子，也是理解本文乃至全书的文眼。

B.“你尽可把他消灭掉，可就是打不败他。”“消灭掉”的是他的生命，“打不败”的是他的精神和意志。

C.“有了事儿就担当下来”，这是勇敢者的誓言，也是强者的生存哲学。海明威就这样借主人公桑地亚哥的话，表达了他自己认为在当时人们应有的生存信念。

D.对弄死鱼罪与非罪的思考，一方面表现了老渔夫心地善良，一方面表明了他对人生存的思考：在现实社会中要生存就必须心狠，你不弄死它，它就有可能弄死你。

4. 对文章层次的分析不正确的一项是(　　)

A.从开始到“我不能过分欺骗自己了”是第一部分，写斗鲭鲨及斗死鲭鲨后的心理活动：决心不被打败。

B.到“也许结果会很好的”是第二部分，写老人斗鲭鲨及斗死鲭鲨后准备继续战斗。

C.到“里里外外”“都累乏啦”，是第三部分，写斗死鲭鲨后的困难处境。

D.到“我多么希望我不必再跟它们斗呀”是第四部分，写再斗鲭鲨及与鲨鱼斗争到死的决心。

E.到课文结束是第五部分，写老人的劳动果实被鲨鱼抢夺净尽，老人最后空手回到家里斗争失败。启示人们，人在与自然斗争的时候，有时是无能为力的，这也是小说的现实意义。

5. 下列叙述有错误的一项是(　　)

A.《老人与海》取材于一古巴渔民的真实经历，是海明威于晚年证明自己创作实力的中篇杰作。

B.《老人与海》获 1952 年普利策奖，1954 年又获诺贝尔文学奖。老人桑地亚哥也成为文学史和电影史上著名的“硬汉”形象。

C.海明威、杰克・伦敦、惠特曼、欧・亨利等都是美国杰出的小说家。

D.海明威的早期长篇小说《太阳照常升起》(1927)、《永别了，武器》(1927)成为表现美国“迷惘的一代”的主要代表作。

6. 下列说法不正确的一项是(　　)

A.这篇文章的主题是海明威所提倡的“硬汉精神”，即“一个人并不是生来要给人家打败的”。

B.《老人与海》这部作品，除了推崇一种“硬汉精神”外，还给我们第二个启示：善待海洋，和平相处。

C.老人之所以失败，有两个原因，一是由于走得太远，二是孤军奋战。

D.从文中可以看出老人热爱海洋，热爱海洋中一切有生命的东西，即使他是一个捕鱼人。

欧内斯特・米勒尔・海明威，美国小说家。海明威一生勤奋创作。早上起身的第一件事，就是进行写作。他写作时，还有一个常人没有的习惯，就是站着写。他说：“我站着写，而且是一只脚站着。我采取这种姿势，使我处于一种紧张状态，迫使我尽可能简短地表达我的思想。”桑地亚哥是海明威所崇尚的完美的人的象征：坚强、宽厚、仁慈、充满爱心，即使在人生的角斗场上失败了，面对不可逆转的命运，他仍然是精神上的强者，是“硬汉子”。“硬汉子”是海明威作品中经常表现的主题，也是作品中常有的人物。他们在外界巨大的压力和厄运打击时，仍然坚强不屈，勇往直前，甚至视死如归，他们尽管失败了，却保持了人的尊严和勇气，有着胜利者的风度。

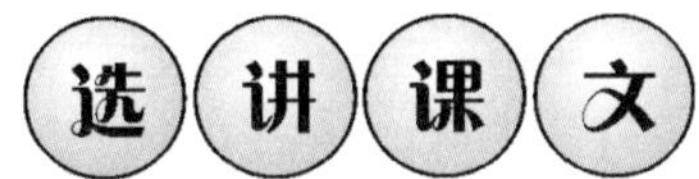

幼学纪事[①]

于是之[②]

我出生于一个完全没有文化的家庭，跟着寡居[③]的祖母和母亲过日子。她们都一字不识。那时形容人们无文化，常说他们连自己的名字也写不出。我的祖母和母亲则更彻底，她们压根儿[④]就没有名字。家里的藏书每年一换，但只有一册，就是被俗称为“皇历”的那本历书。她们只能从书里的图画中数出当年是“几龙治水”，借以预测一年的天时。至于全年二十四个节气都发生在哪一天和什么时辰，编书人未能画成图像，她们自然也就辨认不出了。直到我上小学，家里上两代人的这个困惑才算解除，“皇历”也才得到了比较全面的利用。

真的，不要小看小学生。在我住过的那个杂院里，出个小学生，就算得上个知识分子。比如同院拉洋车的老郝叔，孩子多，拉了饥荒[⑤]要“请会”（一种穷人之间的经济上的互助活动，但要出利息），就找到了我，叫我帮他起草一个“请会”的“通知”，其中包括本人遇到什么困难，为什么要发起这个活动，将要怎么办等等的内容。那时我顶多不到三年级，怎么写得了！但老郝叔鼓励我：“你照我说的写，他们都懂。”我于是拿了毛笔、墨盒伏在老郝叔的炕上——他家无桌，炕上只有一张席，硬而且平，伏在上面写字是极方便的——就这样，他说我写，不大会儿的功夫，居然写出来了。随后又抄了若干份分别送出。“凡著诸竹帛者皆为文学”[⑥]，讲起文学的定义来，是有这么一说的。那么，我替老郝叔起草的这篇“通知”，无疑是一篇为人生的文学了，何况还分送出去，也算是发表了的呢！这篇出自老郝叔的心与口的好文章，我现在竟一句也记不起来了。老郝叔又早已作古[⑦]。他无碑、无墓，所有的辛劳都化为汗水，洒在马路和胡同的土地上，即刻也就化为

---

① 选自《中国青年》，1983年第5期，有删改。 ② 于是之（1927～2013），原籍天津，出生于唐山。话剧表演艺术家。曾参与《上海屋檐下》、《龙须沟》、《关汉卿》、《茶馆》、《雷雨》等多部话剧的演出。于2013年1月20日在北京因病逝世。 ③ ［寡居］指妇女死了丈夫。 ④ ［压根儿］根本，本来。 ⑤ ［拉了饥荒］拖欠了债务。 ⑥ ［凡著诸竹帛者皆为文学］凡写在书上的都是文章。出自《汉书·艺文志》，原文是“凡著于竹帛者皆为文章”。竹帛，竹简和白绢，古代用来书写。 ⑦ ［作古］去世。

乌有。但对老郝叔,我老是不能忘记,总觉得再能为他做些什么才可以安心似的。

二

一个人的读书习惯,依我看,总是靠熏陶渐染逐步养成的,这就需要一个稍微好些的文化环境。我的家庭和所住的杂院,教给了我许多学校里学不到的知识,但就培养读书习惯而言,那不能说是好的文化环境。我正经上学只念到初中,且功课不好。虽然读了《苦儿努力记》①,也没收到立竿见影的效果。一道稍微繁难的算术题,我憋住了,能找谁去?杂院里是没有这样的老师的。我后来所以还喜欢读点书,全靠我幸运地遇到了校内外的许多良师益友。

开始叫我接近了文艺的是孔德小学的老师们。

有一次,一位眼睛近视得很厉害而又不戴眼镜的老师,把我们几个同学招呼到他的宿舍里去,给我们诵读《罪恶的黑手》②。他屋里哪儿都是书,光线显得很暗,所以他需要把诗集贴近鼻尖才能读得出。他的声音不洪亮,也无手势,读得很慢,却很动人。长大以后,我再没去读这首诗,然而它给我的印象,却始终留在脑海里。这位老师不久就不见了。当时,他为什么有这样的兴致叫几个孩子去听这首诗呢?我至今也不明白。每当路过孔德旧址,我还常常想起他来,我总觉得他或者是一位诗人,或者是一位革命者,老幻想着有一天会碰上他。

还有一位美术老师,是卫天霖先生。他是一位大画家,可是那时我们却全然不懂他的价值。

孔德学校有一间美术教室,小学部、中学部共用,无论大小学生一律要站在画架子前上美术课。先是铅笔画,铅笔要“6B”的,还要带上橡皮。后是学用炭条作画,炭条消耗大,向家里要钱时,已从大人的脸上窥出几分难色;待知道了擦炭笔画不能用橡皮而必须用烤过的面包时,我便不敢再回家去说了。记不清是我个人没学着炭笔画,还是卫先生更换了教法,反正是这个阶段不长,后来就改学画水彩——不管我是否买得起炭条和面包,但卫先生这种在一两年内,多种画法都叫孩子们尝试一遍的做法,我是拥护的。

卫先生还有一种教法,我们当时也很喜欢。开始是静物写生,画小瓶小罐之类。过了一阵以后,又叫我们到户外去,先画校园里头,后来就去东华门外的筒子河。孩子们对跑出去画画快活无比。我们画,卫先生跟着看,他也好像很高兴。一次写生,我画的地方前边是许多槐树,后边是一排矮松,再往后则是满墙的爬山虎。当时只知道看见的都要画上,哪里懂虚、实、疏、密这许多深奥的道理!

结果,我的画画满了绿树、绿蔓、绿叶、绿茎,简直是绿得不可开交,一塌糊涂。

谁知这时候卫先生正站在我身后看,我扭头看见他,笑了;他看着我和我的那绿色作品,也笑了,而且还称赞了我。到底是称赞我的什么呢?是有几处画得好?还是勇气可

---

① [《苦儿努力记》]法国作家莫奈德的一部长篇小说,写的是苦孩子路美,遭遇了许多不幸,却百折不挠,终于有所成就的故事。 ② [《罪恶的黑手》]诗人臧克家早期的代表作,写于1933年。这首诗以帝国主义在中国修建教堂为题材,揭露了他们在宗教外衣掩盖下的罪恶行径,表现了工人群众的苦难及其巨大的变革力量。

嘉，什么都敢画？或者根本就不是称赞，只是一种对于失败者的无可奈何的安慰？当时我可没想这么多，反正是被老师夸了，就觉得了不起，就还要画。

此后，我画画的兴趣，越来越浓，差不多延续到上初中一年级的时候。

对于卫天霖先生，我并不是为写这篇文章才想起他来的。时间还要早十来年。那时，首都剧场附近有一阵颇贴了一些所谓“揭露”卫先生“罪状”的印刷品。大家在那个动乱的年代里，都学会了一种本事，就是能够在通篇辱骂的文字里看出一个人的真价值来。我也正是从那些印刷品里才知道，原来第一个引导我接近了艺术的竟是这样一位大人物，我不禁骄傲了。

前两年，美术馆举办了先生的画展，我去看了。我在先生的自画像前，伫立了许久。他并没有把自己画得如何的色彩斑斓，还是他教我们时那样的平凡。我不知道美术界里对他是怎样评价，我只觉得他曾是一位默默的播种者，他曾在孩子们的心里播下了美的种子。而美育，我以为，对孩子们的健康成长是非常重要的。

三

从十五岁那年起，我就上不起学了。

我上学是由本家①供给的。那时祖母已殁②，只剩下母亲和我。本家们有的给我们些钱，贴补吃喝；有的给我们间房住；有的灵活些，告诉我们什么时候缺吃的了，到他家去，添两双筷子总还可以；而有一家就是专门供我一年两次的学费。十五岁以前，我受到的就是这么一种“集体培养”。但是，就在那年的冬天，这位本家来到母亲和我的屋里。

“干什么呢？”他问。

“温书，准备寒假考试。”我答。

“别考了。现在大伙都不富裕，你也不小了，出去找点事做吧。”

我沉默了，母亲也无言。吃人嘴短，还能说什么呢？于是我合上了笔记本和书，从此结束了我的学生生涯。

“找点事做”，那时很难。先要买些“履历片”③回来填写，写好后再托本家、亲戚四面八方找门路，呈送上去。回音，大都是没有的，但是要等待。母子两个茫茫然地等着，等着一个谁也不愿多想的茫茫然的未来。

茫然中还是有事可做的。子承母业，去当当④。比每天上学稍晚的时间，便挟个包去当铺⑤，当了钱出来径直奔粮店买粮。家底单薄，当得的钱，只够一天的“嚼裹儿”⑥，计：棒子面一斤，青菜若干，剩下的买些油盐。当得无可再当了，便去押“小押”。那是比当铺更低一等，因此也是更加苛酷的买卖。他们为“方便”穷人计，可以不收实物，拿了当铺的“当票”就能押。押得无可再押了，仍旧有办法，就是找“打小鼓的”把“押票”再卖掉。卖，就更“方便”了。每天胡同里清脆的小鼓声不绝如缕，叫来就可以交易。一当二押三

---

① ［本家］指同一个宗族。 ② ［殁］死。 ③ ［履历片］填写个人经历的卡片。 ④ ［当当（dàngdàng）］用实物作抵押向当铺借钱。 ⑤ ［当铺］专门收取抵押品而借款给人的店铺。借款多少，按抵押品的估价而定。到期不赎，抵押品就归当铺所有。 ⑥ ［嚼裹儿］北京方言，指生活费用。

卖，手续虽不繁难，我和母亲的一间小屋里可就渐渐地显露出空旷来，与老郝叔的家日益接近。

四

或者我是个侥幸者，或者生活本来就是由许多的“偶然”所铸成。辍学以后，在过着“一当二押三卖”的日子里，我居然进入了当时的最高学府——辅仁大学中文系，当了一阵子一文不花的大学生。那是由于有几位好友，和我们住得邻近，他们比我年纪大些，都是那所高等学府的学生。他们同情我的境遇，于是就夹带着我混进了辅仁大学。事是好事，但头一天我一进校门，就觉出浑身上下都不自在起来，眼睛只敢看地板，看楼梯。好像是走了一段很长的路，才进了教室。教室里学生们大都已经就座，只有我兀立①一旁，这就更增加了我的紧张。我真想掉头归去，回到我的家，回到我或当或押或卖的“自由”的生活中去。我的热心的好友走去找他的几个同学，只见他们嘁嘁喳喳了一阵以后，就指着一个空位子告诉我：“你今天先坐这儿吧。”我于是坐下。心想，我明天坐哪儿呢？果然，第二天我就更换了一个地方。此后天天如是，先是我浑身不自在地进入教室，他们则照例要嘁嘁喳喳一阵，而后为我指出一个安身的所在。

尽管是这样，然而听课还是令我神往。现在记得起的是一位孙教授讲秦少游②，一位顾教授讲辛弃疾。从他们精到③的讲解里，我领略到这些大词人的妙处：他们能在婉约近人的文字中抒发出忧国、爱国的深情以至豪情来。多么美呀，多么精巧啊，我们祖国的语言！每一个字，每一个音节，都像是一个可爱的小精灵，只要你调度得当，它就能把你心里的最细微的情绪表达出来！

听课虽然有趣而令人神往，但内心的恐惧却不容易消除。日久天长，我才明白，高等学府里的教授们是不管点名的。学生们都有固定的位子，点名的人只能在窗外，看位子空着的便画“旷课”，位子上只要坐着人，不管是谁，他便画“到”。我之所以能坐上位子，而位子又须每天更换，就是由于每天总免不了有人旷课的缘故。但在当时，我于听课神往之余，心里总不免忐忑④，谁知道那些花了钱的学子什么时候会突然闯进教室把我撵走呢？因此，我那时常生做贼之感，觉得自己是一个偷窃知识的人。

此后，靠朋友们的帮忙，我终于找到了一个职业。那时我只有十六岁，而我的同事们，比起我的年龄来，翻一番的寥寥可数，多数都是翻了两番以上的老头子们。他们同我无话可讲，我也只能报之以沉默。虽然有了职业，但并不足以糊口，前途依旧茫然。只是偶然在一根电线杆子上的招生广告里，我又为自己找到了生活的希望。

就在我做事的地方附近，有一家中法汉学研究所，广告上说那里要办一个法文研究班，每周晚上开两堂法语课。一个“汉学”，一个“法语”，再加上是个夜校，这对我简直是个天赐的机缘。于是我去报名了。经过口试，我说了我对“汉学”和“语言”的兴趣，很快便通知我被录取了。从此，我又进入了另一所特殊的高等学府。

---

① ［兀立］直立。 ② ［秦少游］北宋词人，名观，字少游。他的诗词及文章为苏轼所赏识，是“苏门四学士”之一。 ③ ［精到］精细周到。 ④ ［忐忑（tǎntè）］心神不定。

这个夜校简直是一座法兰西文学的殿堂。头一年照例是从字母念起，学些简单的对话和短文。第二年选文里可就出现了莫里哀和雨果[①]。依次读下去，到了最后的一年，就读到了19世纪末的散文和诗。教授讲得津津有味，学生们也听得入神。以至于在上课时，我竟仿佛觉得自己已近“雅人”。但是，在课前和课后，我却不能不继续过我的“俗人”的生活。

我那时住在北京西单，每天需步行过北海大桥，才能到达近东四我上班的地方。平时只带一顿午饭，不过是窝头小菜之类。赶到上夜校时，就需带上晚餐了。把窝头带进法兰西文学的殿堂，已经很不协调，更何况“殿堂”里是只烧暖气而不生炉火的。到了冬天，暖气烤不了窝头，冷餐总不舒服。幸好，“殿堂”之外的院子里有一间小厕所。

为了使上下水道不至于受冻，那里面安着一个火炉。于是这厕所便成了我的餐厅。把窝头掰为几块，烤后吃下，热乎乎的，使我感到了棒子面原有的香甜。香甜过后，再去上课，听的偏是菩提树、夜莺鸟这样的诗情。下课以后，又需步行回家。天高夜冷，静得可以听见自己的足音。且走且诵，路成了我最好的温课的地方。早晨上班也一样，将生字写在小纸片上，看一眼就可以背一会子，也发生不了什么交通事故。据我那时的经验，从西单走到东四，少说可以背下四五个单词来。

“蓬生麻中，不扶而直；白沙在涅，与之俱黑。”[②]我衷心地喜欢这两句话，读起来总感到亲切。我庆幸自己在那样恶劣的政治制度下竟遇上那么多好的老师和好的朋友，他们为我启蒙，教我知道书这种东西的宝贵，使我没有胡乱地生长。

品味探究

1. 归纳本文中心思想。

2. 第一部分写幼年的生活环境，为什么第一段不写生活的贫困，而全段侧重写“没有文化”？

3. 作者回忆美术教师卫天霖时，详细写教师教给孩子各种画法，特别着重回忆一次写生课的情况和教师给自己的鼓励，为什么？为什么强调卫先生的“价值”？最后一段的作用是什么？

4. 联系匈牙利小说家莫利兹所说“穷人在想哭的时候也是常常笑的”这句话，仔细琢磨下列句子在课文中的含义：

(1) 家里的藏书每年一换，但只有一册，就是被俗称为“皇历”的那本历书。

(2) 我于是拿了毛笔、墨盒伏在老郝叔的炕上——他家无桌，炕上只有一张席，硬而且平，伏在上面写字是极方便的——就这样，他说我写，不大会儿的功夫，居然写出来了。

(3) 我替老郝叔起草的这篇“通知”，无疑是一篇为人生的文学了，何况还分送出去，也算是发表了的呢！

(4) 母子两个茫茫然地等着，等着一个谁也不愿多想的茫茫的未来。

---

① ［莫里哀和雨果］莫里哀是法国17世纪喜剧作家，剧本有《伪君子》、《唐璜》、《悭吝人》等。雨果是法国19世纪著名作家，作品有长篇小说《悲惨世界》、《巴黎圣母院》等。 ② ［蓬生麻中，不扶而直；白沙在涅，与之俱黑］出自《荀子·劝学》，意思是，蓬草生在麻中（麻茎最直）不待扶持就能长得很直；白色的沙砾落在泥里，就同泥一样黑了。涅，黑泥。

(5) 于是这厕所便成了我的餐厅。把窝头掰为几块，烤后吃下，热乎乎的，使我感到了棒子面原有的香甜。

课后练习

1.《幼学纪事》选自《__________》1983 年第 5 期。这是一篇________散文，是作者________回忆少年时期______________________。

2. 第二部分写幼年上学时的________。其中第一段，从全文结构上看是个________段，概括叙述________，引出对________的深情忆念。

3. 第二部分第二段，也是过渡段，它的作用是______________________________。

4. 将课文中的词填在空格中，再在括号里写出它的近义词，比较一下，说说作者为什么要选用这个词：

(1) 一位眼睛近视得很厉害而又不戴眼镜的老师，把我们几个同学________(　　)到他的宿舍里去，给我们诵读《罪恶的黑手》。

(2) 后是学用炭条作画，炭条消耗大，向家里讨钱时已从大人的脸上________(　　)出几分难色。

(3) 从他们精到的讲解里，叫我________(　　)出这些大词人的妙处。

(4) 且走且________(　　)，路成了我最好的温课的地方。

知识延展

于是之，原名于皛，原籍天津，1927 年 7 月生于唐山，后迁至北京。1945 年考入北京大学西语系，不久失学，同年加入祖国剧团，参加了话剧《蜕变》、《以身作则》等剧目的演出。1946 年到天津参加职业剧团演出，改名于是之，参与演出了《孔雀胆》、《升官图》等戏。1947 年进入北京艺术馆，参加了《上海屋檐下》、《大团圆》等剧目的演出。

于是之同志几十年来在话剧舞台上和影视作品中饰演了 30 多个主要角色。尤其是他于 1958 年在话剧《茶馆》中塑造的茶馆掌柜王利发的艺术形象，更奠定了他话剧表演艺术家的地位。作为一代话剧表演大师，于是之的表演出神入化，倾倒一大批“痴情”者。提起《茶馆》，都知道戏中有个做了一辈子顺民的王掌柜。曾有一位戏迷，堪称为于是之的顶礼膜拜者，看《茶馆》已不下十几遍，其迷恋程度竟达这般：晚上乘十一时的火车欲出差，他事前算计好了时间，先去首都剧场看场《茶馆》，待“晕”够了，戏散罢则直奔火车站；而剧中凡王掌柜的台词，这位朋友不仅能脱口而出，其熟练利索如珠落玉盘，而且对于先生的声调语气、抑扬顿挫，皆尽模仿之能事，惟妙惟肖，这也是一种爱屋及乌。

论逆境[1]

[英]弗兰西斯·培根

“幸运固然令人羡慕，但战胜逆境则令人敬佩。”这是塞涅卡[2]模仿斯多葛派[3]哲学讲的一句名言。确实如此。超越自然的奇迹，总是在对逆境的征服中出现的。塞涅卡还说过一句更深刻的格言：“伟人既是脆弱的凡人，又是无畏的神人。”这是一句诗一样美的妙语。

古代诗人在他们的神话中曾描写过：当赫克里斯去解救盗火种给人类的英雄普罗米修斯的时候，他是坐在一个瓦罐里漂洋过海的[4]。

这个故事其实正是人生的象征：因为每一个基督徒也是驾着血肉之躯的轻舟，横渡波涛翻滚的人生之海的。

幸运所需要的美德是节制，而逆境所需要的美德是坚韧，后者比前者更为难能。《圣经》的《旧约》启示人以顺境之幸福，而《新约》则启示人通过逆境去争取幸福[5]。

在圣诗中，哀歌是与颂歌相伴的，而圣灵对约伯所受苦难的刻画比对所罗门财富的刻画要更为动人。[6]

一切幸福都并非没有烦恼，而一切逆境也决非没有希望。

最美的刺绣，是以明丽的花朵映衬于暗淡的背景，而绝不是以暗淡的花朵映衬于明丽的背景。从这图像中去汲取启示吧。

人的美德犹如名贵的檀木[7]，通过烈火焚烧会散发出最浓郁的芳香。正如恶劣的品质将在幸福中显露一样，最美好的品质也正是在逆境中被显示的。

品味探究

1. 熟读本文，概括中心论点，并举例说明文中出现了哪些论证方法。

---

① 选自《培根人生随笔》（人民日报出版社，1996年版），何新译。弗兰西斯·培根（1561～1626），英国哲学家。 ② ［塞涅卡（？～65）］古罗马斯多葛派哲学家。 ③ ［斯多葛派］也称“画廊派”、“斯多亚派”，古希腊罗马哲学学派。公元前300年左右创立于雅典，因讲学场所称“斯多亚”（stoa，意译“画廊”）故名。其学说对基督教影响较大。

④ 这是流传于古希腊的神话。赫克里斯是大力士，曾解救因偷盗天火给人类而被天神锁于高加索山上的普罗米修斯。 ⑤ 《圣经》中的《旧约》，劝诫人类信仰上帝以获取幸福；《新约》则劝诫人类要承受因信仰而可能招致的痛苦。

⑥ 见《圣经·约伯记》。所罗门，《圣经》中的古代著名国王，富有智慧。 ⑦ ［檀香］常绿小乔木，叶对生，长卵形。花初黄色，后变血红色。原产印度、澳大利亚等地，我国南方也有栽培。这里指用檀香的木材制成的香料。

2. 如何理解“人的美德犹如名贵的檀木，通过烈火焚烧会散发出最浓郁的芳香。”这句话。

3. “知识就是力量”，这是培根的一句名言，你是如何看待的？

4. 诗人雪莱读培根的随笔《论死亡》后，曾赞叹说：培根勋爵是一个诗人。请结合这篇说理散文，谈谈文章所蕴含的诗性美体现在哪里。

1. 弗兰西斯·培根是______国著名的唯物主义________家和________家。他在文艺复兴时期的巨人中被尊称为哲学史和科学史上划时代的人物。马克思称他是“英国唯物主义和整个现代实验科学的真正始祖”。

2. 有人慨叹“宁为太平犬，不为乱离人”，又有人认为“不经一番寒彻骨，怎得梅花扑鼻香”，那么我们究竟该如何来看待顺境与逆境呢？请以“顺境、逆境哪个更利于成长”为话题开展一次辩论活动。

3. 使用下列提供的词语，仿照例句写话。

A. 例句：“幸运固然令人羡慕，但战胜逆境则令人敬佩。

词语：聪明　　懒惰

B. 例句：人的美德犹如名贵的檀木，通过烈火焚烧会散发出最浓郁的芳香。

词语：美德　寒梅

弗兰西斯·培根(1561～1626)，英国16～17世纪的哲学家，经验主义哲学的奠基人。他生活的那个时代，欧洲已经摆脱了中世纪的阴影，文艺复兴最辉煌的时期虽已过去，但它的余晖还没有消逝，社会生产力和科学技术都有了长足的进步。这样一个历史背景，给培根的哲学打上了深深的印记。培根出身于一个在宗教改革运动中发展起来的新贵族家庭，父亲曾任国王的掌玺大臣。他12岁时就进入牛津大学，大学毕业后开始从政，先后担任过副检察长、检察长等要职，1617年为掌玺大臣，1618年任大法官，同年封维鲁兰男爵，1621年封圣·阿尔班子爵。正在他官场得意的时候，突然被控受贿而去官，并被送入伦敦塔，但4天后便被国王下令释放。他的主要著作有《学术的进展》、《新工具》、《新大西岛》等。他在《沉思录》中提出了“知识就是力量”的著名论断。

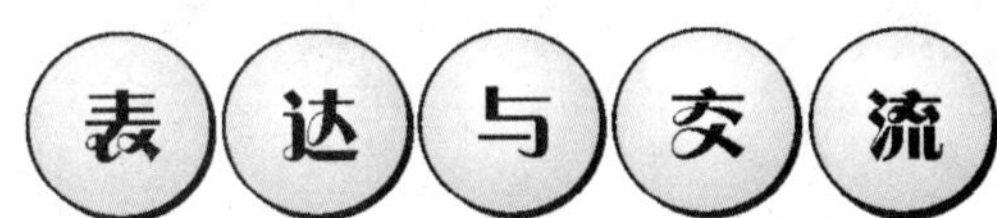

一起编故事

从小到大，我们看过许多小说，听过不少故事，有许多富有个性的虚构人物陪伴着我们成长，许多曲折的故事情节让我们回味难忘。

足智多谋的诸葛亮，多愁善感的林黛玉，疾恶如仇的林冲……他们都是我们熟悉的小说人物。一起聊一聊，把他们从我们的记忆深处请出来。

1. 告诉同学们你自己喜欢的或者印象深刻的一个小说人物。讲的时候要简单介绍小说名字、内容、作者姓名及其主要情况。

2. 把自己幻想成自己喜欢的小说人物，创作并表演一段心理独白。

3. 无论生活在哪个年代，生活中都会有喜怒哀乐，故事中都会有悲欢离合，请合理发挥想象力，以你喜欢的小说人物为主人公，虚构一段故事情节。如请用嫦娥、牧童、孟姜女来组合讲一个故事。

第八单元　科学之光

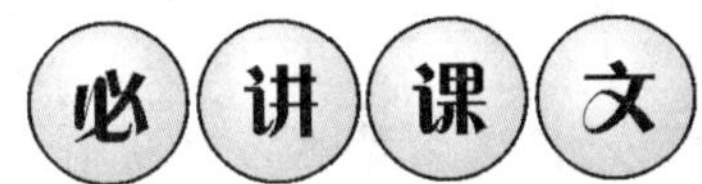

宇宙的未来[①]

[英]史蒂芬·霍金

这篇讲演的主题是宇宙的未来，或者不如说，科学家认为将来是什么样子的。预言将来当然是非常困难的。我曾经起过一个念头，要写一本题为《昨天之明天：未来历史》的书。它会是一部对未来预言的历史，几乎所有这些预言都是大错特错的。但是尽管有这些失败，科学家仍然认为他们能预言未来。

在非常早的时代，预言未来是先知或者女巫的职责。这些通常是被毒药或火山隙溢出的气体弄得精神恍惚的女人。周围的牧师把她们的咒语翻译出来，而真正的技巧在于解释。古希腊的德勒菲的著名巫师以模棱两可而臭名昭著[②]。当这些斯巴达人问道，在波斯人攻击希腊时会发生什么时，这巫师回答道：要么斯巴达会被消灭，要么其国王会被杀害。我想这些牧师盘算，如果这些最终都没有发生，则斯巴达就会对阿波罗太阳神如此之感恩戴德，以致忽视其巫师作错预言的这个事实。事实上，国王在捍卫特莫皮拉隘道[③]的一次拯救斯巴达并最终击败波斯人的行动中丧生了。

另一次事件，利迪亚[④]的国王克罗修斯[⑤]，这位世界上最富有的人有一次问道：如果他侵略波斯的话会发生什么。其回答是：一个伟大的王国将会崩溃。克罗修斯以为这是指波斯帝国，殊不知正是他自己的王国要陷落，而他自己的下场是活活地在柴堆上受火刑。

近代的末日预言者为了避免尴尬，不为世界的末日设定日期。这些日期使股票市场下跌。虽然它使我百思不解，为何世界的终结会使人愿意用股票来换钱，假定你在世界末日什么也带不走的话。

迄今为止，所有为世界末日设定的日期都无声无息地过去了。但是这些预言家经常

---

① 选自《霍金演讲录—黑洞、婴儿宇宙及其他》(湖南科学技术出版社，1995年版)，杜欣欣、吴忠超译，略有改动。史蒂芬·霍金，1942年1月生于牛津，英国理论物理学家。21岁时，患上一种运动神经细胞病，以致全身不能动弹，不能说话。他身残志坚，在大爆炸、黑洞等宇宙学理论上取得了举世瞩目的成就，被誉为当代的爱因斯坦。本文是霍金1991年1月在剑桥大学的一次讲演录。 ② [臭名昭著]也作“臭名昭彰”。坏名声人人都知道。昭著，明白，显著。 ③ [特莫皮拉隘道]也译作“温泉关”。公元前480年，斯巴达国王列奥尼达斯率领300名斯巴达士兵在温泉关顽强抵抗波斯军，全部战死。希波战争是希腊诸城邦反抗波斯侵略的战争，以希腊的胜利而结束。 ④ [利迪亚]也译作“吕底亚”，在今土耳其境内。 ⑤ [克罗修斯]也译作“克罗伊斯”，吕底亚的末代国王(约公元前560～公元前546年在位)。据说克罗修斯是古代的巨富之一，他的名字已成为“富豪”的同义语。

为他们显然的失败找借口解释。例如，第七日回归的创建者威廉·米勒[①]预言，耶稣的第二次到来会在1843年3月21日至1844年3月21日间发生。在没有发生这件事后，这个日期就修正为1844年10月22日。当这个日期通过又没有发生什么事后，又提出了一种新的解释。据说，1844年是第二次回归的开始，但是首先要数出获救者名单。只有数完了名单，审判日[②]才降临到那些不列在名单上的人。幸运的是，数人名看来要花很长的时间。

当然，科学预言也许并不比那些巫师或预言家的更可靠些。人们只要想到天气预报就可以了。但是在某些情形下，我们认为可以做可靠的预言。宇宙在非常大的尺度下的未来，便是其中一个例子。

我们在过去的三百年间发现了制约在所有正常情形下物体的科学定律。我们仍然不知道制约在极端条件下物体的精确的定律。那些定律在理解宇宙如何起始方面很重要，但是它不影响宇宙的未来演化，除非直到宇宙坍缩[③]成一种高密度的状态。事实上，我们必须花费大量金钱建造巨大粒子加速器去检验这些高能定律，便是这些定律对现在宇宙的影响是多么微不足道的一个标志。

即便我们知道了制约宇宙的有关定律，我们仍然不能利用它们去预言遥远的未来。这是因为物理方程的解会呈现出一种称作混沌的性质。这表明方程可能是不稳定的：在某一时刻对系统作非常微小的改变，系统的未来行为很快会变得完全不同。例如，如果你稍微改变一下你旋转轮赌盘的方式，就会改变出来的数字。你在实际上不可能预言出来的数字，否则的话，物理学家就会在赌场发财。

在不稳定或混沌的系统中，一般地存在一个时间尺度，初始状态下的小改变在这个时间尺度将增长到两倍。在地球大气的情形下，这个时间尺度是五天的数量级，大约为空气绕地球吹一圈的时间。人们可以在五天之内作相当准确的天气预报，但是要做更长远得多的天气预报，就既需要大气现状的准确知识，又需要一种不可逾越的复杂计算。我们除了给出季度平均值以外，没有办法对六个月以后作具体的天气预报。

我们还知道制约化学和生物的基本定律，这样在原则上，我们应能确定大脑如何工作。但是制约大脑的方程几乎肯定具有混沌行为，初始态的非常小的改变会导致非常不同的结果。这样，尽管我们知道制约人类行为的方程，但在实际上我们不能预言它。科学不能预言人类社会的未来或者甚至它有没有未来。其危险在于，我们毁坏或消灭环境的能力的增长比利用这种能力的智慧的增长快得太多了。

宇宙的其他地方对于地球上发生的任何事物根本不在乎。绕着太阳公转的行星的运动似乎最终会变成混沌，尽管其时间尺度很长。这表明随着时间流逝，任何预言的误差将越来越大。在一段时间之后，就不可能预言运动的细节。我们能相当地肯定，地球在相当长的时间内不会和金星相撞。但是我们不能肯定，在轨道上的微小扰动会不会积

---

① ［威廉·米勒(1782～1849)］美国纽约州农民，近代基督复临运动的创始人。1831年起开始传道，根据《但以理书》的某些章节推算出基督将于1843年或1844年3月21日第二次降临，赢得了成千上万的追随者。预言虽然失败，但该派仍坚持教义，并于1863年成立了基督复临安息日会。 ② ［审判日］也译作最后的审判，是一种宗教思想。在基督教神学中，指世界将要结束，决定人类命运的一天。 ③ ［坍缩］天体体积缩小，密度加大。这里指整个宇宙的坍缩。

累起来，引起在十几亿年后发生这种碰撞。太阳和其他恒星绕着银河系的运动，以及银河系绕着其局部星系团的运动也是混沌的。我们观测到，其他星系正离开我们运动而去，而且它们离开我们越远，就离开得越快。这意味着我们周围的宇宙正在膨胀：不同星系间的距离随时间而增加。

我们观察到的从外空间来的微波辐射①背景给出这种膨胀是平滑而非混沌的证据。你只要把你的电视调到一个空的频道就能实际观测到这个辐射。你在屏幕上看到的斑点的小部分是由太阳系外的微波引起的。这就是从微波炉得到的同类的辐射，但是要更微弱得多。它只能把食物加热到绝对温度②的2.7度，所以不能用来温热你的外卖比萨。人们认为这种辐射是热的早期宇宙的残余。但是它最使人印象深刻的是，从任何方向来的辐射量几乎完全相同。宇宙背景探索者卫星已经非常精确地测量了这种辐射。从这些观测绘出的天空图可以显示辐射的不同温度。在不同方向上这些温度不同，但是差别非常微小，只有十万分之一。因为宇宙不是完全光滑的，存在诸如恒星、星系和星系团的局部无规性，所以从不同方向来的微波必须有些不同。但是，要和我们观测到的局部无规性相协调，微波背景的变化不可能再小了。微波背景在所有方向上能够相等到十万分之九万九千九百九十九。

上古时代，人们以为地球是宇宙的中心。在任何方向上背景都一样的事实，对于他们而言毫不足怪。然而，从哥白尼③时代开始，我们就被降级为绕着一颗非常平凡的恒星公转的一颗行星，而该恒星又是绕着我们看得见的不过是一千亿个星系中的一个典型星系的外边缘公转。我们现在是如此之谦和，我们不能声称任何在宇宙中的特殊地位。所以我们必须假定，在围绕任何其他星系的任何方向的背景也是相同的。这只有在如果宇宙的平均密度以及膨胀率处处相同时才有可能。平均密度或膨胀率的大区域的任何变化都会使微波背景在不同方向上不同。这表明，宇宙的行为在非常大尺度下是简单的，而不是混沌的。因此我们可以预言宇宙遥远的未来。

因为宇宙的膨胀是如此之均匀，所以人们可按照一个单独的数，即两个星系间的距离来描述它。现在这个距离在增大，但是人们预料不同星系之间的引力吸引正在降低这个膨胀率。如果宇宙的密度大于某个临界值④，引力吸引将最终使膨胀停止并使宇宙开始重新收缩。宇宙就会坍缩到一个大挤压。这和起始宇宙的大爆炸相当相似。大挤压是被称作奇性⑤的一个东西，是具有无限密度的状态，物理定律在这种状态下失效。这就表明即便在大挤压之后存在事件，它们要发生什么也是不能预言的。但是若在事件之间不存在因果的连接，就没有合理的方法说一个事件发生于另一个事件之后。也许人们

---

① ［微波辐射］指宇宙微波背景辐射，即来自宇宙空间背景上的各个方向同性的微波辐射，是宇宙之初“大爆炸”的余热。1965年美国科学家彭齐亚斯和威尔逊因共同发现宇宙微波背景辐射而获1978年诺贝尔物理学奖。

② ［绝对温度］热力学温度的旧称，又叫热力学温标，符号T，单位K（开尔文，简称开）。1848年由英国物理学家开尔文（1824～1907）提出，1960年第十一届国际计量大会规定热力学温度以开尔文为单位。 ③ ［哥白尼（1473～1543）］波兰天文学家，太阳中心说的创立者，近代天文学的奠基人。 ④ ［临界值］临界值是指物体从一种物理状态转变到另外一种物理状态时，某一物理量所要满足的条件，相当于数学中常说的驻点。 ⑤ ［奇性］也称“奇点”，指空间—时间曲率变得无穷大而形成的点。大爆炸宇宙学认为，宇宙起源于大爆炸，在大爆炸之前，宇宙是一个没有体积的“奇点”，时间和空间都不存在。

可以说，我们的宇宙在大挤压处终结，而任何发生在“之后”的事件都是另一个相分离的宇宙的部分。这有一点像是再投胎。如果有人声称一个新生的婴儿是和某一死者等同，如果该婴儿没从他的以前的生命遗传到任何特征或记忆，这种声称有什么意义呢？人们可以同样地讲，它是完全不同的个体。

如果宇宙的密度小于该临界值，它将不会坍缩，而会继续永远膨胀下去。其密度在一段时间后会变得如此之低，引力吸引对于减缓膨胀没有任何显著的效应。星系们会继续以恒常速度相互离开。

这样，对于宇宙的未来其关键问题在于：平均密度是多少？如果它比临界值小，宇宙就将永远膨胀。但是如果它比临界值大，宇宙就会坍缩，而时间本身就会在大挤压处终结。然而，我比其他的末日预言者更占便宜。即便宇宙将要坍缩，我可以满怀信心地预言，它至少在一百亿年内不会停止膨胀。我预料那时自己不会留在世上被证明是错的。

我们可以从观测来估计宇宙的平均密度。如果我们计算能看得见的恒星并把它们的质量相加，我们得到的，不到临界值的百分之一左右。即使我们加上在宇宙中观测到的气体云的质量，它仍然只把总数加到临界值的百分之一。然而，我们知道，宇宙还应该包含所谓的暗物质，即是我们不能直接观测到的东西。暗物质的一个证据来自于螺旋星系[①]。存在恒星和气体的巨大的饼状聚合体。我们观测到它们围绕着自己的中心旋转。但是如果它们只包含我们观测到的恒星和气体，则旋转速率就高到足以把它们甩开。必须存在某种看不见的物质形式，其引力吸引足以把这些旋转的星系牢牢抓住。

暗物质的另一个证据来自于星系团。我们观测到星系在整个空间中分布得不均匀，它们成团地集中在一起，其范围从几个星系直至几百个星系。假定这些星系互相吸引成一组从而形成这些星系团。然而，我们可以测量这些星系团中的个别星系的运动速度。我们发现其速度是如此之高，要不是引力吸引把星系抓到一起，这些星系团就会飞散开去。所需要的质量比所有星系总质量都要大很多。这是在这种情形下估算的，即我们认为星系已具有在它们旋转时把自己抓在一起的所需的质量。所以，在星系团中我们观测到的星系以外必须存在额外的暗物质。

人们可以对我们具有确定证据的那些星系和星系团中的暗物质的量作一个相当可靠的估算。但是这个估算值仍然只达到要使宇宙重新坍缩的临界质量的百分之十左右。这样，如果我们仅仅依据观测证据，则可预言宇宙会继续无限地膨胀下去。再过五十亿年左右，太阳将耗尽它的核燃料。它会肿胀成一颗所谓的红巨星[②]，直到它把地球和其他更邻近的行星都吞没。它最后会稳定成一颗只有几千英里尺度的白矮星[③]。我正在预言世界的结局，但这还不是。这个预言还不至于使股票市场过于沮丧。前面还有一两个更紧迫的问题。无论如何，假定在太阳爆炸的时刻，我们还没有把自己毁灭的话，我们应该已经掌握了恒星际旅行的技术。

---

① ［螺旋星系］由大量气体、尘埃和又热又亮的恒星所形成，有旋臂结构的扁平状星系。螺旋星系是具有漩涡结构的河外星系，在哈勃的星系分类中用S代表。螺旋星系的螺旋形状，最早是在1845年观测猎犬座星系M51时发现的。 ② ［红巨星］光谱呈橙色、红色的巨星称为红巨星。其形成是因为在恒星演化过程中，由于内部核燃料的耗尽，热核反应的速率减弱，打破了引力与辐射压之间的平衡，恒星的外壳开始燃烧膨胀。 ③ ［白矮星］一类低光度、高温度、高密度的简并态恒星，是恒星演化的一种归宿。

在大约一百亿年以后，宇宙中大多数恒星都已把燃料耗尽。大约具有太阳质量的恒星不是变成白矮星就是变成中子星①，中子星比白矮星更小更紧致。具有更大质量的恒星会变成黑洞②。黑洞还更小，并且具有强到使光线都不能逃逸的引力场。然而，这些残留物仍然继续绕着银河系中心每一亿年转一圈。这些残余物的相撞会使一些被抛到星系外面去。余下的会渐渐地在中心附近更近的轨道上稳定下来，并且最终会集中在一起，在星系的中心形成一颗巨大的黑洞。不管星系或星系团中的暗物质是什么，可以预料它们也会落进这些非常巨大的黑洞中去。

因此可以假定，星系或星系团中的大部分物体最后在黑洞里终结。然而，我在若干年以前发现，黑洞并不像被描绘的那样黑。量子力学的不确定性原理③讲，粒子不可能同时具有定义很好的位置和定义很好的速度。粒子位置定义得越精确，则其速度就只能定义得越不精确，反之亦然。如果在一颗黑洞中有一颗粒子，它的位置在黑洞中被很好地定义，这意味着它的速度不能被精确地定义。所以粒子的速度就有可能超过光速，这就使得它能从黑洞逃逸出来，粒子和辐射就这么缓慢地从黑洞中泄漏出来。在一颗星系中心的巨大黑洞可有几百万英里的尺度。这样，在它之内的粒子的位置就具有很大的不确定性。因此，粒子速度的不确定性就很小，这表明一颗粒子要花非常长的时间才能逃离黑洞。但是它最终是要逃离的。在一个星系中心的巨大黑洞可能花 10^{90} 年的时间蒸发掉并完全消失，也就是“1”后面跟 90 个“0”。这比宇宙现在的年龄要长得多，它是 10^{10} 年，也就是“1”后面跟 10 个“0”。如果宇宙要永远膨胀下去的话，仍然有大量的时间可供黑洞蒸发。

永远膨胀下去的宇宙的未来相当乏味。但是一点也不能肯定宇宙是否会永远膨胀。我们只有大约为使宇宙坍缩的需要密度十分之一的确定证据。然而，可能还有其他种类的暗物质④，还未被我们探测到，它会使宇宙的平均密度达到或超过临界值。这种附加的暗物质必须位于星系或星系团之外。否则的话，我们就应觉察到了它对星系旋转或星系团中星系运动的效应。

为什么我们应该认为，也许存在足够的暗物质，使宇宙最终坍缩呢？为什么我们不能只相信我们已有确定证据的物质呢？其理由在于，哪怕宇宙现在只具有十分之一的临界密度，都需要不可思议地仔细选取初始的密度和膨胀率。如果在大爆炸后一秒钟宇宙的密度大了一万亿分之一，宇宙就会在十年后坍缩。另一方面，如果那时宇宙的密度小于同一个量，宇宙在大约十年后就变成基本上空无一物。

宇宙的初始密度为什么被这么仔细地选取呢？也许存在某种原因，使得宇宙必须刚好具有临界密度。看来可能存在两种解释。一种是所谓的人择原理，它可被重述如下：宇宙之所以是这种样子，是因为否则的话，我们就不会在这里观测它。其思想是，可能存

---

① ［中子星］恒星在核能耗尽后，经过引力坍缩，依靠简并中子的压力与引力平衡形成的星体。 ② ［黑洞］一种特殊的天体，是时间—空间的一个区域。它的基本特征是有一个封闭的视界。由于引力过于强大，就连光也不能从中逃逸出来，所以黑洞是看不见的。 ③ ［量子力学的不确定性原理］即德国物理学家海森伯（1901～1976），提出的测不准原理。它的量子力学意义是不能在同一个态中同时准确测量出粒子的位置和速度。 ④ ［暗物质］在宇宙学中，暗物质是指那些自身不发射电磁辐射，也不与电磁波相互作用的一种物质。人类无法通过现有的任何观测工具来直接观测到它们，只能通过引力产生的效应得知宇宙中有大量暗物质的存在。

在许多具有不同密度的不同宇宙。只有那些非常接近临界密度的能存活得足够久并包含足够形成恒星和行星的物质。只有在那些宇宙中才有智慧生物去诘问①这样的问题：密度为什么这么接近于临界密度？如果这就是宇宙现在密度的解释，则没有理由去相信宇宙包含有比我们已探测到的更多物质。十分之一的临界密度对于星系和恒星的形成已经足够。

然而，许多人不喜欢人择原理，因为它似乎太倚重于我们自身的存在。这样就有人对为何密度应这么接近于临界值寻求另外可能的解释。这种探索导致极早期宇宙的暴涨理论。其思想是宇宙的尺度曾经不断地加倍过，正如在遭受极端通货膨胀的国家每隔几个月价格就加倍一样。然而，宇宙的暴涨更迅猛更极端得多：在一个微小的暴涨中尺度的至少一千亿亿亿倍的增加，会使宇宙这么接近于准确的临界密度，以至于现在仍然非常接近于临界密度。这样，如果暴涨理论是正确的，宇宙就应包含足够的暗物质，使得密度达到临界值。这意味着，宇宙最终可能会坍缩，但是这个时间不会比迄今已经膨胀过的一百五十亿年左右长太多。

现在小结如下：科学家相信宇宙受定义很好的定律制约，这些定律在原则上允许人们去预言未来。但是定律给出的运动通常是混沌的。这意味着初始状态的微小变化会导致后续行为的快速增大的改变。这样，人们在实际上经常只能对未来相当短的时间作准确的预言。然而，宇宙大尺度的行为似乎是简单的，而不是混沌的。所以，人们可以预言，宇宙将永远膨胀下去呢，还是最终将会坍缩。这要按照宇宙的现有密度而定。事实上，现在密度似乎非常接近于把坍缩和无限膨胀区分开来的临界密度。如果暴涨理论是正确的，则宇宙实际上是处在刀锋上。所以我正是继承那些巫师或预言者的良好传统，两方下赌注，以保万无一失。

品味探究

1. 学了本文，你对我们头上的灿烂星空有哪些新的认识？试谈一谈你对某一天文现象（例如：日食和月食，流星雨等）的认识。

2. 我国的科学家们希望在21世纪首先达到两个目标，就是登陆月球和登陆火星。他们正在为此展开全方位的努力，包括到月球上开发资源，改造环境等。试谈一谈你对未来人类开发宇宙资源的认识。

课后练习

1. 下列词语的注音、解释全正确的一项是（　）

A. 混沌（hún dùn）：我国传说中指宇宙形成以前模糊一团的景象。

尴尬（gān gà）：（神色、态度）不自然。

---

① ［诘问］追问，责问，质问。

B. 诘问(jié wèn):反问

倚重(yǐ zhòng):倚靠,器重。

C. 三昧(sān wěi):指心神专注而不散乱。

皮萨(pí shā):一种意大利式馅饼。

D. 告罄(gào xìng):指能源枯竭。

黑洞(hēi dòng):一种特殊的天体。

2. 下列词语中没有错别字的一组是(　　)

A. 别出心裁　　映入眼帘　　赞叹不已　　如烟似雾

B. 明察秋毫　　幅圆广阔　　轻而易举　　瞬息万变

C. 瞻养父母　　归根到底　　晶莹透明　　模棱两可

D. 推陈出新　　疏疏朗朗　　因地治宜　　臭名昭著

3. 下列成语使用不当的一项是(　　)

A. 当前,发达国家的不合理生产方式和过量的消费方式是人类环境持续恶化的罪魁祸首。

B. 热力学概念乍听起来有些深不可测,其实它们是我们所知道的最简单而又给人印象最深的科学概念。

C. 在任何方向上背景都一样的事实,对于它们而言毫不足怪。

D. 迄今为止,所有为世界末日设定的日期都杳无音讯地过去了。

4. 依次填入下面语段横线处的词语,最恰当的一组是(　　)

① 半个世纪以来,党的三代领导集体对南水北调工程十分关心、高度重视,南水北调工程的建设,________了新中国几代工程技术人员的心血和智慧。

② “神舟”四号在辽阔的宇宙空间遨游了六天零十八小时,________了大量珍贵的科学数据。于2003年1月15日晚7时多内蒙古中部成功着陆。

③ 据有关人士________,在双方签订的合约中,阿里·哈恩必须率领中国人杀进2006年世界杯决赛圈。

A. 凝结　　搜集　　透露　　　　B. 凝聚　　收集　　透露

C. 凝聚　　搜集　　披露　　　　D. 凝结　　收集　　披露

史蒂芬·霍金是继阿尔伯特·爱因斯坦之后最杰出的物理学家。霍金1942年出生于英国牛津,先后就读于牛津大学和剑桥大学,学习数学、物理学和宇宙学。1963年,霍金经诊断得了肌萎缩性侧索硬化症。这种病会引起肌肉萎缩,导致瘫痪;说话会越来越困难,直至完全丧失语言能力;患者通常因并发肺炎或窒息而死亡。不过,患者的思维能力包括记忆能力不受影响。医生告诉霍金他最多只能活两年。在经历了一段短暂的失望和沮丧后,霍金又开始了他的宇宙学研究。霍金后来在相对论、“大爆炸”和黑洞等领域取得了突出的研究成果。霍金1988年出版的宇宙学著作《时间简史:从大爆炸到黑洞》,是一部里程碑式的畅销书。霍金被确诊患病已三十多年,但他仍孜孜于宇宙起源的理论研究,仍在为大统一理论而耕耘不已。霍金现任剑桥大学卢卡逊数学教授,这也是牛顿爵士曾担任过的职位。

中国建筑的特征[①]

梁思成

中国的建筑体系是在世界各民族数千年文化史中一个独特的建筑体系。它是中华民族数千年来世代经验的累积所创造的。这个体系分布到很广大的地区：西起葱岭[②]，东至日本、朝鲜，南至越南、缅甸，北至黑龙江，包括蒙古人民共和国的区域在内。这些地区的建筑和中国中心地区的建筑，或是同属于一个体系，或是大同小异，如弟兄之同属于一家的关系。

考古学家所发掘的殷代遗址证明，至迟在公元前15世纪，这个独特的体系已经基本上形成了，它的基本特征一直保留到了近代。3500年来，中国世世代代的劳动人民发展了这个体系的特长，不断地在技术和艺术上把它提高，达到了高度水平，取得了辉煌成就。

梁思成像

中国建筑的基本特征可以概括为下列九点。

（一）个别[③]的建筑物，一般的由三个主要部分构成：下部的台基，中间的房屋本身和上部翼状伸展的屋顶。

（二）在平面布置上，中国所称为一"所"房子是由若干座这种建筑物以及一些联系性的建筑物，如回廊、抱厦[④]、厢[⑤]、耳[⑥]、过厅等等，围绕着一个或若干个庭院或天井建造而成的。在这种布置中，往往左右均齐对称，构成显著的轴线。这同一原则，也常应用在城市规划上。主要的房屋一般地都采取向南的方向，以取得最多的阳光。这样的庭院或天井里虽然往往也种植树木花草，但主要部分一般地都有砖石墁[⑦]地，成为日常生活所常用的一种户外的空间，我们也可以说它是很好的"户外起居室"。

（三）这个体系以木材结构为它的主要结构方法。这就是说，房身部分是以木材做立柱和横梁，成为一副梁架。每一副梁架有两根立柱和两层以上的横梁。每两副梁架之间用枋、檩之类的横木把它们互相牵搭起来，就成了"间"的主要构架，以承托上面的

---

① 选自《建筑学报》，1954年第1期。梁思成（1901～1972），广东新会人。建筑学家。曾主持中华人民共和国国徽和人民英雄纪念碑的设计。 ② ［葱岭］古山脉名，传说以山多青葱而得名，包括天山、帕米尔高原、昆仑山等。
③ ［个别］这里是单独的意思。 ④ ［抱厦］一种建筑模式，围绕厅堂、正屋后面的房屋。顾名思义，在形式上如同搂抱着正屋、厅堂。 ⑤ ［厢］厢房，在正房前面两旁的房屋。一般来说正房坐北朝南，北边的就是正房，南边是南厢房，东边的房子叫东厢房，西边的叫西厢房。 ⑥ ［耳］耳房，跟正房相连的两侧的小房屋，也指厢房两旁的小屋。
⑦ ［墁(màn)］用砖、石等铺地面。

重量。

两柱之间也常用墙壁，但墙壁并不负重，只是像“帷幕”一样，用以隔断内外，或划分内部空间而已。因此，门窗的位置和处理都极自由，由全部用墙壁至全部开门窗，乃至既没有墙壁也没有门窗（如凉亭），都不妨碍负重的问题；房顶或上层楼板的重量总是由柱承担的。这种框架结构的原则直到现代的钢筋混凝土构架或钢骨架的结构才被应用，而我们中国建筑在三千多年前就具备了这个优点，并且恰好为中国将来的新建筑在使用新的材料与技术的问题上准备了极有利的条件。

（四）斗拱：在一副梁架上，在立柱和横梁交接处，在柱头上加上一层层逐渐挑出的称做“拱”的弓形短木，两层拱之间用称“斗”的斗形方木块垫着。这种用拱和斗综合构成的单位叫做“斗拱”。它是用以减少立柱和横梁交接处的剪力，以减少梁的折断之可能的。更早，它还是用以加固两条横木接榫的，先是用一个斗，上加一块略似拱形的“替木①”。斗拱也可以由柱头挑出去承托上面其他结构，最显著的如屋檐，上层楼外的“平坐”（露台），屋子内部的楼井、栏杆等。斗拱的装饰性很早就被发现，不但在木构上得到了巨大的发展，并且在砖石建筑上也充分应用，它成为中国建筑中最显著的特征之一。

（五）举折，举架：梁架上的梁是多层的；上一层总比下一层短；两层之间的矮柱（或柁墩）总是逐渐加高的。这叫做“举架”。屋顶的坡度就随着这举架，由下段的檐部缓和的坡度逐步增高为近屋脊处的陡斜，成了缓和的弯曲面。

（六）屋顶在中国建筑中素来占着及其重要的位置。它的瓦面是弯曲的，已如上面所说。当屋顶是四面坡的时候，屋顶的四角也就是翘起的。它的壮丽的装饰性也很早就被发现而予以利用了。在其他体系建筑中，屋顶素来是不受重视的部分，除掉穹窿顶得到特别处理之外，一般坡顶都是草草处理，生硬无趣，甚至用女儿墙把它隐藏起来。但在中国，古代智慧的匠师们很早就发挥了屋顶部分的巨大的装饰性。在《诗经》里就有“如鸟斯革”，“如翚斯飞②”的句子来歌颂像翼舒展的屋顶和出檐。《诗经》开了端，两汉以来许多诗词歌赋中就有更多叙述屋子顶部和它的各种装饰的辞句。这证明屋顶不但是几千年来广大人民所喜闻乐见③的，并且是我们民族所最骄傲的成就。它的发展成为中国建筑中最主要的特征之一。

（七）大胆地用朱红作为大建筑物屋身的主要颜色，用在柱、门窗和墙壁上，并且用彩色绘画图案来装饰木构架的上部结构，如额枋④、梁架、柱头和斗拱，无论外部内部都如此。在使用颜色上，中国建筑是世界各建筑体系中最大胆的。

（八）在木结构建筑中，所有构件交接的部分都大半露出，在它们外表形状上稍稍加工，使成为建筑本身的装饰部分。例如：梁头做成“桃尖梁头⑤”或“蚂蚱头⑥”；额枋出头做成“霸王拳”；昂⑦的下端做成“昂嘴”，上端做成“六分头”或“菊花头”；将几层昂的上段

---

① ［替木］起拉接作用的辅助构件，联系桁（檩）与斗拱的短木枋。 ② ［如鸟斯革，如翚（huī）斯飞］《诗经·小雅·斯干》中的诗句，意思是像鸟一样展翅飞翔，像野鸡一样振翅高飞。斯，句中助词。革，翅膀。翚，野鸡。 ③ ［喜闻乐见］喜欢听，乐意看，形容很受欢迎。 ④ ［额枋］檐柱之间的联系梁，用以承托其上的斗拱。 ⑤ ［桃尖梁头］桃尖梁尖状的端头。桃尖梁，柱头上与金柱间的联系梁。 ⑥ ［蚂蚱头］与下文的“霸王拳”（即“霸五券”）“六分头”、“菊花头”、“三福云”等都是斗拱的一些部件（如昂）的端头雕饰名称。 ⑦ ［昂］斗拱中斜置的构件，起斜撑或杠杆作用，有“下昂”、“上昂”之分，两层昂称“重昂”。

固定在一起的横木做成“三福云”等等；或如整组的斗拱和门窗上的刻花图案、门环、角叶，乃至如屋脊、脊吻[①]、瓦当等都属于这一类。他们都是结构部分，经过这样的加工而取得了高度装饰的效果。

（九）在建筑材料中，大量使用有色琉璃砖瓦；尽量利用各色油漆的装饰潜力。木上刻花，石面上作装饰浮雕，砖墙上也加雕刻。这些也都是中国建筑体系的特征。

这一切特点都有一定的风格和手法，为匠师们所遵守，为人民所承认，我们可以叫它做中国建筑的“文法”。建筑和语言文字一样，一个民族总是创造出他们世世代代所喜爱，因而沿用的惯例，成了法式。在西方，希腊、罗马体系创造了它们的“五种典范”，成为它们建筑的方式。中国建筑怎样砍割并组织木材成为梁架，成为斗拱，成为一“间”，成为个别建筑物的框架，怎样用举架的公式求得屋顶的曲面和曲线轮廓；怎样结束[②]瓦顶；怎样求得台基、台阶、栏杆的比例；怎样切削生硬的结构部分，使同时成为柔和的、曲面的、图案型的装饰物；怎样布置并联系各种不同的个别建筑，组成庭院；这都是我们建筑上两三千年沿用并发展下来的惯例法式。无论每种具体的实物怎样地千变万化，它们都遵循着那些法式。构件与构件之间，构件和它们的加工处理装饰，个别建筑物和个别建筑物之间，都有一定的处理方法和相互关系，所以我们说它是一种建筑上的“文法”。至如梁、柱、枋、檩、门、窗、墙、瓦、槛、阶、栏杆、隔扇[③]、斗拱、正脊[④]、垂脊[⑤]、正吻[⑥]、戗兽[⑦]、正房、厢房、游廊、庭院、夹道等等。那就是我们建筑上的“词汇”，是构成一座或一组建筑的不可少的构件和因素。

这种“文法”有一定的拘束性，但同时也有极大的运用的灵活性，能有多样性的表现。也如同做文章一样，在文法的拘束性之下，仍可以有许多体裁，有多样性的创作，如文章之有诗、词、歌、赋、论著、散文、小说，等等。建筑的“文章”也可因不同的命题，有“大文章”或“小品”。大文章如宫殿、庙宇等等；“小品”如山亭、水榭、一轩、一楼。文字上有一面横额，一副对子，纯粹作点缀装饰用的。建筑也有类似的东西，如在路的尽头的一座影壁[⑧]，或横跨街中心的几座牌楼等等。它们之所以都是中国建筑，具有共同的中国建筑的特性和特色，就是因为它们都用中国建筑的“词汇”，遵循着中国建筑的“文法”所组织起来的。运用这“文法”的规则，为了不同的需要，可以用极不相同的“词汇”构成极不相同的体形，表达极不相同的情感，解决极不相同的问题，创造极不相同的类型。

这种“词汇”和“文法”到底是什么呢？归根说来，它们是从世世代代的劳动人民在长期建筑活动的实践中所累积的经验中提炼出来的，经过千百年的考验，而普遍地受到承认而遵守的规则和惯例。它是智慧的结晶，是劳动和创造成果的总结。它不是一人一时的创作，它是整个民族和地方的物质和精神条件下的产物。

由这“文法”和“词汇”组织而成的这种建筑形式，既经广大人民所接受，为他们所承

---

① ［脊吻］屋脊两端的一种装饰构件，往往做成鸟兽模样，突出部分为动物的嘴角，故称“吻”。 ② ［结束］这里是收束之意。 ③ ［隔扇］也称为“格扇”、“长窗”，用木做成的柱与柱之间的隔断窗，周围有框架，中间划分为花心、绦环板、裙板等五道，可透光通气。 ④ ［正脊］屋顶前后两斜坡相交而成的脊，位于屋顶最高处。 ⑤ ［垂脊］也称“重戗脊”、“斜脊”，从正脊沿屋面下垂的脊。垂脊上有垂兽作饰物。 ⑥ ［正吻］也称“吻”、“大吻”，是正脊上的鸟兽形状装饰构件。 ⑦ ［戗(qiàng)兽］垂脊上的兽形装饰构件。戗，支撑斜脊的斜梁。 ⑧ ［影壁］也称照壁，古称萧墙，是中国传统建筑中用于遮挡视线的墙壁。影壁还可以烘托气氛，增加住宅气势。

认、所喜爱，虽然原先是从木材结构产生的，但它们很快地就越过材料的限制，同样运用到砖石建筑上去，以表现那些建筑物的性质，表达所要表达的情感。这说明为什么在中国无数的建筑上都常常应用原来用在木材结构上的“词汇”和“文法”。这条发展的途径，中国建筑和欧洲希腊、罗马的古典建筑体系，乃至埃及和两河流域①的建筑体系是完全一样的，所不同者，是那些体系很早就舍弃了木材而完全代以砖石为主要材料。在中国，则因很早就创造了先进的科学的梁架结构法，把它发展到高度的艺术和技术水平，所以虽然也发展了砖石建筑，但木框架同时也被采用为主要结构方法。这样的框架实在为我们的新建筑的发展创造了无比有利的条件。

在这里，我打算提出一个各民族的建筑之间的“可译性”的问题。

如同语言和文学一样，为了同样的需要，为了解决同样的问题，乃至为了表达同样的情感，不同的民族，在不同的时代是可以各自用自己的“词汇”和“文法”来处理它们的。简单的如台基、栏杆、台阶等等，所要解决的问题基本上是相同的，但许多民族创造了许多形式不同的台基、栏杆、台阶。例如热河普陀拉②的一个窗子，就与无数文艺复兴③时代窗子的“内容”完全相同，但是各用不同的“词汇”和“文法”，用自己的形式把这样一句“话”说出来了。又如天坛皇穹宇④与罗马的布拉曼提⑤所设计的圆亭子，虽然大小不同，基本上是同一体裁的“文章”。又如罗马的凯旋门⑥与北京的琉璃牌楼，巴黎的一些纪念柱与我们的华表，都是同一性质，同样处理的市容点缀。这许多例子说明各民族各有自己不同的建筑手法，建筑出来各种各类的建筑物，如同不同的民族使用不同的文字所写出来的文学作品和通俗文章一样。

我们若想用我们自己建筑上的优良传统来建造适合于今天我们新中国的建筑，我们就必须首先熟悉自己建筑上的“文法”和“词汇”，否则我们是不可能写出一篇中国“文章”的。关于这一方面深入一步的学习，我介绍同志们参考《清工部工程做法则例》和宋李明仲⑦的《营造法式》。关于前书，中国营造学社⑧出版的《清式营造则例》可作为一部参考用书。关于后书，我们也可以从营造学社一些研究成果中得到参考的图版。

---

① ［两河流域］指西亚底格里斯和幼发拉底两河流域平原，在叙利亚东部和伊拉克境内，是世界文明发祥地之一。 ② ［热河普陀拉］指河北承德避暑山庄的普陀宗乘之庙，因仿拉萨布达拉宫而建，俗称“小布达拉宫”，是承德“外八庙”中规模最大的一座庙宇。 ③ ［文艺复兴］14世纪中叶至17世纪初在欧洲发生的思想文化运动。“文艺复兴”一词亦可粗略地指代这一历史时期，但由于欧洲各地因其引发的变化并非完全一致，故“文艺复兴”只是对这一时期的通称。 ④ ［天坛皇穹宇］即北京天坛公园的“泰神殿”，俗称回音壁，是祭天台的附属建筑。 ⑤ ［布拉曼提(1444～1514)］也译做“布拉曼特”，意大利建筑师和画家。 ⑥ ［凯旋门］古罗马统治者及后来欧洲的封建帝王为炫耀对外战争功绩而建的一种纪念性建筑，用石头砌成，形似门楼，有一个或三个拱形门洞。 ⑦ ［李明仲(？～1110)］即李诫，字明仲，郑州(今属河南)人。北宋建筑家。著有《营造法式》一书，是我国古代比较完备的建筑学专著。
⑧ ［中国营造学社］研究中国古建筑的学术团体，1929年在北平(今北京)成立，抗战时期(1938年)在昆明重建，后迁往位于重庆西面350公里的李庄，由梁思成主持。

品味探究

1. 作者概括中国建筑的九大特征，是按什么顺序展开的？哪些特征属于结构特征？哪些特征属于装饰特征？

2. 在总结中国建筑的“风格和手法”时，作者为什么称之为“中国建筑的‘文法’”？你怎样理解作者提出的“各民族建筑之间的‘可译性’”？

3. 你一定很熟悉家乡的房屋建筑吧，说说这些建筑在哪些方面保留了中国建筑的传统风格，在哪些方面又表现出现代风格。

课后练习

1. 下列加点字的注音全正确的一项是（　　）

A. 接榫(shǔn)　　点缀(zhuì)　　辍学(chuò)　　砖石墁地(màn)

B. 穹窿(qióng)　　门槛(kǎn)　　哺育(bǔ)　　洗洗涮涮(shuàn)

C. 埋怨(mán)　　屋脊(jí)　　帷幕(wéi)　　凤毛麟角(jiǎo)

D. 翘起(qiào)　　翘首(qiáo)　　抱厦(xià)　　言简意赅(gāi)

2. 下列各组词语中无错别字的一项是（　　）

A. 遵循　　婉惜　　浮雕　　琉璃

B. 遗址　　梁架　　葱岭　　辉煌

C. 防碍　　负重　　轮廓　　纯粹

D. 提炼　　回廊　　隐藏　　厢房

3. 依次填入下列横线处的词语，最恰当的一组是（　　）

(1) 没有什么比这幅写意墨竹更能体现竹的________了，在这里，竹摒弃了一切外在的形式和颜色，给观赏者留下的唯有人间风骨。

(2) 放，放弃、放怀、放达……“放”蕴涵着千般哲理，运用得好，就会使复杂的生活回归简单，纷乱的思绪回归________，浮躁的心态回归淡然。

(3)红的、黄的、粉的，各色玫瑰，相继绽放，惹得人眼里一亮，美丽的花朵________了生活，普通的日子平添了些色彩、滋味和乐趣。

A. 情调　　明晰　　装饰　　　　B. 情韵　　明确　　装饰

C. 情韵　　明晰　　装点　　　　D. 情调　　明确　　装点

知识延展

北京解放之前，毛泽东曾秘密派人拜访梁思成，请教北平城内历史古迹的保护问题，梁思成先生把北平重点文物的位置准确地标在北平军事地图上。毛泽东下令围城部队一定要对城内射击目标逐一精确计算，力求勿使炮弹损毁文化古迹。一个月后，1949 年 1 月，傅作义召集北平的学者名流开会。

著名画家徐悲鸿说:“北平是一座闻名世界的文化古城,这里有许多宏伟的古代建筑……希望傅作义将军顾全大局,服从民意,使北平免于炮火摧毁。”康有为先生年逾花甲的女儿康同璧慷慨陈词:“北平有人类最珍贵的文物古迹,这是无价之宝,绝不能毁于兵燹。”很快,北平和平解放了。解放初期,梁思成曾就保护北京城墙奔走呼吁,并为此蒙受不公正对待。

在我们日常生活中,新建筑越来越多,全国到处高楼林立。像梁思成先生描述的建筑越来越少见了,北京旧城改造,把许多城门、城墙、城楼、胡同、四合院拆了,全国各地的情况一样。

动物游戏之谜[①]

周立明

在缅甸的热带丛林里，高达十几米的树顶上，两只叶猴跳荡着、嬉闹着。它们依仗长尾巴出色的平衡功能，在树枝上玩着“走钢丝”和“倒立”的把戏；它俩相互推挤，好像竭力要把对方推下树去，可被推的一方总是抓住树枝，巧妙地跳开去，绝不会失足坠地……它们是在打架吗？

在北极地区的冰雪陡坡上，一群北极渡鸦发出欢快的聒噪声。它们飞上坡顶，像小孩坐滑梯一样一只挨着一只滑雪而下，滑到坡底后，又飞上去……它们是在表演吗？

戏蝶

在美洲巴塔哥尼亚[②]附近的大海里，每当刮起大风时，成群的露脊鲸把尾鳍高高举出水面，正对着大风，以便像船帆似的，让大风推着它们，得意洋洋地“驶”向海岸。靠近海岸后，这些巨大的海兽又会潜回去，重复刚才的举动……露脊鲸又是在干什么呢？

动物学家对此做出的解释也许会使我们吃惊：这些动物是在游戏！并不是童话故事中拟人化的“游戏”，而是实实在在的游戏，是与人类儿童的游戏行为有着相似特征的游戏行为。动物的游戏行为，被认为是动物行为研究中最复杂、最难以捉摸、引起争论最多的行为。

研究动物行为的科学家，按照动物游戏的形式，把它们分成三种最基本的类型：单独游戏、战斗游戏、操纵事物的游戏。

单独游戏的特征是无需伙伴，动物个体可以独自进行。单独游戏时，动物常常兴高采烈地独自奔跑、跳跃，在原地打圈子。例如，马驹常常欢快地连续扬起前蹄，轻盈地蹦跳；猴类喜欢在地上翻滚，拉着树枝荡秋千……单独游戏时动物显得自由自在，这是最基本的游戏行为。

战斗游戏得由两个以上的个体参加，是一种社会行为。战斗游戏时，动物亲密地厮打，看似战斗激烈，其实极有分寸，它们配合默契，绝不会引起伤害。研究者认为，战斗游戏可能要比真的战斗更为困难，因为这种游戏要求双方的攻击有分寸，对伙伴十分信赖，

---

① 选自《自然与人》，1985年第5期。 ② ［巴塔哥尼亚］在南美洲东南部阿根廷境内，由广阔的草原和沙漠组成。

动物严格地自我控制，使游戏不会发展成真的战斗。

操纵周围事物的游戏，在一定程度上表现出动物支配环境的能力。北极熊常常玩这样的游戏：把一根棍子或一个石块衔上山坡，从坡上扔下来，自己跟在后面追，追上石块或棍子后，再把它们衔上去。野象喜欢把杂草老藤滚成草球，然后用象牙“踢”草球。

近二十年来，动物的游戏行为引起了研究者的极大兴趣，成为行为研究中最有争议的领域。争议的焦点，是动物为什么要进行游戏。

生物世界有一条普遍规律，就是尽可能节省能量。在动物身上，无论从形态结构、生理过程，还是行为方面去分析，尽可能节省能量的例子比比皆是。那么，动物为什么要消耗大量能量来进行这种没有明确目的的游戏呢？对此，研究者有着不同的看法。

著名的黑猩猩研究者珍妮·古多尔发现，幼小的黑猩猩常常玩这样的游戏：用手掌舀一点儿水，用牙齿嚼烂树叶，来汲取手掌中的水。而成年黑猩猩在干旱的季节，就是用嚼烂的树叶汲取树洞中的水解渴的。根据这样的发现，一些科学家认为，游戏行为是未来生活的排演或演习，游戏行为使得动物从小就能熟悉未来生活中要掌握的各种“技能”，例如追逐、躲藏、搏斗等等，熟悉未来动物社会中将要结成的各种关系。这对于动物将来的生存适应是非常重要的。这种假说可以称为“演习说”，基本观点是“游戏是生活的演习”。

有一些科学家不同意“演习说”。他们指出，游戏行为并不限于幼小动物，成年动物也同样需要。他们举出不少成年动物游戏的例子。对于成年动物来说，不存在用游戏来演习生活的需要。他们还指出，有些动物的游戏与生存适应毫无关系，例如河马喜欢玩从水下吹起浮在水面上的树叶的游戏，渡鸦喜欢玩从雪坡上滑下的游戏等。这些科学家认为，动物游戏是为了“自我娱乐”，而“自我娱乐”是动物天性的表现，正像捕食、逃避敌害、繁殖行为等是动物的天性一样。越是进化程度高、智力发达的动物，这种“自我娱乐”的天性越强。游戏正是这种自我娱乐的集中表现。通过自得其乐的游戏，使动物紧张的自然竞争生活得到某种调剂和补偿，使它们在生理上、心理上容易保持平衡，从而得到一定的自我安抚和自我保护。因而，不仅幼小动物，成年动物也需要游戏。以上假说可以称为“自娱说”。

不久前，美国加州大学神经生理学家汉斯·特贝、哈佛大学社会生物学家斯塔·阿特曼等提出一种引人注目的新假说——“学习说”。他们认为，游戏是一种实践性很强的学习行为。特贝曾经在卡那里群岛①上研究黑猩猩的学习行为。他发现，如果给黑猩猩一根棍子，它们就会用棍子做出各种游戏行为：会用棍子互相赶来赶去，像人们赶鸭子似的；也会用棍子去取挂着的食物。经历过这种游戏的黑猩猩，在今后生活中容易学会使用棍子。同样，“捉迷藏”和追逐游戏，也使动物学会利用有利地形保护自己的本领。游戏的实践性强，能产生直接的效果反馈，对锻炼动物的速度、敏捷、躲藏能力、争斗能力和利用环境的能力很有效。游戏向动物提供了大量机会，使它们能把自身的各种天赋技能和复杂的自然环境、社会环境巧妙地结合起来，因而无论对幼小动物还是成年动物，游戏

---

① ［卡那里群岛］位于大西洋中，属西班牙。这个群岛的名字来源于拉丁语 canis，意思是“狗”，因为早期探险家发现岛上到处都有大狗在游荡。

都是一种十分重要的学习行为。

美国爱达荷大学的约翰·贝叶和加拿大动物学家保尔·赖特认为，游戏不仅是学习，而且是“锻炼”。贝叶注意到，西伯利亚羱羊①的游戏带有明显的锻炼倾向：它们选择游戏场地时，似乎总是从“实战”出发，选择在坎坷的斜坡上奔跑追逐，在陡峭的悬崖上跳跃，好像是在锻炼它们逃避敌害的能力。赖特发现，哈得逊湾②的北极熊冬季生活艰难，要花很大力气去捕捉海豹、鱼类，过着紧张的流浪生活。到了夏季，冰雪消融了，北极熊转移到陆上生活，这时，食物来源丰富了，北极熊不必为猎食而整天奔波。它们吃饱喝足了，就进行各种游戏，如摔跤、奔跑、追逐、滑坡等。夏季游戏好像体育运动，使北极熊在食物丰富的季节保持了身体的灵活和力量，这对于它们冬季捕食显然大有好处。因此，这两位学者提出“锻炼说”来补充“学习说”。

这几种假说，哪一种更有道理？动物的游戏，究竟是为了“演习”，为了“自娱”，为了“学习”，还是为了“锻炼”？研究者们各执己见，众说纷纭③。而且，目前这些假说都难以圆满解释的问题是，动物在游戏行为中表现出来的智能潜力、自我克制能力、创造性、想象力、狡猾、计谋、丰富多彩的通信方式等，都远远超出人们对它们的估计。英国动物生态学家罗伯特·亨德指出：动物的游戏行为是如此复杂的行为，甚至要给这种游戏行为下一个确切的定义也很不容易。游戏行为有点儿像体育运动，有点儿像演戏，它既无目的，又无结果，在动物行为中即兴发生，没有一定模式，没有不变的规则，内容复杂多变，实在令人捉摸不透。亨德和所有研究动物游戏行为的专家都相信，要解开动物游戏的所有秘密，还需要做更加深入的研究。

1.《动物游戏之谜》这篇文章为我们揭开了动物日常游戏行为的神秘面纱，也让我们真正懂得，地球不是人类独有的，请谈谈我们应该怎样与身边的动物和谐相处？

2. 归纳课文中列举的动物游戏的种类、特征以及事例，并补充有关资料或自己观察发现的事例。

课后练习

1. 给加点的字注音

缅甸（　）	嬉闹（　）	坠地（　）	聒噪（　）	露脊（　）
马驹（　）	默契（　）	汲取（　）	天赋（　）	尾鳍（　）

① ［羱(yuán)羊］山羊属的野生山羊，分布于欧亚大陆和北非的崇山峻岭中，即北山羊，形状似山羊，形体比山羊大，雌雄都有角。② ［哈德逊湾］伸入加拿大东北部内陆的海湾，与大西洋相通。③ ［众说纷纭］人多嘴杂，各有各的说法。纷纭，多而杂乱。

2. 下列各项中字形全部正确的一项是(　　)

A. 隐蔽　　漫游　　兴高彩烈　　众说纷纭

B. 撕打　　闪烁　　碧波荡漾　　与世隔绝

C. 碰壁　　磅礴　　各执己见　　神密莫测

D. 陡峭　　嬉闹　　冰雪消融　　朝气蓬勃

3. 下列加点的成语使用不正确的一项是(　　)

A. 在动物身上,无论从形态结构、生理过程,还是行为方面去分析,尽可能节省能量的例子几乎俯拾皆是。

B. 单独游戏时,动物常常兴高采烈地独自奔跑、跳跃,在原地打圈子。

C. 每当刮起大风时,成群的露脊鲸把尾鳍高高举出水面,正对着大风,以便像船帆似的,让大风推着它们,得意洋洋地“驶”向海岸。

D. 研究者们各执己见,众说纷纭。

4. 请同学们拟写保护动物的公益广告词,要求:①印象深刻,②新颖别致,③简洁明了。

例示:① 保护动物就是保护我们的家园

② 动物和人类共有一个家

动物也爱沉溺于酒精世界。大象就是其中臭名昭著的一员。非洲象在吃了发酵果后,会变得极其兴奋而富于攻击性,而它们的亚洲兄弟则经常在醉后撒野,跑到村庄攻击人类。2002 年 12 月,在印度东北部,有几头大象在破坏一个谷仓后意外地找到几桶米酒,喝完之后,它们就开始横冲直撞,造成一场 6 人死亡的交通事故。

猴子也喜欢喝酒,但是更接近人类的风格,懂得节制。曾有研究者在加勒比海的一个岛屿观察一群猴子的喝酒行为,发现大约有 15% 的猴子是绝对的禁酒主义者,而剩下的也大都显得颇有节制,甚至会用果汁兑了酒来喝,只有 5% 的猴子纵情饮酒,直喝到烂醉如泥。此外,像人类一样,猴子的纵欢也随心情而异,若是经过长时间的实验后情绪紧张,猴子们就更倾向于狂饮。要知道,它们又不用埋单,干吗憋着呢。

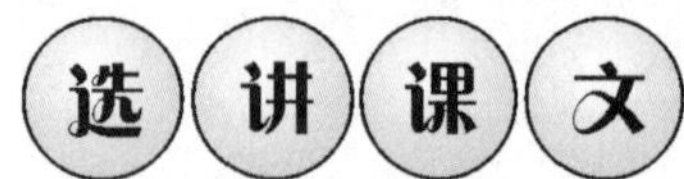

作为生物的社会[①]

[美]刘易斯·托马斯

从适当的高度往下看,大西洋城边青天白日下的海滨木板路上,医学家们为举行年会从四面八方聚集而来,就像是群居性昆虫的大聚会。同样是那种离子式的振动,碰上一些个急匆匆来回乱窜的个体,这才略停一停,碰碰触角,交换一点点信息。每隔一段时间,那群体都要像抛出钓鳟鱼[②]的钓线一样,准确无误地向恰尔德饭店抛出一个长长的单列纵队。假如木板不是牢牢钉住,那么,看到他们一块儿筑起各式各样的巢穴,就不用感到吃惊了。

用这种话来描绘人类是可以的。在他们最强制性的社会行为中,人类的确很像远远看去的蚁群。不过,如果把话反过来讲,暗示说昆虫群居的活动跟人类事务总有点联系,那在生物学界将是相当糟糕的态度。关于昆虫行为的书籍作者,通常要在序言里苦口婆心地提醒人们,昆虫好像是来自外星的生物,它们的行为绝对是有异于人的,完全是非人性、非世俗,几乎还是非生物的。它们倒更像一些制作精巧、却魔魔道道[③]的小机器。假如我们想从它们的活动中看出什么显示人类特点的东西,那就是在违反科学。

刘易斯·托马斯像

不过,让一个旁观者不这样看是很难的。蚂蚁的确太像人了,这真够让人为难。它们培植真菌,喂养蚜虫作家畜,把军队投入战争,动用化学喷剂来惊扰和迷惑敌人,捕捉奴隶。织巢蚁属使用童工,抱着幼体像梭子[④]一样往返窜动,纺出线来把树叶缝合在一起,供它们的真菌园使用。它们不停地交换信息。它们什么都干,就差看电视了。

最让我们不安的是,蚂蚁,还有蜜蜂、白蚁和群居性黄蜂,它们似乎都过着两种生活。它们既是一些个体,做着今天的事而看不出是不是还想着明天,同时又是蚁冢、蚁穴、蜂

① 选自《细胞生命的礼赞》(湖南科学技术出版社,1992年版),李绍明译,略有改动。 ② [鳟(zūn)鱼]一种背部淡青略带褐色、侧线下部银白色、全身有黑点的鱼。 ③ [魔魔道道]疯疯癫癫,不正常。 ④ [梭子]织机上引导纬纱进入梭道的机件。它在传统织机上作间断式往复运动,在圆形织机上作连续圆周运动。

窠这些扭动着、思考着的庞大动物体中细胞样的成分。我认为，正是由于这一层，我们才最巴不得它们是异己的东西。我们不愿看到，可能有一些集体性的社会，能够像一个个生物一样进行活动。即使有这样的东西，它们也决不可能跟我们相关。

不管怎么说，这些东西还是存在。野地里一只独行的蚂蚁，不能设想它头脑里想着很多。当然，就那么几个神经元，让几根纤维串在一块儿，想来连有什么头脑也谈不上，更不会有什么思想了。它不过是一段长着腿的神经节而已。四只或十只蚂蚁凑到一起，围绕着路上的一头死蛾，看起来就有点意思了。它们这儿触触，那儿推推，慢慢地把这块食物向蚁丘移去。但这似乎还是瞎猫撞着死老鼠的事。只有当你观看聚在蚁丘边的、黑鸦鸦盖过地皮的数千蚂蚁的密集群体时，你才看见那整个活物。这时，你看到它思考、筹划、谋算。这是智慧，是某种活的计算机，那些爬来爬去的小东西就是它的心智。

建造蚁丘的时候，有时需要一批一定规格的细枝，这时，所有成员立刻都着魔般搜寻起正合规格的细枝；后来，外墙的建筑就要完成，要盖顶，细枝的规格要改变，于是，好像从电话里接到了新的命令，所有的工蚁又转而寻找新型号的细枝。如果你破坏了蚁丘某一部分的结构，数百只蚂蚁会过来掀动那一部分，移动它，直到恢复原来的样子。当它们觉察到远方的食物时，于是，长长的队伍像触角一样伸出来，越过平地，翻过高墙，绕过巨石，去把食物搬回来。

白蚁有一个方面更为奇特：群体变大时，其智慧似乎也随之增加。小室里有两三只白蚁，就会衔起一块块土粒木屑搬来搬去，但并没有什么结果，什么也没有建造起来。随着越来越多的白蚁加入，似乎达到了某种临界质量或法定数，于是思维开始了。它们开始把小粒叠放起来，霎时间竖起一根根柱子，造成一个个弯度对称的美丽拱券。一个个穹顶小室组成的晶状建筑出现了。迄今还不知道它们是怎样交流信息的，也无人明白，正在建造一根柱子的白蚁们怎样知道停止工作，全队转移到一根毗邻[①]的柱子，而时候一到，它们又怎样知道把两根柱子合拢，做成天衣无缝的拱券。一开始使它们不再把材料搬来搬去，而是着手集体建筑的刺激物，也许是在它们的数目达到特定阈值时释放的外激素。它们像受了惊一样作出反应，它们开始骚动、激奋，然后就像艺术家一样开始工作。

蜜蜂同时过着几种生活：既是动物，又是动物的组织、细胞或细胞器。离窠外出寻找花蜜的单个蜜蜂（根据一个跳舞的小蜂给它的指令："去南偏东南七百米，有苜蓿——注意根据太阳偏转调整方向。"）仍然是如同有细丝系住一样属于蜂窠的一部分。工蜂在营建蜂窠的时候，看上去就像胚细胞在构成一片发育中的组织；离远一点看，它们像是一个细胞内的病毒制造出一排排对称多边形晶体。分群的时刻来到，老蜂王打算带着它的一半家口离窠而去，这时的景象就像蜂窠在进行有丝分裂。群蜂一时来回骚动，就像细胞液里游动的颗粒。它们自动分成几乎一点不差的两部分，一半跟着要离去的老蜂王，另一半跟着新的蜂王，于是，像一个卵子分裂一样，这个毛茸茸晶黑金黄的庞然大物分裂成两个，每一个都拥有相同的蜜蜂基因组。

多个单独的动物合并成一个生物的现象并不是昆虫所独有。黏菌的细胞在每一个

---

① ［毗(pí)邻］毗邻是边界接壤的意思，多指陆地相接。毗，与……相邻。

生命周期都在做着这样的事。起初，它们是一个个阿米巴①状细胞在到处游动，吞吃着细菌，彼此疏远，互不接触，选举着清一色的保守党。然后，一阵铃声，一些特殊的细胞放出聚集素，其他细胞闻声立即聚集一起，排成星状，互相接触、融合，构成动作迟缓的小虫子，像鳟鱼一样结实，生出一个富丽堂皇的梗节，顶端带一个子实体，从这个子实体又生出下一代阿米巴状细胞，又要在同一块湿地上游来游去，一个个独往独来，雄心勃勃。

鲱鱼②和其他鱼类的群体有时紧紧挤在一起，动作如此协调，以至于整个群体从功能上似乎是一个多头鱼组成的巨大生物。成群的飞鸟，特别是那些在纽芬兰③近海岛屿的山坡上做窝的海鸟，同样是互相依存、互相联系、同步活动。

虽然我们无论如何也是所有群居性动物中最具社会性的——比蜜蜂更互相依赖，联系更密切，行为上更不可分，我们却并不经常感到我们的联合智慧。然而，我们也许是被联在一些电路里，以便贮存、处理、取出信息，因为这似乎是所有人类事务中最基本、最普遍的活动。我们的生物功能，或许就是建筑某种丘。我们能够得到整个生物圈④中所有的信息，那是以太阳光子流作为基本单位来到我们这儿的。当我们知道这些东西是怎样克服了随机性而重新安排成各种东西，比如，弹器、量子力学、后期四重唱，我们或许对于如何前进会有个更清楚的概念。电路好像还在，即使并不总是通着电。

科学中使用的通讯系统应能为研究人类社会信息积累机制提供简洁而易操作的模型。齐曼在近期《自然》杂志上著文指出，“发明一种机制，把科学研究工作中获得的片断的知识系统地公布于世，一定算得上现代科学史上的关键性事件”。他接着写道：

一份期刊把各种各样……大家普遍感兴趣的知识，从一个研究者传递给另一个研究者……一篇典型的科学论文总是认为自己不过是一条大锯上的又一个锯齿——它本身并不重要，但却是一个更大项目的一个分子。这种技术，这种使得许许多多以微薄的贡献进入人类知识库的技术，乃是17世纪以来西方科学的秘密所在，因为它获得了一种远远超过任何个人所能发出的共同的、集体的力量。

改换几个术语，降低一下格调，这段话就可以用来描绘营造白蚁窝的工作。

有一件事让人叫绝：探索(explore)一词不能适用于探索活动的搜索一面，但却起源于我们在探索时发出的声音(英文 explore，其语源拉丁语 explorare 有“喊出”之意——译者)。我们愿意认为，科学上的探索是一种孤独的、静思的事。是的，在最初几个阶段是这样。但后来，或迟或早，在工作行将完成时，我们总要一边探索，一边互相呼唤，交流信息，发表文章，给编辑写信，提交论文，一有发现就大叫起来。

品味探究

1. 在生活中，我们接触到许多动物，尤其是本文中提到的蚂蚁、蜜蜂、鱼类等的生活情形，请静下

① [阿米巴]即“变形虫”的音译。变形虫因虫体赤裸、柔软，形体不定而得名。 ② [鲱(fēi)鱼]一种形体侧扁而长、背部灰黑色的鱼，生活在海洋中，是重要的经济鱼类。 ③ [纽芬兰]北美洲东部岛屿，属加拿大。 ④ [生物圈]是指地球上凡是出现并感受到生命活动影响的地区。是地表有机体包括微生物及其自下而上环境的总称。

心来，试着仔细观察它们的生活，查找有关的科学书籍，联系人类社会的组织形式，探究生物世界同人类社会之间的相通之处，写一篇300字左右的笔记，谈谈自己的感受。

2. 作者对所有动物都怀有深厚的感情，对动物的描写，具有很强的趣味性和文学性，文章写得生动亲切，例如："蚂蚁的确太像人了，这真够让人为难。"讽刺人类的自大心理，渺小的蚂蚁的很多行为与我们相似，我们却不愿意或不敢承认这一事实，真是有些为难。你还能从文中找到类似的语句吗？并谈一谈对它们的理解。

课后练习

1. 下列词语中没有错别字的一项是(　　)

A. 窠臼	迷惑	岛屿	清天白日
B. 骚动	穹顶	木屑	讫今为止
C. 毗邻	筹画	阈值	富丽堂黄
D. 格调	蚁冢	书籍	苦口婆心

2. 依次填入下列各句横线处的词语，最恰当的一项是(　　)

(1) 建造蚁丘的时候，有时需要一批一定＿＿＿＿＿的细枝。

(2) 它们像受了惊一样作出＿＿＿＿，它们开始骚动、激奋，然后就像艺术家一样开始工作。

(3) 当它们觉察到远方的食物时，于是，长长的队伍像触角一样伸出来＿＿＿＿，平地，＿＿＿＿高墙，＿＿＿＿巨石，去把食物搬回来。

A. 规格	反映	翻过	绕过	越过
B. 规范	反映	越过	绕过	翻过
C. 规格	反应	越过	翻过	绕过
D. 规范	反应	翻过	绕过	越过

3. 下列各句中加点的熟语使用不当的一项是(　　)

A. 从这个子实体又生出下一代阿米巴状细胞，又要在同一块湿地上游来游去，一个个独来独往，野心勃勃。

B. 四只或十只蚂蚁凑到一起，围绕着路上的一头死蛾，看起来就有点意思了。它们这儿触触，那儿推推，慢慢地把这块食物向蚁丘移去。但这似乎还是瞎猫撞着死老鼠的事。

C. 关于昆虫行为的书籍作者，通常要在序言里苦口婆心地提醒人们，昆虫好像是来自外星的生物，它们的行为绝对是有异于人的，完全是非人性、非世俗、几乎还是非生物的。

D. 无人明白，正在建造一根柱子的白蚁们怎样知道停止工作，全队转移到一根毗邻的柱子，而时候一到，它们又怎样知道把两根柱子合拢，作成天衣无缝的拱券。

知识延展

白蚁属等翅目的昆虫，过群体生活。在它的群体中，有一种很严格的等级制度，固守着特定的职能，人们称之为“白蚁王国”。

在王国中至高无上的统治者是蚁王和蚁后，专司交配、产卵，终年过着养尊处优的生活。王国内的建设者是工蚁，专门负责筑巢、修路、取食、运水、护卵和饲喂等繁重的事务，从无怨言地辛勤操劳一生。兵蚁是王国内的忠实保卫者，以它独特的上颚形成带锯状的剪刀牙夹击来犯之敌，无所畏惧，决不退缩，直至以身殉职。

在白蚁王国中，数百万只成员组成一个庞大的家族，成员间有条不紊的组织分工和协调，复杂奇特的消化纤维素的本领，每年繁殖季节出现的喧闹场面，工蚁高超的筑巢本领，蚁后像机器般的高速度产卵能力，看起来似乎难以置信。200 多年来，人类从对白蚁的分类及生物、生理和生态学等领域的研究中，逐步揭示出白蚁王国的内幕。

一名物理学家的教育历程[1]

［美］加来道雄

我想知道上帝怎样创造了这个世界，对这样或那样的具体现象我不太感兴趣。我想知道世界的内在规律，其余则是细枝末节。

——爱因斯坦

童年的两件趣事极大地丰富了我对世界的理解力，并且引导我走上成为一个理论物理学家的历程。

记得那时我的父母亲不时带我去旧金山游览著名的日本茶园。我蹲在那里的一个小池边，为慢慢畅游在水底睡莲之中五彩斑斓的鲤鱼所陶醉。这是我最快乐的童年记忆之一。

在那静静的时刻，我充满了无限的遐想。我常常给自己提一些只有小孩儿才问的傻乎乎的问题，比如水池中鲤鱼怎样观察它们周围的世界。我想，它们的世界一定奇妙无比！

鲤鱼们的一生就在这浅浅的水池中度过。它们相信它们的“宇宙”就由阴暗的池水和睡莲构成。它们大部分时间在池底漫游，因此它们只模糊地意识到在水面之上存在有另一个外部世界。我的世界的本质超过了它们的理解能力。我喜欢坐在距离鲤鱼仅仅几厘米的地方，然而，我们之间却如距深渊。鲤鱼和我生活在两个截然不同的宇宙之中，从来不进入对方的世界，我们之间被水面这一薄薄的“栅栏”分隔开来。

我曾想：在水底的鱼群中可能有一些鲤鱼“科学家”。我想这个鲤鱼“科学家”会对那些提出在睡莲之外还存在有另外一个平行世界的鱼冷嘲热讽。他们认为，唯一真实存在的事物就是鱼儿们看得见摸得着的。水池就是一切。水池之外看不见的世界没有科学意义。

有一次，我遇到了一场暴雨。我注意到成千上万的小雨滴轰击在池水的表面。池水表面变得混乱，水中的睡莲在汹涌不息的水波冲刷下摇摆不定。在躲避风雨之时，我想弄清楚周围发生的一切将会以怎样的形式呈现在鲤鱼们的眼中。在它们看来，睡莲似乎是自己在运动，没有任何东西冲刷它们。因为就像我们看不见我们周围的空气和空间一样，鲤鱼们也看不见它们赖以生存的水，它们为睡莲自己能够运动而困惑不解。

---

① 选自《超越时空》（上海科技教育出版社，2000年版），刘玉玺、曹志良译。

我想，鲤鱼“科学家们”将会聪明地杜撰[①]某种虚构的东西——它被称为“力”，来掩盖自己的无知。由于不能理解在看不见的水面上存在的水波，它们将得出这样一个结论：睡莲之所以能够不被触摸而运动，是因为有一种看不见的神秘力在对它起作用。它们可能给这种错觉起一个高深莫测的名称（如超距作用[②]，或没有任何接触睡莲即会运动的能力）。

我曾想，如果从池水中抓出一个鲤鱼“科学家”，事情将会怎么样呢？放回池水之前，它可能随着我的查看而狂乱挣扎。那么别的鲤鱼又将怎样看待这件事呢？对于它们而言，这确实是一件可怖的事情。它们第一次意识到有一位鲤鱼“科学家”从它们的宇宙中消失了。就那么简简单单，没有留下任何踪迹。不管在它们的宇宙中怎么寻找，就是没有这条丢失的鲤鱼的踪影。然而，就那么几秒钟，当我把它放回池水之后，这位鲤鱼“科学家”便突然冒了出来。对于别的鲤鱼而言，这真是一个奇迹。

待神志镇定之后，这位鲤鱼“科学家”就会讲述一个真正令它们惊诧不已的传奇故事。它说：“突然之间，不知怎的我就被拉出了咱们的宇宙（池水），投进了一个冥冥世界，那里有令人目眩的强光和我从未见过的奇形怪状的物体。最奇怪的是那个抓住我的生物竟然一点儿也不像鱼。更使我震惊的是，无论如何也看不到它的鳍，但是没有鳍它还是能够运动。我感觉到熟悉的自然规律不再适合于这个冥冥世界。随后，我发现自己突然又被扔回了咱们的世界。”（当然，这个到宇宙之外一游的故事对于鲤鱼是怪诞的，大多数鱼都认为这完全是胡说八道。）

我常想，我们就像自鸣得意地在池中游动的鲤鱼。我们的一生就在我们自己的“池子”里度过，以为我们的宇宙只包含那些看得见摸得着的事物。就像鲤鱼一样，我们认为宇宙之中只包含有熟悉可见的东西。我们自以为是地拒绝承认就在我们的宇宙跟前存在有别的平行宇宙或多维空间[③]，而这些都超出了我们的理解力。如果我们的科学家发明像力这样一些概念，那仅仅是因为他们不能用眼检验出充满于我们周围空间的不可看见的各种振动。一些科学家鄙视更高维数世界的说法，是因为他们不能在实验室里便利地验证它。

此后，我一直对存在高维世界的可能极感兴趣。像许多孩子一样，我贪婪地阅读这样一类历险故事，其中讲述的是时间旅行者进入别的多维空间，探索我们看不见的平行宇宙，在那里能很容易使通常的物理定律不再起作用。我长大后想知道，是否在百慕大三角洲神秘失踪的船只进入了一个空间漏洞，我对阿西莫夫的《基地》系列[④]惊叹不已，书中超维空间旅行的发现导致了一个银河帝国的兴起。

童年时的第二件事也给我留下深刻的印象。我八岁时曾听过一个故事，此后它一直留在我的脑海里。记得我的中学老师给班里讲了一个已故伟大科学家的故事。他们极其崇敬地讲到他，称他是整个人类历史上最伟大的科学家。他们说很少有人能够理解他

---

① ［杜撰］臆造，虚构，没有根据地编造。 ② ［超距作用］指分离的物体间不需要任何介质，也不需要时间来传递它们之间的相互作用，这种相互作用以无穷大的速度传递。 ③ ［多维空间］一般认为我们所处的宇宙是三维空间加上时间，即四维空间。现在理论物理学界有人认为，我们宇宙的空间超过四维，但以现有的科学手段观察不到。下文“高维数世界”的意思也是如此。 ④ ［《基地》系列］阿西莫夫所著描写银河帝国兴衰的科幻小说系列，包括前传《基地前奏》、《迈向基地》，三部曲《基地》、《基地与帝国》、《第二基地》，续集《基地边缘》、《基地与地球》。

的思想，但是他的发现却改变了整个世界和我们周围的一切。我不理解他们想告诉我们的许多东西，但是最使我对此人感兴趣的是他未能完成自己的伟大发现就撒手人寰①。他们说他多年潜心于这个理论，但是他死之后，他的未完成的论文仍然摆放在他自己的办公桌上。

我被这个故事迷住了。对于一个孩子，这是很神秘的。他未完成的工作是什么？他桌上论文的内容是什么？什么问题可能会如此难以解决而又非常重要，值得如此伟大的科学家把他的有生之年花费在这种研究之中？由于好奇，我就决定学习我能学到的关于爱因斯坦的一切以及他未完成的理论。我记得，我花了好多时间静静阅读我能找到的关于这个伟人和他的理论的每一本书。这种记忆到现在仍然温暖如春。我读完当地图书馆的书之后，就开始在全市搜寻图书馆和书店，急切地查找有关线索。不久我就知道这个故事比任何的神秘谋杀故事更加激动人心，也比我曾想象的任何事情都重要。我决定要对这一秘密刨根究底，纵然为此而必须成为一名理论物理学家也在所不辞。

不久，我就知道爱因斯坦桌上未完成的论文就是他企图构造的所谓的统一场论②。这个理论能解释所有的自然规律，从细小的原子到浩瀚的星系。然而，作为一个孩子，我却不能理解，畅游在茶园池中的鲤鱼和爱因斯坦桌上未完成的论文可能存在着某种联系。对于用更高的维数可能是解决统一场论的关键这一点我不理解。

后来，在高中阶段，我看完了许多地方图书馆中这方面的书，并且常常造访斯坦福大学的物理学图书馆。在那里，我发现爱因斯坦的工作使一种称为反物质③的新型物质称为可能。这种物质的作用形式与普通物质一样，但与普通物质接触之后它们将会湮没④，并且猛然释放出能量。我也知道科学家已经建造了一些大型仪器，或者说是“原子对撞机”，这种仪器可以在实验室里产生微量的这种奇异物质，即反物质。

年轻人的一个优点就是不会由于世俗的约束而畏葸⑤不前，而这种约束对于大多数成年人而言通常似乎又很难超越。没有考虑所要涉及的困难，我就开始着手建立我自己的原子对撞机。我一直研究科学文献，最后我确信能够建造一台所谓的电子感应加速器，这种加速器能把电子加速到数百万电子伏特(100 万电子伏特是指电子在 100 万伏特的电场中被加速后所获得的能量)。

首先，我购买了少量的钠 22，它是一种能够自然地放射正电子(电子的反物质)的放射性物质。然后我建造了一个云室⑥，在云室中可以看到亚原子粒子⑦留下的踪迹。这样我就能够拍下好几百张由反物质留在云室中的精美照片。紧接着，我找遍周边地区大量的电子仓库，装配必需的硬件设备，包括好几百磅(1 磅＝454 克)重的废品处理钢，在我的车间建造一个 230 万电子伏特的电子感应加速器，这个加速器完全有能力产生一束反电子。为了产生电子感应加速器所必需的巨大磁场，我说服我的父母亲让他们帮助我在我读高中的那个学校的足球场中缠绕 22 英里(1 英里＝1.61 米)长的铜线。我们把整

---

① ［撒手人寰］人寰指人间，撒手人寰指离开人间，即死亡。 ② ［统一场论］爱因斯坦晚年试图构建的一种理论，希望把各种不同的力解释成一个共有的力的不同表现形式。 ③ ［反物质］由粒子组成的称为物质，由反粒子组成的称为反物质。 ④ ［湮没］当一种基本粒子和它的反粒子相遇时，两个粒子一起消失而转化为他种基本粒子的现象。 ⑤ ［畏葸(xǐ)］畏惧。 ⑥ ［云室］原子核物理或基本粒子研究中观测微观粒子径迹的仪器。 ⑦ ［亚原子粒子］原子层次下的质子、中子等粒子。

整一个圣诞假日花费在这条 50 码(1 码=0.91 米)长的线路上,缠绕和安装笨重的线圈,这种线圈将使高能电子的运动路径发生弯曲。

当最后建成时,这个 300 磅重、6 千瓦的电子感应加速器耗掉了我屋子中所产生的每一点儿能量。当我接通它后,通常总是烧断每一根保险丝,屋子变得漆黑一团。在屋子周期性陷入黑暗的同时,妈妈常常在摇头。(我想,妈妈对于她不能有一个在棒球场或篮球场玩耍、反而有一个在汽车间建造一架巨大的电子仪器的儿子而困惑不解。)使我感到欣慰的是,仪器成功产生了比地磁场强两万多倍的磁场,而这正是加速一束电子所必需的。

品味探究

1. 本文所讲述的鲤鱼的故事,给了你怎样的启发?你是否对自然界有过好奇心?是否也因此产生了对科学的兴趣?

2. 作者关于鲤鱼"科学家"的幻想十分有趣,如果我们以动物的眼光来观察人类,是不是也很有意思呢?假如有一位动物(狗、猫、鸡、燕子等)"科学家",专门研究人类的某些行为,它写了一篇"科普文":人类行为之谜。你替这位动物"科学家"做一回代笔人怎么样?

1. 对下列各项中加点的字注音全部正确的一项是( )

A. 褶皱(zhě)　湮没(yān)　铁杵(chǔ)　畏葸不前(sī)

B. 暖和(huo)　杜撰(zhuàn)　孵化(fú)　刨根究底(páo)

C. 狰狞(níng)　威吓(xià)　栅栏(zhà)　芬芳馥郁(fù)

D. 衰竭(jié)　怪诞(dàn)　酬谢(chóu)　争妍斗艳(yán)

2. 下列各项中字形完全正确的一项是( )

A. 操练　殷勤款待　自鸣得意　奇妙无比

B. 筵席　弱不禁风　细枝末节　高深莫测

C. 暇想　摇摇欲坠　人情世故　五彩斑斓

D. 篱笆　煞废苦心　精疲力尽　撒手人寰

3. 下列各句中,加点的成语使用不恰当的一句是( )

A. 关于李自成的传说,有不少地方是混合着穷苦百姓的感情和希望,真实的事情未必都被众人知道,而传说的故事未必不含着虚构的、添枝加叶的地方。

B. 虽然李刚劣迹斑斑,但瑕不掩瑜,我们还应该看到他为人仗义的一面。

C. 对各种自然灾害不能麻痹大意,必须在战术上重视,必须未雨绸缪,防微杜渐。

D. "崇尚科学文明,反对迷信愚昧"图片展,将伪科学暴露得淋漓尽致,使观众深受教育。

弗莱明是英国科学家，青霉素的发现者。弗莱明当军医的时候，看到很多战士因为伤口感染细菌而痛苦地死去，决心找到一种药物，来治疗因细菌引起的疾病。在实验中，他偶然发现了青霉素。这种神奇的药物挽救了无数人的生命，这是他和几位科学家共同努力而获得的成功。弗莱明获得了诺贝尔医学奖。他说："机会，只留给有准备的头脑"。

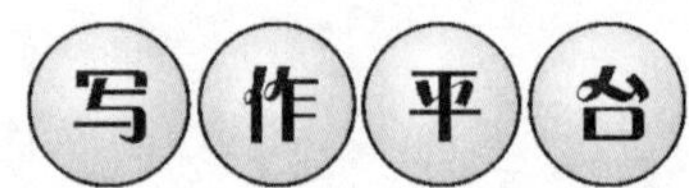

享受奋斗　学习选择和使用论据

话题探讨

奋斗充满艰辛，冰心说："成功的花儿，人们只惊羡她现时的明艳！然而当初它的芽儿，浸透了奋斗的泪泉，洒遍了牺牲的血雨！"

奋斗让人生无悔，泰戈尔说："人不能在他的历史中表现出他自己，他在历史中奋斗着露出头角。"

奋斗让生活更有意义，高尔基说："不应该向任何人抱怨生活；安慰的话语中很少包含着人们寻找的那种东西。生活只是在人们同妨害他们生活的东西斗争时，才会变得更丰富、更有趣味。在斗争中那些烦人的、枯燥的时间会在不知不觉中飞逝而去。"

奋斗不乏乐趣，罗曼·罗兰在他的《母与子》里告诉我们："跟生活的粗暴打交道，碰钉子，受侮辱，自己也不得不狠下心来斗争，这是好事，使人生气勃勃的好事。"

奋斗是人生最华美的篇章，奋斗是青春最美好的风景。"恰同学少年，风华正茂，书生意气，挥斥方遒"昭示着一代伟人奋斗的青春。他们的青春因充满奋斗和激情而洋溢着美好，而今，青春正在我们手中，我们不能容忍青春在我们手中白白流逝，我们不能在叹息声中虚度光阴，我们不能在叹息声中了结生命，那么就让我们在青春时节奋发吧！让青春之花永远绽放在我们心中，书写一卷有声有色的人生。

写法借鉴

现在我们结合"享受奋斗"这个话题，学习怎样选择和使用论据。

何为论据？论据，即证明观点的材料。论点要让人信服就不能只是空洞地说教，需要有充分的论据来证明。诸葛亮在江东舌战群儒，以其滔滔雄辩的口才，驳倒江东诸多发难的儒生。是什么让诸葛亮的话如此有力呢？是引经据典，使得他的"无须治何经典"的论点力有千钧。这就是论据的魅力！

韩寒在《三重门》里说："勤奋学习的是爱因斯坦，淡泊名利的是居里夫人，助人为乐的是雷锋，不畏死亡的是刘胡兰，身残志坚的是张海迪，鞠躬尽瘁的是周恩来，就这么几个死定的例子，光荣地造就了上海乃至全国这么多考试和比赛里的作文高手。”这里，韩寒告诫大家，选择和使用论据时，不能把领袖人物、著名人物、名言警句当作“万能胶”、“即时贴”，陈旧的论据只能让文章缺乏个性，缺乏张力，缺乏动人的魅力。

读读下面《谈奋斗》这篇文章：

《易经》中说：“天行健，君子以自强不息。”即，天体的运行是刚健有力、生生不息的。人的活动也应该效法天，应该刚健有为，自强不息。用现代的话来说，就是要充分发挥人的主观能动性，要有一种奋斗拼搏的精神。

奋斗出成果。马克思写《资本论》，辛勤劳动40年，阅读了数量惊人的书籍，其中作过笔记的就有1500种以上。司马迁著《史记》，从20岁起就开始周游，足迹遍及黄河、长江流域，汇集了大量的社会素材和历史素材，为《史记》的创作奠定了基础。歌德花了58年时间，搜集了大量材料，写出了对世界文学界和思想界产生很大影响的诗剧《浮士德》。我国当代数学家陈景润，在攀登数学高峰的道路上，翻阅了国内外的上千本有关资料，通宵达旦地看书学习，取得了震惊世界的成就。可见，任何一项成就的取得都是与奋斗分不开的。古今中外概莫能外。

奋斗出智慧。传说古希腊有一个叫德摩斯梯尼的演说家，因小时口吃，登台演讲时，声音含混，发音不准，常常被雄辩的对手所压倒。可是他气不馁，心不灰，为克服这个弱点，战胜雄辩的对手，便每天口含石子，面对大海朗诵，不管春夏秋冬，坚持五十年如一日，连爬山、跑步也坚持练习演说，终于成为全希腊一个最有名气的演说家。宋代学者朱熹讲过一个故事：福州有一个叫陈正之的人，反应相当迟钝，读书每次只能读50个字，一篇小文章也要读一二百遍才能熟。但他不懒不怠，勤学苦练，别人读一遍，他就读三遍四遍，天长日久，知识与日俱增，后来读书很多，成了博学之士。这表明，即使天资比较差，只要努力奋斗，一样可以实现梦想，享受人生的快乐。

“红军不怕远征难，万水千山只等闲”。与其在沉默中平凡地活着，何不唤醒灵魂，让生命放一次光？“山舞银蛇，原驰蜡象，欲与天公试比高。”是奋斗的呐喊，是胜利的喜悦，是自信的抒怀。“雨后复斜阳，关山阵阵苍”是迎难而上，克服万千阻碍后的回望，是永不屈服，不辞劳苦后的结晶。“待到山花烂漫时，她在丛中笑”是对理想的渴盼，对随波逐流的轻蔑。那样的年月里，与其被“安逸和舒适”剥蚀了思想，鞭挞着灵魂，奴役了志气，倒不如克服重重阻碍，享受人生的快乐。

这篇文章提出要有奋斗精神的观点后，接着用奋斗出成果，奋斗出智慧，奋斗可以享受自信、胜利、永不屈服等快乐这三个分论点来证明中心论点，不枝不蔓，层层深入。看看文章使用了哪些论据，这些论据中，哪些是道理论据，哪些是事例论据。

选择论据，第一是切合题旨，有针对性；第二是真实典型，有代表性；第三是角度变化，有多样性；第四是新颖独特，有时代性。这篇文章在使用论据时，是不是达到了这些标准呢？

运用事例论据在详略得当，引用道理论据在准确恰当，论据的排列在有一定顺序。这篇文章做到了吗？

在我们学过的课文中，《阿房宫赋》等在选择和使用论据方面有哪些值得借鉴之处？

写作练习

1. 将下面论据压缩概括并进行分析。

语言大师侯宝林只上过三年小学，由于勤奋好学，他的艺术水平达到炉火纯青的程度，成为著名的语言专家。有一次，他为了买到自己想买的一部明代笑话书《谑浪》，跑遍北京所有的旧书摊也未如愿。后来，他得知北京图书馆有这本书。时值冬日，他顶着狂风，冒着大雪，一连18天都跑到图书馆去抄书。一部10万字的书，终于被他抄录到手。侯宝林正是凭着“不达目的不罢休”的坚强毅力，才成为一代相声艺术宗师的。

2. 阅读下面的材料，提炼中心论点，并能选择合适的论据进行论证。

小和尚跟着老和尚出来化缘，满心不情愿，看见几尾逆水而游的鱼，便借题发挥：“这些鱼真傻呀，逆水而游，多费力，多辛苦！”“可它们正在享受快乐呢！”老和尚说，顺手一指河面上的落叶，“你看见那片黄叶了吗？只有死去的东西，才会享受这种随波逐流的安逸和舒适啊！”

应用文写作

演讲稿
活动方案

演讲稿

演讲是一门语言的艺术，它旨在传达演讲者的思想、观点和感悟，调动听众的情绪，引起听众的共鸣。演讲是展现一个人口才的最好形式。一篇精彩的演讲稿能使演讲者的演讲扣人心弦、引起共鸣，收到出其不意的效果，所以拟写一篇优秀的演讲稿是至关重要的。

阅读范例 1，请思考：

这篇演讲稿的哪些思想情感引起了你的共鸣？

范例 1

梦想与责任

[美]贝拉克·奥巴马

我知道，今天是你们很多人开学的日子。对于进入小学预备班、初中或高中的学生，今天是你们来到新学校的第一天，心里可能有点紧张，这是可以理解的。我能想象有些毕业班的学生现在感觉很不错，还有一年就毕业了。不论在哪个年级，你们有些人可能希望暑假更长一点，那样的话，今天早上还能多睡一小会儿。

我了解这种感觉。我小时候，我们家生活在海外。我在印度尼西亚住了几年。我妈妈没有钱送我上其他美国孩子上的学校，但她认为必须让我接受美式教育。因此，她决定从周一到周五自己给我补课。不过她还要上班，所以只能在清晨四点半给我上课。你们可以想见，我不太情愿那么早起床。有很多次，我趴在餐桌上就睡着了。但每当我抱怨的时候，我妈妈都会那样地看我一眼，然后说："小子，这对我也并不轻松。"

我知道你们有些人还没适应开学后的生活。但我今天来到这里是因为有重要的事情要和你们说。我来这里是要和你们谈谈你们的教育问题，以及在这个新学年对你们所有人的期望。

即使我们拥有最敬业的教师、最尽力的家长和全世界最好的学校，如果你们大家不履行你们的责任，不到学校上课，不专心听讲，不听父母、祖父、祖母和其他大人的话，不付出取得成功所必需的勤奋努力，那么这一切都毫无用处。这就是我今天讲话的重点：

你们每个人对自己的教育应尽的责任。

我首先要讲讲你们对自己应尽的责任。你们每个人都有自己的长处，每个人都能做出自己的贡献，你们对自己应尽的责任是发现自己的能力所在。而教育能够提供这样的机会。不论你的生活志向是什么，我敢肯定你必须上学读书才能实现它。你想当医生、教师或警官吗？你想当护士、建筑师、律师或军人吗？你必须接受良好的教育，才能从事上述任何一种职业。你不能指望辍学后能碰上个好工作。你必须接受培训，为之努力，为之学习。这并非只对你个人的人生和未来意义重大。可以毫不夸大地说，教育给你带来的益处将决定这个国家的未来。美国的未来取决于你们。你们今日在学校学习的知识，将决定我们这个国家是否能够迎接我们未来所面临的最严峻的挑战。

我自然知道要做到学业优秀并非总是易事。我知道你们许多人在生活中面临挑战，难以集中精力从事学业。我明白这一点。我有亲身感受。两岁时，我父亲离家而去，我是由一位单亲母亲抚养成人的。母亲不得不工作，并时常为支付生活费用而苦苦挣扎，但有时仍无法为我们提供其他孩子享有的东西。有时我渴望生活中能有一位父亲，有时我感到孤独，感到自己不适应社会。

然而说到底，你们生活的环境、你们的肤色、你们的原籍、你们的经济收入、你们家中的境况，等等，这一切都不能成为你们不用功或不努力的理由。你们没有理由不服从你们的老师，没有理由逃学或辍学，没有理由不付出努力。你们目前的状况并不决定着你们的未来，没有人决定你们的命运。在美国，你们自己决定自己的命运，自己掌握自己的未来。

这就是像你们这样的年轻人每天都在做的事情，全美各地都是如此。

来自得州罗马城的贾兹敏·佩雷斯就是一个例证。她刚开始上学时并不会说英文，她的父母都没有上过大学。然而，她非常勤奋，成绩优秀，获得了布朗大学的奖学金。她如今正在读研究生，攻读公共卫生专业，不久将成为贾兹敏·佩雷斯博士。

我想起了加州洛斯阿尔托斯城的安东尼·舒尔茨。他从三岁开始就一直与脑癌进行抗争，他不得不忍受各类治疗和手术带来的痛苦，其中一项手术曾影响了他的记忆。因此他花在功课上的时间比一般人长得多，要多出数百个小时。然而，他从未落后，他今年秋季将迈进大学。

我还想起家乡伊利诺伊州芝加哥市的尚特尔·史蒂夫。她曾在芝加哥最困难的社区生活，寄养于多个不同的家庭。但她最终在一家地方医疗中心找到工作，并开始了一项帮助年轻人远离流氓团伙的计划。她即将以优异的成绩从中学毕业，紧接着将上大学。

贾兹敏·佩雷特、安东尼·舒尔茨和尚特尔·史蒂夫与你们中间的每个人没什么两样。跟你们一样，他们在生活中面临种种挑战。在某些情况下，他们的处境比你们许多人更差。但他们拒绝放弃。他们决定要为自己的一生、自己的教育负起责任，为自己设定各项奋斗目标。我期待你们大家都会这样做。

但无论你决定做什么，我希望你保证去做。我希望你脚踏实地地去做。我知道有时候你会从电视上得到这样的印象：你不用做任何艰苦的工作就能发财致富并取得成功，唱小调、打篮球或成为真人秀明星是走向成功的捷径。但实际情况是，你可能不会成为其中的一员。事实上，取得成功不是轻而易举的事情。你不会喜欢你学习的每一门功课，你不会与你的每一位老师都很投契。不是所有的家庭作业都与你眼前的生活完全有关。你第一次尝试做某件事的时候，不一定会成功。

这些都没关系。世界上最成功的人士中有一些是遭遇失败最多的人。罗琳所写的系列小说《哈利·波特》第一部在获得出版之前被退稿12次。迈克尔·乔丹曾被他的高中篮球队除名。在迈克尔·乔丹的篮球生涯中，他输过数百场比赛，有成千上万个球没有投中。但他曾说过："在我的一生中，我失败了一次又一次、一次又一次。这就是我成功的原因。"

这些人士之所以获得成功，是因为他们懂得：你不能让失败来限制你，而必须让失败来开导你，你必须让失败向你展示下次如何以不同的方式去做这件事情。因此，如果你遇到麻烦，那并不表示你是麻烦的制造者，而只意味着你需要更加努力地去把它做对。如果你有一门课分数低，那不表示你比别人笨，而只表示你需要花更多的时间学习。即使当你苦苦挣扎、灰心丧气甚至感到其他人对你不抱希望时，也不要对你自己丧失信心，因为当你自暴自弃时，你也抛弃了自己的国家。

书写美国历史的不是在困难时刻退缩的人，而是坚持不懈、加倍努力的人，他们对国家的爱促使他们全力以赴。书写美国历史的是250年前坐在你们的位置上的学生，他们后来进行了独立战争并创建了这个国家。还有75年前坐在你们的位置上的学生，他们走出了大萧条并打赢了一场世界大战；他们为民权而奋斗并把宇航员送上了月球。至于20年前坐在你们的位置上的学生，他们创办了谷歌、叽喳网和脸谱网，改变了我们交流沟通的方式。

而今天，我要问问你们大家，你们将做出什么贡献？你们将解决什么问题？你们将有什么发现？20年、50年或100年后来到这里讲话的总统将会怎样评价你们大家为这个国家所做的一切？

你们的家人、你们的老师和我正在竭尽全力保证让你们接受必要的教育，以便回答上述问题。我正在努力工作，以便你们的教室得到修缮，你们能够得到学习所需的课本、设备和电脑。但你们也必须尽自己的努力。因此，我希望你们大家从今年起认真对待这个问题。我希望你们尽最大努力做好每一件事。我希望你们每个人都有出色的表现。不要让我失望，不要让你们的家人和你们的国家失望。而最重要的是，不要辜负你们自己。

范例观摩

阅读范例2，请思考：

这篇演讲稿有哪些可供借鉴的地方？

范例 2

在身边感受到的美

刘　洋

大家好,很高兴能和同学们在开学第一课的课堂上共同分享在身边感受到的美。

其实我和同学们一样在少年时代对天空有着无限的遐想。但当我执行神州九号任务、真正进入太空的时候,还是被眼前的一切深深地震撼了。到了苍茫的宇宙,你才能真正体会到什么叫做宽广、什么叫做无限。

太空独特的环境,对人的生理和心理都是一种严酷的考验,但同时它又给我们带来了许多独特、奇妙的感受。太空独特的失重环境,让我感觉自己像一条自由自在遨游的鱼,无拘无束。倒立、一阳指、飞檐走壁,这些我们在地面很难做的动作在太空中却能轻而易举地完成。因为没有引力,所有的物体都漂浮着、飞翔着,和地面截然不同,仿佛一切都有了生命、有了趣味。而且太空中没有上下左右之分,即使你的身体倾斜或倒立,也能自如地工作和生活。这一点的感受非常奇妙。

当我们从太空返回地面时,我迫不及待地想从返回舱出来,将自己的双脚尽快地踏在我们祖国的土地上,快活地呼吸一下地球上新鲜的空气,痛快地喝两口甘甜的泉水,还有想要和每一个人握手、拥抱。当时我们的心情十分激动和欣喜,回到家的感觉实在是太好了。

到了太空的这一趟,让我体会到了太空环境的严酷和深邃宇宙的魅力,也更加体会到了地球的可贵。远离了地球我们才能意识到我们对这颗星球是多么的依赖,多么的热爱。我爱这里明媚的阳光,爱这里清新的空气,爱这里纯净的水;我爱这里的江河湖泊,爱这里的高山平原,爱这里生存着的各种各样的物种,更爱这里生活着的人类。

一、知识主体

演讲稿是演讲者在演讲前准备的供演讲使用的文稿,也叫演说辞。它体现着演讲的目的和手段,也体现着演讲的内容和形式。演讲稿是进行演讲的依据,它的好坏直接决定演讲的成功与失败。

(一) 演讲稿的特点

1. 针对性

演讲是一种社会活动,它以思想、感情、事例和理论来打动听众,是一种用于公众场合的宣传形式,因此它必须要有现实的针对性。演讲稿的内容必须针对听众最关心的问题,符合听众的心理和愿望,这样才能起到应有的效果。而且听众有不同的对象和不同的层次,演讲稿要根据不同的场合和对象,为听众设计不同的内容。

2. 可讲性

演讲要诉诸口头,拟稿时必须以“易说能讲”为前提。演讲的本质在于“讲”,而不在于“演”。因此演讲稿的要求是“上口入耳”。所谓上口,就是讲起来通达流利;所谓入耳,就是听起来非常顺畅，没有什么语言障碍，不会发生曲解。因此，演讲稿写成之后，作者最好能通过试讲或默念加以检查，凡是讲不顺口或听不清楚之处，均应修改与调整。一篇好的演讲稿对演讲者来说要可讲，对听讲者来说应好听。

3. 鼓动性

好的演讲自有一种激发听众情绪、赢得好感的鼓动性。这是指演讲者通过自己的情感创造出一种特有的气势，鼓动听众接受自己的观点和主张。这种鼓动性往往能够达到催人泪下、发人深省、感人奋进的效果。因此，我们要求演讲稿应做到：思想内容丰富、深刻，见解精辟，发人深省；语言表达形象、生动，富有感染力。如果演讲稿写得平淡无味，毫无新意，即使在现场“演”得再卖力，效果也不会好，甚至会适得其反。

（二）演讲稿的构成和写法

演讲稿要像议论文一样论点鲜明、逻辑性强、富有特点，但它又不是一般的议论文。它是一种带有宣传性和鼓动性的应用文体。演讲稿的构成，通常分为开头、主体和结尾三个部分，其结构原则与一般文章的结构原则大致相同。

1. 开头

演讲的开头，也叫开场白。它在演讲稿的结构中处于显要的地位，具有特殊的作用。演讲的开场白最不易把握，要想三言两语抓住听众的心，并非易事。如果在演讲的开始听众对你的话就不感兴趣，注意力分散，那后面再精彩的言论也将黯然失色。因此只有匠心独运的开场白，才能以其新颖、奇趣和敏慧之美，给听众留下深刻的印象；才能立即控制场上的气氛，瞬间集中听众的注意力，从而为接下来的演讲顺利地搭梯架桥。下面我们介绍几种常见的开场方式。

开门见山式。开门见山，即用精练的语言直接交代演讲的意图或直接揭示演讲的主题。这种开头方式对演讲内容能起到提纲挈领、画龙点睛的作用，适合于较为正规、庄重的演讲场合，它要求演讲者具有较好的概括能力。如演讲稿《好奇心》的开头：

人类不竭的欲望是推动历史车轮滚滚前进的原动力。欲望来自哪儿？来自人类生而具有的好奇心。它在推动世界进步的同时，也在积蓄着毁灭世界的力量。

引用名言式。名言、格言、谚语等，具有思想深邃和语言优美的特点，拥有广泛的群众基础，对青年人更有吸引力。若能适当地使用名言作为开头，也可以收到好的效果。如演讲稿《叶的事业》的开头：

雨果曾经说过：“世界上最广阔的是海洋，比海洋更广阔的是天空，比天空还要广阔的是人的心灵。”幼儿教师正是儿童心灵的工程师……

提问设问式。提出问题，发人深省，即演讲者一开始就提出一个或几个出乎意料的问题，迅速唤起听众的兴趣和注意力，引起人们深思，从而自然地激发听众的参与意识，缩短与听众的距离，使双方的思想感情得以迅速沟通，进而自然顺畅地引出下文。如演讲稿《爱与责任》的开头：

世上有很多东西，给予他人的同时，自己往往是越来越少，而唯有一样东西却是越给越多。您也许会惊奇地问我：“那是什么呢？”我将毫不迟疑地回答您：“那就是爱！”爱，不是索取，不是等价交换；爱是付出，是自我牺牲。

讲述故事式。讲述故事式即由故事、寓言、笑话等作为演讲的开头。这种开场方式比较生动活泼，能引起听众的兴趣。如演讲稿《爱情与美》的开头：

我不是研究爱情的，为什么会想到要讲这么一个题目呢？我先给大家讲一个故事：北京一家公司的团委书记再三邀请李老师去演讲，并掏出几张纸，上面列着公司所属工厂一批自杀者的名单，其中大多数是因恋爱问题处理不好而走上绝路的。所以，我觉得很有必要与大家谈谈这方面的问题。

设置悬念式。设置悬念能吸引听众的注意力，增强听众的求知欲。如演讲稿《教育与民族振兴》的开头：

世界上有这样一个国家，它曾参与挑起一场罪恶的战争并且惨遭失败。在战后那些凄凉悲惨的日子里，铺天盖地笼罩它的是寂寞和黑夜。那时它每年的人均国民收入只有20美元，它资源贫乏而又人口密集，似乎它的唯一出路只有拿起讨饭碗与打狗棍了。但是这样一个当年被舆论一致加以嘲讽的民族，竟在大洋中的那一小群岛屿上创造了举世瞩目的经济奇迹……日本民族振兴的秘诀在哪里？

诙谐幽默式。以幽默诙谐的语言或事例作为演讲稿的开头，容易引发听众的兴趣，使其很快进入演讲接受者的角色，在轻松愉快中倾听演讲。如演讲稿《像珍惜爱情一样珍惜你的现在》的开头：

说起来很讽刺。当我最终定下来写有关“珍惜”的讲稿时，想上网搜几个相关的名言警句，一个让我有些哭笑不得的事情发生了。我看到，在蹦出来的十个词条里边，有七八个在“珍惜”两个字的后面，紧跟着的是“小学生演讲稿”。看来，我打算要在大学课堂里当作重点来讲的东西是人家小学生早就知道的。

2. 主体

演讲稿在开头后要迅速转入主体，这是演讲的正文和核心部分，也是演讲稿的高潮所在。所谓高潮，即演讲中最精彩、最激动人心的段落。在主体部分的行文上，要层层展开。理论上一步步说服听众，内容上一步步吸引听众，感情上一步步感染听众。精心安排结构层次，环环相扣，水到渠成地将演讲推向高潮。主体部分的展开，一般有以下几种方式。

平衡并列式。即从不同的角度论述文章的中心，而这几个角度之间的关系是并列的。如莫言在获得诺贝尔文学奖时的演讲稿《讲故事的人》：

通过电视或者网络，我想在座的各位，对遥远的高密东北乡，已经有了或多或少的了解。你们也许看到了我的九十岁的老父亲，看到了我的哥哥姐姐、我的妻子女儿和我的一岁零四个月的外孙女。但有一个我此刻最想念的人，我的母亲，你们永远无法看到了。我获奖后，很多人分享了我的光荣，但我的母亲却无法分享了。

……

我记忆中最早的一件事，是提着家里唯一的一个热水瓶去公共食堂打开水。因为饥饿无力，失手将热水瓶打碎，我吓得要命，钻进草垛，一天没敢出来。傍晚的时候，我听到母亲呼唤我的乳名。我从草垛里钻出来，以为会受到打骂，但母亲没有打我也没有骂我，只是抚摸着我的头，口中发出长长的叹息。

我记忆中最痛苦的一件事，就是跟随母亲去集体的地里捡麦穗。看守麦田的人来了，捡麦穗的人纷纷逃跑。我母亲是小脚，跑不快，结果被捉住。那个身材高大的看守人搧了她一个耳光。她摇晃着身体跌倒在地。看守人没收了我们捡到的麦穗，吹着口哨扬长而去。我母亲嘴角流血，坐在地上，脸上那种绝望的神情让我终生难忘。多年之后，当那个看守麦田的人成为一个白发苍苍的老人，在集市上与我相逢，我冲上去想找他报仇。母亲拉住了我，平静地对我说："儿子，那个打我的人，跟这个老人，并不是一个人。"

我记得最深刻的一件事，是一个中秋节的中午，我们家难得地包了一顿饺子，每人只有一碗。正当我们吃饺子时，一个乞讨的老人，来到了我们家门口。我端起半碗红薯干打发他，他却愤愤不平地说："我是一个老人，你们吃饺子，却让我吃红薯干，你们的心是怎么长的?"我气急败坏地说："我们一年也吃不了几次饺子，一人一小碗，连半饱都吃不了！给你红薯干就不错了，你要就要，不要就滚！"母亲训斥了我，然后端起她那半碗饺子，倒进老人碗里。

我最后悔的一件事，就是跟着母亲去卖白菜，有意无意地多算了一位买白菜的老人一毛钱。算完钱我就去了学校，当我放学回家时，看到很少流泪的母亲泪流满面。母亲并没有骂我，只是轻轻地说："儿子，你让娘丢脸了。"

……

层层深入式。演讲时观点要明确，论述要层层推进、由浅入深，重点一般放在后半部分。如白岩松在耶鲁大学的演讲稿《我的故事以及背后的中国梦》：

过去的二十年，中国一直在跟美国的三任总统打交道，但是今天到了耶鲁我才知道，其实它只跟一所学校打交道。但是透过这三位总统我也明白了，耶鲁大学的毕业生的水准也并不很平均。……

1978年的12月16号，中国与美国正式建交，那是一个大事件。而在中美建交两天之后，12月18号，中国的十一届三中全会召开了，那是中国改革开放三十一年的开始。……

1988年，那一年我二十岁。这个时候我已经从边疆的小城市来到了北京，成为一个大学生。虽然我们今天在中国依然有很多人在抨击中国的高考制度，认为它有很多很多的缺陷，但是必须承认正是高考的存在，让我们这样一个又一个非常普通的孩子，拥有了改变命运的机会。……

1998年，那一年我三十岁。我已经成为中央电视台的一个新闻节目主持人。更重要的是，我已经成为一个一岁孩子的父亲。那一年在中美之间发生了一个非常重要的事件，主角就是克林顿。……

2008年，那一年我四十岁。很多年大家不再谈论的"我有一个梦想"这句话，在这一年我听到太多的美国人在讲。看样子奥巴马的确不想再接受耶鲁占领美国二十年这样的事实了。……

正是在这样的四十年的时间里头，我从一个根本不可能有梦想的、一个遥远边疆的一个小城市里的孩子，变成了一个可以在全人类欢聚的大节日里头分享以及传播这种快乐的新闻人。这是一个在中国发生的故事。……

正反对比式。演讲时论点之间、材料之间的关系是对立的，让听众正反对照，认清演讲观点的正确性。如温家宝在剑桥大学的演讲稿《用发展的眼光看中国》：

今天外边下着大雪，天气严寒，但是我的心是热的。我早已盼望在剑桥同老师、同学们见面，互相交流。现在正是金融危机的严冬季节，但是我看到年轻人，仿佛看到了春天，看到了光明和未来。因为我坚信，知识的力量、年轻人的勇气，可以改变人的命运、国家的命运、整个世界的命运。一篇好的演讲应该是不加修饰的。用心说话，讲真话，这就是演讲的实质。我希望我的演讲能够给老师、同学们以思想上的启迪。如果你们能够记住其中一两句话，那我也就满足了。

我深深爱着的祖国，她古老而又年轻。

说她古老，她是一个有着数千年文明史的东方大国。中华民族以自己的勤劳和智慧，创造了灿烂的古代文明，对人类发展做出了重大的贡献。

说她年轻，新中国成立才 60 年，改革开放才 30 年。中国人民经过长期不懈的斗争建立了新中国，又经过艰苦的探索，终于找到了适合国情的发展道路——中国特色社会主义道路。文明古国焕发出了青春活力。

……

我深深爱着的祖国，她历经磨难而又自强不息。

我年轻时曾长期工作在中国的西北地区。在那浩瀚的沙漠中，生长着一种稀有的树种，叫胡杨。它扎根地下 50 多米，抗干旱、斗风沙、耐盐碱，生命力极其顽强。它“生而一千年不死，死而一千年不倒，倒而一千年不朽”，世人称为英雄树。我非常喜欢胡杨，它是中华民族坚忍不拔精神的象征。

千百年来，中华民族一次次战胜了天灾人祸，渡过了急流险滩，昂首挺胸地走到今天。深重的灾难，铸就了她百折不挠、自强不息的品格。中华民族的历史证明了一个真理：一个民族在灾难中失去的，必将从民族的进步中得到补偿。

……

我深深爱着的祖国，她珍视传统而又开放兼容。

中华传统文化底蕴深厚、博大精深。“和”在中国古代历史上被奉为最高价值，是中华文化的精髓。中国古老的经典——《尚书》就提出“百姓昭明，协和万邦”的理想，主张人民和睦相处，国家友好往来。

进入 21 世纪，经济全球化、信息网络化，已经把世界连成一体。文化的发展将不再是各自封闭的，而是在相互影响中多元共存。一个国家、一个民族对人类文化贡献的大小，越来越取决于她吸收外来文化的能力和自我更新的能力。中国将永远坚持开放兼容的方针，既珍视传统，又博采众长，用文明的方式、和谐的方式实现经济繁荣和社会进步。

……

另外，演讲稿的主体部分的写作，简单地罗列材料是不够的，需要巧妙地借助多样的表达方式。修辞技巧要灵活运用，要有张有弛，有起有伏，或旁征博引，或引经据典，或就事论事，给听众以新鲜感，这样才能更好地引起听众的兴趣。

3. 结尾

好的结尾能揭示题旨、深化认知，给听众留下完整深刻的印象；能收拢全篇，使通篇浑然一体；能鼓动热情，促人深思，令人觉醒，让听众在反复回味中受到教育和启发。所以，演讲者不仅要熟练地掌握演讲结尾的艺术技巧，而且要善于设计，安排出既符合内容要求又符合演讲情境的新颖、精彩的结尾。只有这样才能使自己的演讲取得全面成功。

演讲结尾的类型和方法多种多样，不拘一格。演讲者可根据演讲的具体时间、地点、主题、听众及自己的个性等因素，选择适合自己结束演讲的方法，使之有效地为演讲的思想和目的服务。下面介绍几种常见的结尾方式。

总结式，以总结归纳的方式结尾。这种结尾用极其精练的语言，对演讲内容和思想观点进行高度概括性的总结，以起到突出中心、强化主题、首尾呼应、画龙点睛的作用。如演讲稿《不要轻易说“不”》的结尾：

当我们快要走完人生路时，回首这一生，特别是那些困难和失败，会觉得：或许正是由于这些，丰富了我们的人生；战胜、克服了它们，才让我们的人生更加完美无瑕。

抒情式，以抒情怀、发感慨的方式结尾。演讲本身是一种思想和激情的燃烧，用抒情怀、发感慨的诗情画意的语言结尾，最易激起听众心中感情的浪花。如演讲稿《奉献之歌》的结尾：

啊！奉献，这支朴实的歌，这支壮烈的歌，这支深远的歌，这支永远属于母亲——我们的祖国的歌，让我们每一个中华儿女都来唱这支歌吧！

希望式，用提希望或发号召的方式结尾。这种结尾是演讲者以慷慨激昂、扣人心弦的语言，对听众的理智和情感进行呼唤，或提出希望，或发出号召，或展望未来，以激起听众感情的波涛，使听众产生一种蓬勃向上的力量。如演讲稿《坚守心中的道德律》的结尾：

“不论是黄昏，还是晨曦初露，茉莉花，总是洁白的”，正如希腊诗人乔治·赛福斯的这首小诗所说，我们青少年要想有所成就，就一定要坚守住自己的洁白，坚守住自己的芳香，坚守住自己心中的道德律！

余味式，以留余味、泛余波的方式结尾。这种结尾语尽而意不尽，意留在语外，像撞钟一样，余音袅袅。余味式结尾好像秋天瑰丽的晚霞一样，收得俊美漂亮，并且伴有“渔舟唱晚”的娓娓之声，让听众流连忘返，久久回味。如演讲稿《人生的价值何在》的结尾：

我们的雷锋，在他短暂、平凡的人生中，创造出了巨大的人生价值，给我们留下了无与伦比的精神财富。那么，亲爱的朋友们，在漫长而又短暂的人生之路上，我们将做些什么，创造些什么，留下些什么呢？

（三）演讲稿写作的基本要求

演讲是演讲者在特定的公众场合中，面对广大听众，运用有声语言和态势语言等多种艺术手段，发表个人见解、阐明道理、感召听众的语言实践活动。演讲适用于多种场合，不论是在政治集会上、学术会议上，还是在庆贺、凭吊、迎来送往的活动中，都可以进行演讲。那么，成功的演讲对演讲者有哪些基本要求呢？

1. 内容正确，道理深刻

内容是演讲的生命。新颖、正确的演讲内容是演讲成功的前提，而宣扬错误或反动内容的演讲，是为社会所不容的。其次，演讲是靠深刻的哲理说服人、征服人的，深刻的道理是演讲艺术的灵魂。如演讲稿《时间篇》：

我在思考时间，时间在我的思考里是这样三个形象：

时间——伟大的创造者。

整个宇宙自然、人类社会的编年史，都是以时间为序列的，在时间这个伟大的创造者手中，人类产生了，社会出现了，历史构筑了。

时间——严峻的裁判者。

有什么比时间这个法官更公正呢？任何一个人都是它的臣民，它对每一个人都无例外地做出审判和裁决：谁是历史的功臣，谁是社会的罪人？谁是英雄，谁是奸佞？谁是强者，谁是懦夫？谁应坐在历史荣誉席上，谁应被钉在历史羞辱柱上？总之，真、善、美，假、恶、丑，崇高与渺小，一一判定，毫不含糊。

时间——无情的盗窃者。

世界上有形形色色、大大小小的盗窃者，但作为盗窃者，时间是最为冷酷的。几乎所有的盗窃者，只是盗窃人的物质，而时间这个盗窃者的职业是特殊的，它专门盗窃人的生命！

2. 感情充沛，朴实真诚

真情实感是演讲成功的条件，是激发听众审美体验的内在根据。“感人心者莫先乎情”、“情不通，则理不达”都说明这个道理。成功的演讲都能做到情理兼备，以情感人，以理服人。如一位残疾青年的演讲：

虽然我不能做运动场上龙腾虎跃的闯将，也不能当风度翩翩的外交家，但我也是个血气方刚、风华正茂的青年，我还有健康的头脑、勤劳的双手，我也要毫不犹豫地投入到改革的洪流中去，在雷和电、风和雨的洗礼中，为振兴中华发出光和热，奉献出微薄的力量。

3. 语言优美，表达生动

语言是思想感情的载体。演讲要表达真挚的感情，讲述新颖的事例，阐明深刻的道理，就必须要有优美的语言。演讲者的语言应当准确、规范、流畅、自然。演讲中要注意吐字清楚，声音洪亮；注意语调抑扬顿挫，重音、停顿准确；注意语速适当，节奏鲜明。还要注意运用正确的态势语言，以增强演讲的感染力，给听众更加美好的视觉印象。如演讲稿《在这张严肃的考卷面前》：

同学们，祖国荒原在呼唤着春风，废墟在盼望着复生，机器在企求着原油，禾苗在渴望着雨露。母亲正热切期待着自己的儿女去改变贫穷的面貌啊！我们快到至今还沉睡在愚昧中的深山去，到“被爱遗忘的角落”去，到渴求人才的农村和边疆去，到祖国需要我们的地方去！祖国哪一片土地不是我们大显身手的战场？我们沸腾的热血要融化昆仑山巅的冰雪，我们动人的歌声要化作葛洲坝水电站轮机的欢唱，我们火红的青春要催动海兰江畔的伽倻琴弦，我们宏伟的理想要插上飞翔的翅膀！

二、写作实训

1. 阅读下面短文，思考一下：这篇演讲稿的开头有什么可取之处？

信念是巍巍大厦的栋梁，没有它，就只有一堆散乱的砖瓦；信念是滔滔大江的河床，没有它，就只有一片泛滥的波浪；信念是熊熊烈火的引星，没有它，就只有一根冰冷的柴禾；信念是远洋巨轮的主机，没有它，就只剩下瘫痪的巨架。

2. 阅读下面短文，思考一下：这篇演讲稿的结尾是否可取？

同学们，现如今摆在我们面前的只有两条路：一条是终日玩电子游戏，虚度光阴；一条是暂时舍弃电子游戏，努力学习。

3. 俗话说，到什么山上唱什么歌。演讲也是如此。演讲，因情境不同而各有不同，情境制约着演讲的内容、方式以及技巧的运用。下面提供几种不同的情境，请在不同的情境中练习演讲技能，提高演讲水平。

(1) 新的学期，为了锻炼学生的管理能力，给全班同学一次充分展示自我、显示才华的机会，班主任决定在全班开展一次班干部竞选活动。请你结合自己的实际情况，选择一个适合自己的职位进行竞选演讲。

(2) 有人说，十六岁是生命之花绽放的季节。她美丽，充满梦想；她灿烂，充满活力；她有困惑，但从不放弃；她有迷茫，但决不后退。请你以"花季宣言"为话题给新同学做一次演讲。

(3) 生活中，我们被爱包围着，父亲的呵护、母亲的叮咛、朋友的关心、老师的关怀——这一切都是爱。然而，这些爱又常常被我们忽略。在生活中我们要有一颗感激的心，这样，才会感受更多的爱、体会更深的爱。请以"学会感激"为话题，组织一次演讲比赛。

活动方案

活动方案是指机关、团体或企事业单位为完成某项任务、实现某项目标所写的书面计划和行动方案。它对活动的每个步骤进行详细分析和研究，以确保活动顺利完成，是应用于各类活动的一种实用文体。

阅读范例1，请思考：

活动方案与计划和总结有什么不同？

写作活动方案时应注意哪些问题？

范例1

植树节活动方案

一、活动名称：植树节许愿活动。

二、活动主题：绿色心愿，用心呵护，让心愿和种子一起成长。

三、活动目的：

1. 美化环境，保护生态环境。

2. 宣传环保知识，提高大学生的环保意识。

3. 为校园增添绿色，让生活更加美丽。

四、活动时间：3月12日(可以顺延)。

五、活动地点：鲁东大学。

六、活动对象：全体学生。

七、活动内容：

1. 以植树节为契机，号召在植树节这天种下一粒种子。同时许下自己的心愿，把心愿写在小卡片上插在盆里。还可以在花盆里埋下自己的时间锦囊，然后每天呵护种子发芽成长，让自己的愿望和种子一起成长。

2. 植树节这天所有参与者手捧种有自己的种子和心愿的花盆组成心形图案，同时进行诗歌朗诵，朗诵结束后摄影留念。发动同学们在环保协议上签名。

八、活动安排：

1. 与商家取得联系，争取赞助经费。

2. 制作看板介绍有关植树节的知识，普及环保知识，并宣传此次活动。

3. 在餐厅门口发放宣传单。

4. 到大一各班进行宣传，现场征集参与者，征集赞助经费。

5. 统计参与人数及资金。

6. 购买种子和花盆，制作环保倡议横幅，邀请电台或信息部进行报导。

7. 到活动现场集合参与者，布置现场。

8. 组织所有参与者手捧种有自己的种子和心愿的花盆组成心形图案。

9. 发动同学们在环保协议上签名。

10. 摄影留念。

九、人员配置及分工：

1. 外联部负责联系花卉市场，争取赞助。

2. 宣传部负责发放宣传单。

3. 编辑部负责制作海报。

4. 组织部负责订制横幅、组织参与者组成心形图案以及维持秩序。

5. 其他人员负责诗歌朗诵。

十、活动注意事项：

1. 购买种子、花盆等费用由参与者支付。

2. 注意宣传力度以及现场控制。

十一、活动预算：

1. 宣传看板 2 个。

2. 宣传横幅 2 条。

3. 宣传单 300 份。

阅读范例 2，请思考：

这篇活动方案有哪些可供借鉴的地方？

范例 2

大学生寝室文化活动方案

一、活动背景

当我们成为大学生的那一刻，我们的学习及生活方式就发生了巨大的改变。我们不再整天埋头苦读于沉闷的教室，寝室随之成为我们大学生活的最基本组成单位。因此，丰富我们的大学生活，营造互助互爱、积极愉悦、学习气氛浓厚的寝室环境，对我校学风的完善、文化的深化和精神的传承显得尤为重要。

二、活动目的

寝室文化包含着深刻的内涵，有着丰富的活动内容和多样的活动形式，对学生的思想修养、文化修养、综合能力等各方面有着积极的影响。

通过本次活动的开展，希望能够使同学们增进了解、深化友谊。同时，由于各学院在其专业方面各有特殊优势，希望可以使同学们在比赛的过程中一方面展示自己的才华，另一方面进行学习上的交流，起到互相激励的作用，达到共同进步的目的。

三、活动时间

初赛:3 月 25 日～26 日。

决赛:4 月 8 日晚 18:20(18:30 开始)。

四、活动地点

国际交流中心学术报告厅。

五、活动内容

1. 寝室文化艺术节征文大赛

(1) 征文主题:我的寝室情结。

(2) 征文要求

① 体现丰富多彩的大学生寝室文化生活，反映寝室成员之间团结互助的友情，记述身边的乐事、趣事等，展现我校学生积极向上的精神风貌。

② 语言流畅，内容充实，文字精练，有真情实感。

③ 题目不限，题材不限，字数在 3000 字以内。

④ 请在篇尾注明作者的姓名、性别、年龄、班级和寝室。

⑤ 截止日期:3 月 26 日。

(3) 活动奖励

我们将评选出 1 个一等奖、2 个二等奖、3 个三等奖和 5～10 个优秀奖。

2. 寝室文化艺术节书画、摄影展

(1) 活动主题:寝室映像

(2) 活动内容

① 参赛作品形式为照片、书法、绘画等，题材不限。

② 照片或书画皆应反映我校学生积极向上的精神风貌，生动体现寝室同学的日常生活和学习状况，富有新意。

③ 作品请注明作者的姓名、性别、年龄、班级和寝室。

④ 截止日期:3 月 26 日。

(3) 活动奖励

我们将评选出 1 个一等奖、2 个二等奖和 3 个三等奖。

3. 寝室文化大赛

(1) 活动要求

本次活动的主要对象是2012级、2013级的同学。2011级可自由报名参加，以“参赛组”为基本单位。2012级每班至少4个寝室参加，可以选择“联谊寝室”的形式共同参加，但必须保证至少是2个参赛组。2013级每班至少2个寝室参加。每个寝室，无论是否参赛，都要写一张寝室寄语。此次活动要求各寝室能够展示本寝室团结友爱的氛围，并能代表本学院的特色。

(2) 活动流程

初赛：

① 用PPT、DV、DC等形式，由寝室成员介绍室友，分享寝室的融洽氛围。

② 才艺展示：各寝室可以通过乐器演奏、唱歌、话剧、小品剧等多种形式，展示寝室的活力。通过初赛即可进入决赛。

决赛：

邀请部分老师、学生代表做评委。

① 3～5分钟，开场式。寝室成员合唱一首歌，以体现团结、友爱的精神风貌。

② 5～6分钟，我寝我爱。由各寝室介绍自己的成员。然后用PPT、DV、DC等形式，展示大家平时的寝室生活。

③ 10～15分钟，我寝我秀。寝室成员展示自己的才艺。

④ 10～15分钟，我寝我创。由女生部的人员展示各寝室设计的“废物新用”的作品，并由各寝室选出代表进行讲解。如该环节有问题不能照常进行，可邀请校园十大歌手或炫舞大赛获奖选手进行客串表演。

⑤ 10分钟，互动环节。A. 由台下的同学点寝室表演节目(被点到的寝室可以和台下某位同学合演，也可以本寝室的成员集体表演，更可以和其他寝室的成员合演)。B. 即兴表演节目或进行知识问答，随后赠予小礼品。

⑥ 10～15分钟，评委点评，并公布“最具才识寝室”、“最具个性寝室”、“最具默契寝室”和“最具魅力寝室”。其中“最具魅力寝室”可以在本学期末直接晋级为“优秀寝室”。

⑦ 获奖寝室上台领奖。

(3) 活动说明

初赛由各学院宿管部筛选最佳男、女生寝室各一个。复赛由校区宿管部负责。每个入选的寝室可获得院级荣誉。

六、报名方式

在各班统计报名的寝室，由班长、团支书汇总，再将名单转交给院宿管部；之后，选取优秀者。

一、知识主体

“凡事预则立，不预则废”，一份好的活动方案，具有计划性、前瞻性、创意性、综合性等特征，能保证活动有计划、有组织地实施并安全运行。因此，学习制定一份优秀的活动方案是很有必要的。

（一）活动方案的构成

1. 标题

标题即活动方案的具体名称，一般在页面上左右居中，如：

2015 年元旦晚会活动方案

也可以有正标题和副标题，如：

舞出我的青春

——大学生舞蹈比赛活动方案

2. 活动的目的及意义

活动的目的及意义是活动方案中必不可少的。你为什么要办这个活动，这个活动为什么可以举办，你拿什么来吸引参与者，都应该在活动的目的及意义中显示出来。活动的目的要具体化，并需要满足重要性、可行性、时效性等。活动的意义应该用简洁明了的语言表述清楚。如《九九重阳节敬老院献爱心活动方案》的目的及意义：

为弘扬中华民族尊老敬老的传统美德，加强对学生的思想品德教育，培养学生的社会责任感和尊敬老人的优秀品质，使同学们的社会实践能力得到提高，值此重阳节之际，特举办"九九重阳节敬老院献爱心活动"，去敬老院给老人们带去祝福，让老人们体会到幸福。

3. 活动时间

活动时间的安排，要精确到具体的时间段；对周期较长的活动，要根据活动的具体内容，分阶段安排活动时间。在活动方案中，一般有日程安排这一项，用来细化活动的时间安排。如《中秋节超市促销活动方案》的活动时间安排：

第一阶段：备货宣传期，2013 年 9 月 8 日～9 月 14 日。

第二阶段：火爆促销期，2013 年 9 月 15 日～9 月 21 日。

4. 活动内容

活动内容是活动方案的正文部分，包括活动针对的对象、活动的范围、组织和参与活动的人员以及活动中任务的分配。表述要力求详尽、简洁、明了，使人容易理解。活动的各工作项目应按照时间的先后顺序排列，这样有助于活动的有序开展。

5. 活动经费预算

在根据实际情况进行周密的计算后，活动的各项费用须清晰明了地列出。如《学校 2014 年迎新活动方案》的经费预算：

人员餐饮费用：学校赞助 10 元/人/天。10 元×50 人×2 天＝1000 元。

企业赞助 40 元/人/天。40 元×50 人×2 天＝4000 元。

备用资金：学校赞助 200 元，某企业赞助 500 元。总计 5700 元。

（二）活动方案的写作过程

1. 前期准备

(1) 了解活动的背景，明确活动的目的及意义。

(2) 确定活动的可行性。了解活动参与者的意向，以此来确定活动的方式。而且要了解近期的其他活动，以便协调安排，保障活动的顺利进行。

(3) 确定活动的四要素：时间、地点、人物、事件。

(4) 确定活动的流程，包括活动展开的方式、人员的分工、活动的要求，等等。

(5) 确定活动的预算。

2. 写作流程

(1) 撰写标题。

(2) 撰写活动的目的及意义。

(3) 撰写活动内容。包含活动的具体流程、活动人员的详细分工、活动时间推进表、活动的总体要求等。

(4) 活动预算。周密调查市场价格，确定每一项开支的数目及其支付方式等。

(5) 检查修改。反复阅读，考虑细节，避免语病和口语化，确保言简意赅、逻辑严谨。

3. 后备方案

内外环境的变化，不可避免地会给活动方案的执行带来一些不确定性因素，因此，制定后备方案是很有必要的。

(1) 应急措施。周密考虑活动中可能发生的突发事件，并拿出后备方案。虽然突发事件的发生具有相当的不确定性，但还是要事先对所有能够考虑到的情况有所准备。

(2) 后继活动。要有这样一个思维，即活动并不一定只办单独的一个，也可以是一系列连续性的活动。

(三) 活动方案写作的基本要求

1. 主题明确，内容具体
2. 详略得当，逻辑分明
3. 突出特色，组织周密
4. 注重操作，规模适宜

二、写作实训

1. 设想我们班准备开展一个庆祝元旦的班级活动，请你策划一个活动方案。

2. 设想你毕业时，学校准备举办一个毕业典礼，要你负责起草一份活动方案，你该怎么写？

3. 设想你工作之后，老同学准备举办一个聚会活动，你作为主办人员需要起草一份活动方案，该怎样写？

阅读范例3，请思考：

撰写这类活动方案要注意哪些方面的问题？

范例3

推广普通话宣传周活动方案

一年一度的推广普通话宣传周(以下简称“推普周”)即将来临,为了进一步增强全校师生的语言规范意识和推广普通话(以下简称“推普”)的参与意识,推动全校语言文字工作向纵深发展,特制定活动方案如下。

一、指导思想

本届推普周的指导思想是:以科学发展观为指导,以营造与和谐社会相适应的和谐语言环境为目标,全面、深入地宣传国家语言文字法规政策,积极引导师生树立科学的语言观,进而促进普通话在全社会的推广普及进程,为校园文化建设营造良好的语言环境。

二、活动时间

2013年9月11日～9月17日。

三、活动主题

推广普通话,共筑中国梦。

四、活动内容

1. 在校园内悬挂醒目的推普周宣传标语,创设良好的语言文字环境,营造浓厚的校园文化氛围,进一步渲染推普气氛,扩大推普宣传的影响。

2. 利用校园广播组织师生学习《中华人民共和国国家通用语言文字法》。

3. 利用校园广播向全校师生发出推普周活动倡议,介绍推广普通话和使用规范字的意义,明确本届推普周的时间、主题,同时把学校的推普方案贯彻到全体师生中去。

4. 开展教师硬笔书法比赛,督促教师规范用字,发挥教师的示范作用。将推普周活动纳入学校的教育、教学之中,要求教师授课用普通话、板书用规范字,并引导学生在校园中说普通话,在作业、答卷中用规范字。

5. 利用星期一的升旗仪式对全体师生做推普工作的动员。

6. 举行一次全校学生写规范字的写字比赛,每班评比书写最漂亮的作品并以板报的形式进行展示。

7. 各班开展形式多样的推普活动。

(1) 每班挂一幅推普标语。

(2) 举办一次推普知识竞赛或经典诵读活动。

(3) 办一期推普板报或手抄报。进行“推广普通话,共筑中国梦”设计比赛,学校进行专项评比,激发学生学习和讲好普通话的积极性。

(4) 召开一次推普主题班会。利用周一下午的班会时间,学校以班级为单位举行“推广普通话,共筑中国梦”主题班会活动。

(5) 组织一次推普社会宣传活动。开展“我给父母当老师”活动,发动学生运用在学校所学的知识纠正家庭对话中存在的方言及不规范用语等现象。

8. 在校园内开展纠错活动,对黑板报、手抄报、学习园地、作业等进行检查,发现不规范用字马上予以纠正。对校外的墙面广告文字进行检查,纠正其中的错误之处。

五、组织机构

为更好地落实推普工作，学校成立推广普通话领导小组。组长：校长；副组长：教学副校长；组员：各班班主任。

每位师生都应当从我做起，树立语言文字规范化的意识，树立“讲好普通话，做文明人”的形象，在推广普通话和学习普通话中，起到积极的带头示范作用，从而不断提高自己的语言素质和人文素质，有力促进校园精神文明建设。

六、活动要求

1. 学校有醒目的推普宣传标语。每个班都有推普标语，黑板报上有推普内容。

2. 设立校园广播宣传站，用校园广播组织师生学习《中华人民共和国国家通用语言文字法》，倡导学生讲普通话。

3. 要求教师利用课堂主渠道，养成说普通话、用规范语言的习惯。以身作则，做学生说普通话的楷模。

4. 利用唱歌、朗诵、演讲、儿歌、绕口令等形式巩固使用普通话。

名著导读

三国演义
巴黎圣母院

三国演义

罗贯中

背景介绍

《三国演义》是中国第一部长篇章回体历史演义小说，中国古典四大名著之一，全名《三国志通俗演义》。作者罗贯中，名本，字贯中，号湖海散人，生于元末明初，籍贯山西太原府，又有山西省祁县、钱塘（今浙江杭州）或庐陵（今江西吉安）之说。

文学史上，历史演义是一个重要的小说门类，作品几乎覆盖了中国古代史的各个重要阶段，《三国演义》是其中杰出的代表。三国题材的作品之所以备受欢迎，是因为"当时多英雄，武通智术，瑰伟动人，而事状无楚汉之简，又无春秋列国之繁，故有益于讲说。"（鲁迅《中国小说史略》）

（明）商喜　关羽擒将图

三国时期英雄豪杰的传奇经历和那个动荡不安的时代，很早以前就引起了人们的关注，既有《三国志》的完整记载，更有民间的广泛传播，民间艺人不断以此为表现题材。宋代的讲史平话中，就有专门讲述魏、蜀、吴三分天下的类别；元代的《三国志平话》已经初步具备了《三国演义》的基本轮廓；与此同时，三国故事在宋元以来的戏曲舞台上也常演不衰。罗贯中正是在《三国志》等史书的基础上，借鉴和吸收历代小说、戏曲的创作经验，并运用独特的艺术手法，将一段时间漫长、人物众多、头绪复杂、情节曲折的历史，熔铸成一部雅俗共赏的小说。

《三国演义》讲述了从东汉灵帝建宁二年（公元169年）起到西晋武帝太康元年（公元280年）全国统一为止前后一百余年的历史故事。作者围绕以刘备为代表的蜀国、曹操为代表的魏国和孙权为代表的吴国，展开了三方角逐的宏大场面，表现了对建立一个仁德爱民、统一强大的政权的向往。《三国演义》继承了晚唐以来的三国故事直到元代《三国志平话》一贯的文学传统，具有"拥刘反曹"的倾向。这一思想的历史根源在于为东晋、南宋偏安的汉族王朝争正统，现实依据在于元明之际汉族人民的民族意识。其实质在于拥美德、反暴政。

《三国演义》的版本很多，现存最早的版本是刊行于明代嘉靖元年（公元1522年）的

《三国志通俗演义》，最流行的版本是清初经毛纶、毛宗岗父子整理和评点过的《三国演义》。

名著导读

《三国演义》以时间为顺序，以描写战争为主，交错叙述魏、蜀、吴三国形成的历史，反映了蜀（汉）、魏、吴三个政治集团之间的政治和军事斗争。全书故事大致分为黄巾之乱、董卓之乱、群雄逐鹿、三国鼎立、三国归晋五大部分。其中，桃园三结义、温酒斩华雄、青梅煮酒论英雄、过五关斩六将、古城会、三顾茅庐、隆中对、舌战群儒、蒋干中计、草船借箭、曹操赋诗、借东风、三气周瑜、败走麦城、七擒孟获、六出祁山、失街亭、空城计、斩马谡等是最为精彩的片断。

《三国演义》的艺术成就是多方面的。

首先，作为最早的长篇小说，《三国演义》在塑造英雄形象方面的成功经验非常值得称道。小说写了一千多人，有名有姓的人物就有几百个，其中最突出的人物形象是向来被人们称赞的“三绝”，即曹操的“奸绝”——奸诈过人，关羽的“义绝”——义重如山，孔明的“智绝”——机智过人。罗贯中善于抓住人物基本的性格特征，通过不断的渲染、强调、夸张、对比和衬托，使人物形象异常鲜明生动。例如，关羽重义尚勇的性格在作品中就得到了不断的强化。“屯土山约三事”将一个处于逆境中的英雄，塑造得大义凛然；曹操费尽心机的笼络，一次次渲染出关羽威武不能屈、富贵不能淫的高尚气节；“过五关、斩六将”更将他排除万难、矢志于义的信念表现得淋漓尽致。诸葛亮是小说中的中心人物，他仿佛一直左右着时局的演变。他出山，意味着三分天下的局面拉开了序幕；他去世，意味着三国局面的瓦解。作品中诸葛亮被赋予了超人的智慧，他对“天下大势”了如指掌，深谙“谋事在人，成事在天”的道理，却为刘备“三顾茅庐”的真诚所打动，毅然投入到了“复兴汉室”的事业中，知其不可为而为之，构成了《三国演义》最为悲壮的故事情节。“秋风五丈原”：“孔明强支病体，令左右扶上小车，出寨遍观各营，自觉秋风吹面，彻骨生寒。乃长叹曰：‘再不能临阵讨贼矣！悠悠苍天，曷此其极！’”杜甫后来感叹道：“出师未捷身先死，长使英雄泪满襟。”（《蜀相》）

其次，《三国演义》长于描述战争。全书共写了大小战争数十次，展现了一幕幕惊心动魄的战争场面。其中尤以官渡之战、赤壁之战和夷陵之战（又称彝陵之战）最为出色。对于决定三国兴亡的几次关键性的大战役，作者总是着力描写，并以人物为中心，写出战争的各个方面，如双方的战略战术、力量对比、地位转化，等等，写得丰富多彩，千变万化，各具特色，充分体现了战争的复杂性和多样性；既写出了战争的激烈、紧张、惊险，而又不显得凄惨。有的还表现得从容不迫，动中有静，有张有弛。尤其难能可贵的是，作者还能在尊重基本史实的前提下，表露鲜明的倾向。例如当阳之战，刘备遭到惨败，丢妻撂子，三千军马只剩百余骑。作者没有回避这一事实，却从不同的角度为刘备的失败作解释。小说描写刘备宁肯逃亡，也“不忍乘乱夺同宗之基业”，没有把荆州作为安身之地，又不忍抛弃追随他的百姓，这就从道义上为刘备的失败争得了读者的同情。作者还别具匠心地把关羽、诸葛亮这两个关键人物安排到外地，既使他们免受战败之辱，也暗示了刘备失败与此有关。同时，作者又极力描写刘备集团在大败中的小胜，突出了“赵子龙单骑救主”和“张翼德大闹长坂坡”两个精彩片断，给人以刘备集团虽败犹荣的印象。

作为最早的长篇章回体小说，《三国演义》在艺术上的创造性也值得称赞。小说语言浅近，简洁明快，雅俗共赏，同时又具有历史感。而它的结构则既宏伟壮阔，又不失严密精巧。小说时间跨度有一百多年，人物形象有数百个，事件头绪纷繁复杂，在此之前，从无先例。罗贯中以刘备集团为中心，以三国的矛盾斗争为主线，精心组织故事情节，笔法千变万化，叙述有条不紊。各章回既能独立成篇，又能联合构成一个情节单元，并勾连全书成为一个完整的艺术整体。这种主次分明、脉络清晰、曲折多变、前后连贯的小说形式，为后来的历史演义提供了宝贵的经验。

名著探究

1. 鲁迅在《中国小说史略》中，曾这样评价《三国演义》中的人物：“刘备之德近乎伪，孔明之智近乎妖”，对此你怎么看？

2.《三国演义》写了大大小小数十次战役，你觉得哪一次最精彩？为什么？

3. 作为《三国演义》的核心价值观，“忠”和“义”主要体现在哪些方面？在现代社会中，这样的信条是否还有存在的价值？谈谈你的看法。

巴黎圣母院

[法]维克多·雨果

背景介绍

《巴黎圣母院》是一部感人至深、形象鲜明、色彩绚丽的浪漫主义小说。自它问世以来，一直深受世界各国广大读者的喜爱，被奉为浪漫主义文学的经典。它所蕴含的巨大价值是世界文学史上一笔不可或缺的精神遗产。

《巴黎圣母院》的作者是19世纪法国文坛的领袖人物维克多·雨果(以下简称“雨果”)。雨果1802年2月26日出生于法国贝尚松。他的一生曲折复杂，度过了19世纪六分之五的时间。他曾经经历了法兰西第一帝国的灭亡和波旁王朝的复辟、七月王朝和二月革命、拿破仑三世的政变和第二帝国的覆灭，以及普法战争和巴黎公社革命等19世纪法国历史上几乎所有的重大事件，直到第三共和国时期。在政治和思想上，雨果曾经摇摆不定，不过这并未对他文学天才的发挥造成损害。在50余年的创作生涯中，他始终精力旺盛，激情勃发，以如椽的大笔和为文艺献身的精神，在诗歌、戏剧、小说、文学评论及政论等各个领域，为我们留下了那个时代绚丽多姿的历史画卷。

雨果从中学时代开始创作。他15岁时参加法兰西学院举办的文学大赛，获得了第九名。第二年他在图卢兹学院百花诗赛中独占鳌头，小小年纪就展示了非同寻常的文学天赋。非凡的表现使雨果受到当时文坛泰斗夏多布里昂的青睐，并且获得法国国王路易十八的赏金。这对初登文坛的雨果是莫大的鼓舞。

由于受母亲保王思想的影响，少年雨果的作品充斥着对封建复辟王朝的歌功颂德，思想比较保守。1824年以后，由于法国国王查理十世的反动统治和自由主义思潮的兴起，雨果的观念和创作开始了转变。在他25岁那年，法国自由主义思潮高涨，雨果和浪漫主义诗人缪塞以及小说家、剧作家大仲马等人组织了著名的“第二文社”，提出了反对伪古典主义的文学主张。他的戏剧《克伦威尔》发表，显示出莎士比亚戏剧对他的影响。在那篇公认为浪漫主义运动宣言书的序言里，他猛烈抨击了伪古典主义对文学创作的束缚和扼杀，明确提出了浪漫主义文学的创作原则。1830年，他的代表作戏剧《欧那尼》演出成功，彻底击败了伪古典主义的戏剧，标志着浪漫主义文学的胜利。雨果因之成为这一文学运动的领袖。这一时期他的作品显示出对社会问题的关注，表明雨果开始形成人道主义的思想观念。

七月王朝建立后，对现实的妥协换来了雨果仕途上的顺利，他当上了法兰西学院的院士，成了议会中民主派的主要成员。1851年，拿破仑三世发动政变，复辟帝制。斗争失利的雨果开始了长达19年之久的流亡生涯。

流亡中的雨果一面通过大量的政论与拿破仑三世的反动统治进行不屈不挠的斗争，一面创作了包括《惩罚集》、《静观集》等诗集和长篇小说《悲惨世界》在内的大量的文学作品。这些优秀作品进一步奠定了他作为世界级伟大作家的地位。

1870年的普法战争、第二帝国的垮台以及巴黎公社革命的失败，再一次把雨果推到历史的漩涡之中。已是高龄作家的他依然精力充沛，笔耕不辍，相继发表了诗歌《凶年集》、《历代传说》和长篇小说《九三年》等重要作品，为他的创作人生画上了圆满的句号。

1885年5月22日，雨果溘然长逝，法兰西举国致哀。巴黎举行了百余万人参加的宏大葬礼，人们将他安葬在代表法国最高荣誉的"先贤祠"。

早在1828年初，雨果就开始酝酿《巴黎圣母院》这部作品，直到1830年七月革命爆发的当天，才正式动笔。在作品封笔的1831年1月14日之前，雨果一直闭门谢客，只在观看查理十世的阁员接受判决时出过一次门。据他夫人的回忆，他"买了一瓶墨水和一身灰色毛线衬衣，将全身从脖子到脚尖统统包住。他把衣服锁在橱里，免受出门的诱惑，一心钻入小说里，像走进牢房一样……从此之后，他除了吃饭睡觉，不离书桌。唯一的消遣是晚饭后同来访的朋友聊一小时天。有时把白天写的东西读给他们听……文艺创作占据了他的身心。他感觉不到疲乏，也感觉不到已经来临的冬寒；十二月里，他却开着窗子工作"。（阿黛尔·富歇《雨果夫人回忆录》）终于，他用了六个月的时间完成了这部伟大的作品。

名著导读

《巴黎圣母院》是一部以法国国王路易十一统治下的巴黎为背景的历史小说。作品描绘了中世纪巴黎的盛况和圣母院的宏伟壮丽，为我们展示了15世纪法国首都巴黎的各种人物和社会风情。

作品以1482年愚人节的狂欢场面为开端。那一天，巴黎民众抬着残废畸形的"愚人之王"、圣母院的敲钟人卡西莫多，在圣母院前面的广场上欢呼游行。吉卜赛少女爱斯梅拉达带着一只小羊跳舞卖艺。穷诗人甘果瓦被她的美貌和舞姿吸引，跟踪来到了贫民区。在夜里，少女遭遇劫持。甘果瓦认出其中一个歹徒就是奇丑无比的卡西莫多，被卡西莫多打昏。

甘果瓦醒来后，误打误撞闯入了流浪人的"奇迹王朝"，那是乞丐和流浪汉的聚居区，外人闯进去就要被处死，除非有个流浪女愿意嫁给他。正在千钧一发之际，爱斯梅拉达出现了，原来是巡逻的弓箭队队长弗比斯救了她。爱斯梅拉达出于对无辜者的同情，按照"奇迹王朝"的法律救下了甘果瓦——与他成婚，作了名义上的夫妻。第二天，被抓住的卡西莫多被绑在广场上示众，遭受围观者的嘲笑和辱骂。烈日下他口渴难忍。爱斯梅拉达不计前嫌，拨开人群，把水送到了卡西莫多的嘴边。这个看起来愚钝无比的人感动得流下了眼泪。

爱斯梅拉达爱上了外貌英俊的弗比斯，他们在夜里幽会，不料弗比斯被人刺伤，爱斯梅拉达因此被当作女巫抓了起来。就在爱斯梅拉达要被处死的时刻，卡西莫多冲进刑场，把她救到圣母院的钟楼上。那里是世俗法律无权管辖的地方。为了爱斯梅拉达的幸福，卡西莫多去找过弗比斯，然而弗比斯这个纨绔子弟，已经丢下爱斯梅拉达另寻新欢去了。圣母院的副主教克洛德企图纠缠爱斯梅拉达，遭到了卡西莫多的阻挡和惩戒。原来克洛德看起来道貌岸然，其实心底邪恶，早就觊觎爱斯梅拉达的美色。正是他指使卡西莫多劫持了她，又躲在窗外用匕首刺伤了弗比斯。

法院决定逮捕爱斯梅拉达。视少女为姐妹的"奇迹王朝"的流浪汉们深夜攻打圣母院，营救爱斯梅拉达，遭到国王军队的镇压，死伤惨重。克洛德乘混乱之际，用谎言欺骗甘果瓦把爱斯梅拉达带出圣母院的后门，逼迫她顺从自己。在遭到坚决拒绝之后，克洛德恼羞成怒，把爱斯梅拉达交给了巴黎军警，再一次把她送上了绞刑架。

克洛德站在圣母院的顶楼上，看到爱斯梅拉达被吊上绞刑架，发出了魔鬼般阴惨的狞笑。卡西莫多终于认清了克洛德的狰狞面目。他猛扑过去，愤怒地把克洛德从钟楼顶上推了下来，结束了他罪恶的生命。之后，卡西莫多来到刑场，抱着爱斯梅拉达的尸体遁入了墓地。几年后，人们发现了他们拥抱在一起的遗骸。

雨果是位激情满怀的诗人。他写小说如同写诗，他充分展开想象的翅膀，通过跌宕起伏的情节，把真善美与假恶丑的斗争写得淋漓尽致，具有强烈的艺术感染力。

作品中，女主人公爱斯梅拉达美丽可爱，纯洁善良。当诗人甘果瓦深夜误入流浪汉的聚居区即将被绞死的时候，她公开宣称愿意和诗人结婚，做他名义上的妻子，救了他的性命。爱斯梅拉达热情天真，品格坚贞，她认为爱情"是两人合而为一，那是一个男人和一个女人合成一个天使，那就是天堂"。因此她始终保持炽烈的爱情，从不怀疑弗比斯会遗弃她。面对克洛德的威胁和诱惑，她坚贞不渝，宁死不屈，表现了吉卜赛姑娘的高尚情操。

小说是在中世纪巴黎热烈、喧闹的狂欢场景中拉开序幕的。就在这狂热尚未散尽的夜晚，即发生了劫持少女的事件。紧接着，便是一个个离奇的画面、怪异的故事："奇迹王朝"的审判，司法官闹剧一般的审问，副主教密室里的炼金术，罗兰塔里修女、居士的悲惨往事，等等。作者充分调动了戏剧家构造情节的天才，把这些故事和场景一一向我们展示，既跌宕起伏，又扑朔迷离，简直"每时每刻都给你造成意外"，而每一个意外又都在突兀中显示出内在的合理性。例如，在爱斯梅拉达被送上绞刑架时，卡西莫多仿佛从天而降，把绳索已套在了脖子上的少女救到了圣母院；在副主教绝望后穷凶极恶地把少女交给特别痛恨流浪人的修女时，却使分别了十五年的母女意外重逢。诸如此类的巧合经过错落有致的安排，产生了大喜大悲的情感落差，形成了巨大的艺术感染力。

《巴黎圣母院》还十分成功地运用了浪漫主义的对照手法，使人物和主题都得到了更鲜明的凸现。

首先是环境与事件的对照。在作品第三卷，作者撇开情节的主线，插入相当大的篇幅，专门介绍起圣母院的建筑史和巴黎的鸟瞰图来。这似在中心情节之外，却又是必不可少的环境和背景。作者热情洋溢地描绘了圣母院的崇高和圣洁：和谐而壮丽，庄严而伟大，“是石头的交响乐”，“是人类的一种创造，像神的创造一样又有力又丰富，仿佛具备两重性格——永恒又多变”。这是一部石头砌成的历史，是永恒的见证者。而当时的巴黎简直就是一个艺术之宫，赏心悦目，圣洁而又美丽。然而，就在这样一个美好的所在，到处布置着绞刑架、地下牢房、存尸墓场，发生着诸如爱斯梅柆达这样无辜的人们遭受摧残迫害的耸人听闻的悲惨事件。这二者之间的对照，显而易见地表明了作家对使巴黎和圣母院成为人间地狱的社会的愤慨。

其次，作品中喜剧的和悲剧的气氛始终像一对孪生兄弟轮换登场，从而形成了鲜明的对比，造成了强烈的张力。特别是作者安排了两个王国、两种法律、两种审判的对照。在看似一本正经的地方，却演着一幕幕的滑稽剧；在表面上野蛮的场景里，却表现出作者的理想和信念。

在路易十一统治下的王国，贵族官僚，甚至包括僧侣，只知争权夺利，残害百姓。城市里“泛滥着可怕的刑法和残酷的裁判权”，街头不时有无辜的人被送上绞刑台，以至于人们都习以为常。国王路易十一穿着几乎掉光了毛的皮衣，戴着“用最坏的黑布做成的又旧又脏的帽子”。他拥有生杀予夺的大权，却胆小而悭吝，很少待在京城巴黎，觉得这里不够安全。偶尔待在巴黎，则在巴士底狱里过夜，“因为那里比卢浮宫坚固”。他怀着对人民要求权力的斗争和封建割据势力的恐惧，专制而又残暴。为了王权的安危，一会儿要“拯救平民，杀掉贵族”，一会儿又喊着“杀尽百姓，绞死女巫”。简直是一个疯子一样、小丑一般的国王。再看他统治下的法庭和审判。巴黎总督对卡西莫多的审判是聋子与聋子之间的一场闹剧；宗教法庭对爱斯梅拉达的审判则是严刑峻法，诬陷栽赃，无所不用其极，视人命如草芥，把执法当儿戏。而与之对照的“奇迹王朝”，虽然“国王”和民众一样衣衫褴褛，举止粗野，但这里却是平等自由，互助友爱，充满了人情味儿。他们对误闯“奇迹王朝”的甘果瓦的审判，看似森严恐怖，实则公正合理，既不诬陷无辜，也不刑讯逼供，虽然法律和过程简单了些，但却给人辩解的权利。善良美丽的少女爱斯梅拉达被他们视同姐妹。在得知她将被处死，侠肝义胆、勇敢豪爽的“国王”图意弗带领大家深夜围攻圣母院，向路易十一不公正的王国提出了挑战。虽然遭到了残酷镇压，但他们的“奇迹王朝”无疑寄托了雨果的社会理想，可以说是雨果对七月革命的一种呼应。借着这两个王国、国王、法庭和审判的强烈对照，揭示了少女爱斯梅拉达悲剧的社会根源，增加了情节的起伏变化，使小说更加富于传奇色彩和浪漫气息。

《巴黎圣母院》对照方法的运用，最集中也最重要的还是体现在人物形象的塑造上。而且，在这里已经不是一般的简单对比，而是多角度、多层次的对比，不仅人物之间有着多种对照，而且人物自身也形成了强烈的对照。

爱斯梅拉达是作者塑造的一个完美的化身。她居于作品的中心，与三个不同的男性均形成强烈的对比。从外表上看，她活泼可爱、貌若天使；而卡西莫多则容貌出奇的丑陋，行为十分凶悍，可谓人见人怕。她对弓箭队长的爱情执著深沉，始终如一；而弗比斯却是虚情假意，玩弄她的感情，是虚伪的典型。在基督徒的眼中，爱斯梅拉达是“异教徒”，是未经文明熏染的“野性”十足的“女巫”，但她却心地纯洁而善良；而克洛德身为副主教、“神职”人员，表面上道貌岸然，实则阴险毒辣，极端自私，为了达到占有爱斯梅拉达这一不可告人的目的，不惜利用宗教的权威，罗织罪名，诬陷好人，将无辜少女送上绞刑架。在这全方位的对比中，爱斯梅拉达的真善美得到了最充分的展示，而她的坎坷命运和悲惨结局，正是对邪恶势力的愤怒控诉。在阴森冷酷的地牢里，她发出了绝望的呼喊："全世界都有白昼，为什么人家只给我黑夜呢？"

小说中人物形象自身的对比，同样非常强烈。卡西莫多外表丑陋——有着丑到极点的相貌：几何形的脸，四面体的鼻子，马蹄形的嘴，参差不齐的牙齿，独眼，耳聋，驼背……似乎上帝将所有的不幸都降临在了他的身上，让他受尽嘲弄。但他知恩图报，对抚养他成人的副主教俯首帖耳，唯命是从，"简直像他的一条狗一样"忠实，不明真相地被副主教利用。然而卡西莫多被爱斯梅拉达的善良感化之后，逐渐显示出善恶分明、秉持正义的本性。当他一步步认清了克洛德凶狠无耻的面目后，把他从钟塔上推了下去，使克洛德受到了应有的惩罚。卡西莫多对爱斯梅拉达的爱慕是一种混合着感激、同情和尊重的柔情，一种无私的、永恒的、高贵纯朴的爱，完全不同于克洛德那种邪恶的占有欲。同是圣母院的一部分，出身卑贱的卡西莫多却远比身为副主教的克洛德更为圣洁高大。他才是圣母院的真正代表。

克洛德是一个双重性格的人物。一方面，他是宗教恶势力的代表，道貌岸然，内心阴险毒辣，为满足自己的欲念不择手段：他出于淫欲指使卡西莫多劫持爱斯梅拉达；他出于嫉妒刺伤弗比斯却嫁祸于爱斯梅拉达；他因得不到爱斯梅拉达的爱情而将她置于死地。另一方面，他又是宗教禁欲主义的牺牲品，长久的禁欲扭曲了他的灵魂。他越是意识到自己失去了人间的欢乐，便越是仇恨世人，仇视世间一切美好的事物。这是小说中最有深度的人物。通过这个形象，雨果无情地鞭挞了虚伪的教士，也有力地控诉了宗教对人性的束缚。

《巴黎圣母院》是浪漫主义文学的经典，是雨果第一部具有强大思想力量和艺术力量的长篇小说，在文学史上占有重要的地位。它以奇特的想象、大胆的虚构、合理的夸张，突破了古典主义的种种束缚和局限，用可以冲破一切的激情，表达了作家的人道主义理想，显示出浪漫主义文学的巨大艺术魅力，成为法国文学乃至世界文学史上的一座丰碑。

名著探究

1. 维克多·雨果是法国文学史上卓越的资产阶级民主作家，被人们称为"法兰西的莎士比亚"，他的作品主要有《巴黎圣母院》、《悲惨世界》、《九三年》、《海上劳工》等。你读过哪些，最喜欢哪个人物？为什么？

2. 爱情是一个永恒的话题。你怎么看待《巴黎圣母院》中卡西莫多和爱斯梅拉达之间的爱情？

打造学术精品　服务教育事业
河南大学出版社
读者信息反馈表

尊敬的读者：

感谢您购买、阅读和使用河南大学出版社的____________________一书，我们希望通过这张小小的反馈表来获得您更多的建议和意见，以改进我们的工作，加强我们双方的沟通和联系。我们期待着能为您和更多的读者提供更多的好书。

请您填妥下表后，寄回或发 E－mail 给我们，对您的支持我们不胜感激！

1. 您是从何种途径得知本书的：

□书店　□网上　□报刊　□图书馆　□朋友推荐

2. 您为什么决定购买本书：

□工作需要　□学习参考　□对本书感兴趣　□随便翻翻

3. 您对本书内容的评价是：

□很好　□好　□一般　□差　□很差

4. 您在阅读本书的过程中有没有发现明显的专业及编校错误？如果有，它们是：

____

____

____

5. 您对哪一类的图书信息比较感兴趣：______________________________________

____

6. 如果方便，请提供您的个人信息，以便于我们和您联系（您的个人资料我们将严格保密）：

您供职的单位：____

您教授的课程（老师填写）：____

您的通信地址：____

您的电子邮箱：____

请联系我们：

电话：0371－86059712　0371－86059713　0371－86059715　0371－86059721

传真：0371－86059713

E－mail：hdgdjyfs@163. com

通信地址：河南省郑州市郑东新区 CBD 商务外环路商务西七街中华大厦 2304 室

河南大学出版社高等教育出版分社